Prefácio

W0345261

Este livro é dirigido a todos os estudantes do nível básico de alemão que, paralelamente às aulas, sentem necessidade de explicações de gramática e exercícios adicionais. O seu uso possibilita uma excelente preparação para o exame do Zertifikat Deutsch als Fremdsprache, tanto mais que o vocabulário de todos os exemplos e exercícios corresponde a esse nível de exigência.

Os estudantes avançados que, depois de uma interrupção, pretendam recuperar os conhecimentos da gramática alemã, conseguirão com este livro resultados tão satisfatórios como os alunos do nível intermédio que têm problemas com as noções da gramática essencial e que as desejam recapitular em parte ou na totalidade.

Esta gramática foi concebida como material complementar de todos os manuais de alemão para principiantes tanto nas aulas como no trabalho de casa.

Os exercícios de cada capítulo estão escalonados por dois níveis de dificuldade. Os exercícios mais fáceis são assinalados pelos números a azul-claro e os mais difíceis a azul-escuro. O autodidacta poderá ainda comparar as suas respostas com as soluções dos exercícios (ao final do livro).

Os capítulos podem ser trabalhados isoladamente, sem obediência a uma ordem pré-estabelecida. O índice - ampliado com exemplos - permite ao estudante uma rápida visão de conjunto e a elaboração de um programa individual de aprendizagem.

Gostaria aqui de expressar os mais sinceros agradecimentos a todos os estudantes estrangeiros pelos seus comentários pertinentes e pelas suas sugestões valiosas durante a fase de experimentação deste manual.

Monika Reimann

Índice

O verbo

As partículas

A frase

Abreviaturas

acus./ac.	acusativo
compl.	complemento
c. circ.	complemento circunstancial
dat.	dativo
f./fem.	feminino
gen.	genitivo
inf.	infinitivo
m./masc.	masculino
n.	neutro
nom.	nominativo
p. ex.	por exemplo
pl.	Plural
sing.	singular

1.1 O verbo
Os verbos básicos

sein – haben – werden

Uso

sein	*como verbo principal*	
	Ich bin müde.	+ adjectivo
	Ich bin Ärztin.	+ substantivo
	Die Tür ist geschlossen.	+ particípio II
	como verbo auxiliar	
	Ich bin gestern angekommen.	perfeito
	Ich war gestern angekommen.	mais–que-perfeito
	uso modal	
	Es ist noch viel zu tun.	necessidade
haben	*como verbo principal*	
	Ich habe Hunger.	+ substantivo
	como verbo auxiliar	
	Ich habe ihn gefragt.	perfeito
	Ich hatte ihn gefragt.	mais-que-perfeito
	uso modal	
	Ich habe noch viel zu tun.	necessidade
werden	*como verbo principal*	
	Ich werde Pilot.	+ substantivo
	Ich werde ungeduldig.	+ adjectivo
	como verbo auxiliar	
	Ich würde jetzt gern schlafen.	conjuntivo II
	Hier wird ein Museum gebaut.	passiva
	Ich werde dich bald besuchen.	futuro I
	uso modal	
	Er wird krank sein.	suposição

Formas

		sein	haben	werden
presente	ich	bin	habe	werde
	du	bist	hast	wirst
	er, sie, es	ist	hat	wird
	wir	sind	haben	werden
	ihr	seid	habt	werdet
	sie, Sie	sind	haben	werden
pretérito	ich	war	hatte	wurde
	du	warst	hattest	wurdest
	er, sie, es	war	hatte	wurde
	wir	waren	hatten	wurden
	ihr	wart	hattet	wurdet
	sie, Sie	waren	hatten	wurden
perfeito	ich	bin … gewesen	habe … gehabt	bin … geworden
	…	…	…	…
mais-que-perfeito	ich	war … gewesen	hatte … gehabt	war … geworden
	…	…	…	…

▶ Exercícios 1–3

können – dürfen – müssen – sollen – wollen – mögen (verbos modais)

Uso

können

capacidade
Ich kann segeln.

possibilidade
Kann man hier Theaterkarten kaufen?

permissão
Du kannst gern mein Auto nehmen.

dürfen

permissão
Man darf hier parken.

proibição
Sie dürfen hier nicht rauchen.

pergunta cortês
Darf ich Ihnen helfen?

müssen

dever, tarefa, ordem (de imposição externa)
Der Arzt hat gesagt, ich muss diese Tabletten dreimal täglich nehmen.
Sie müssen hier noch unterschreiben.

+ negação (‚nicht brauchen zu' / ‚nicht müssen')
Der Arzt hat gesagt, die anderen Tabletten brauche ich nicht mehr zu nehmen.
Dieses Formular brauchen Sie nicht zu unterschreiben.

A expressão *nicht brauchen zu* substitui *nicht müssen.*

▶ Uso de *brauchen* como verbo principal, pág. 16

sollen	*conselho, recomendação* Der Arzt hat gesagt, ich soll nicht so viel rauchen. *conselho, recomendação (com mais cortesia e menos compromisso; conjuntivo II)* Der Arzt hat gesagt, ich sollte mehr Sport treiben. *obrigação moral* Man soll Rücksicht auf andere Menschen nehmen.	
wollen	*plano, intenção* Wir wollen uns ein Haus kaufen. Ich will Physik studieren.	
mögen (indicativo)	*‚mögen' como verbo principal* Ich mag sie sehr gern. Kaffee mag ich nicht. Ich trinke nur Tee.	
ich möchte (conjuntivo II)	*desejo* Ich möchte bitte ein Kilo Tomaten. Ich möchte jetzt wirklich nach Hause gehen. *plano, intenção* Ich möchte im nächsten Urlaub nach Griechenland fahren. Ich möchte ihn auf jeden Fall besuchen.	
verbos modais como verbos principais	können	Ich kann Deutsch.
	dürfen	Ich darf mit dir ins Kino.
	müssen	Ich muss jetzt nach Hause.
	sollen	Was soll das?
	wollen	Ich will jetzt nicht!
	ich möchte	Ich möchte das aber nicht!

Formas

Presente

	können	**dürfen**	**müssen**	
ich	kann	darf	muss	
du	kannst	darfst	musst	
er, sie, es	kann	darf	muss	
wir	können	dürfen	müssen	
ihr	könnt	dürft	müsst	
sie, Sie	können	dürfen	müssen	
	sollen	**wollen**	**mögen**	
ich	soll	will	mag	möchte
du	sollst	willst	magst	möchtest
er, sie, es	soll	will	mag	möchte
wir	sollen	wollen	mögen	möchten
ihr	sollt	wollt	mögt	möchtet
sie, Sie	sollen	wollen	mögen	möchten

Pretérito

	können	**dürfen**	**müssen**	
ich	konnte	durfte	musste	
du	konntest	durftest	musstest	
er, sie, es	konnte	durfte	musste	
wir	konnten	durften	mussten	
ihr	konntet	durftet	musstet	
sie, Sie	konnten	durften	mussten	
	sollen	**wollen**	**mögen**	
ich	sollte	wollte	mochte	wollte*
du	solltest	wolltest	mochtest	…
er, sie, es	sollte	wollte	mochte	
wir	sollten	wollten	mochten	
ihr	solltet	wolltet	mochtet	
sie, Sie	sollten	wollten	mochten	

* No pretérito, a expressão *ich möchte* é substituída por *ich wollte*:
Nachher möchte ich noch einen Spaziergang machen.
Gestern wollte ich noch einen Spaziergang machen, aber dann hat es plötzlich angefangen zu regnen.

Perfeito	Ich habe nach Hause gehen müssen. Er hat nicht schlafen können.
	O perfeito dos verbos modais só raramente se usa. Estilisticamente, é preferível o emprego do pretérito.
	Ich musste nach Hause gehen. Er konnte nicht schlafen.
Mais-que-perfeito	O mais-que-perfeito dos verbos modais (Ich hatte nach Hause gehen müssen. – Er hatte nicht schlafen können.) também é pouco usado.

Ordem das palavras na oração principal

Presente	Ich muss zum Arzt gehen.
Pretérito	Ich musste zum Arzt gehen.
	pouco usado
Perfeito	Ich habe nach Hause gehen müssen.
Mais–que-perfeito	Ich hatte nach Hause gehen müssen.

Ordem das palavras na oração subordinada

Presente	Ich weiß, dass ich zum Arzt gehen muss.
Pretérito	Ich weiß, dass ich zum Arzt gehen musste.
	pouco usado
Perfeito	Ich weiß, dass ich zum Arzt habe gehen müssen.
Mais-que-perfeito	Ich wusste, dass ich zum Arzt hatte gehen müssen.

▶ Exercícios 4–11

lassen – brauchen

Uso

lassen	*como verbo principal* Er kann es einfach nicht lassen. Lassen Sie das! Tu, was du nicht lassen kannst!	
	uso modal	
	Ich lasse ihn mit meinem Auto fahren.	permissão
	Er lässt sich von ihr die Haare schneiden.	tarefa
	Die Maschine lässt sich noch reparieren.	possibilidade
lassen **no perfeito**	*como verbo principal* Ich habe meine Tasche zu Hause gelassen.	*haben* + *gelassen*
	uso modal Er hat sich von ihr die Haare schneiden lassen.	*haben* + infinitivo + *lassen*
brauchen	*como verbo principal* Ich brauche Hilfe.	+ acusativo
	uso modal Du brauchst nicht zu kommen.	= *nicht müssen* ▶ *müssen,* página 12
brauchen **no perfeito**	*como verbo principal* Ich habe Hilfe gebraucht.	*haben* + *gebraucht*
	uso modal Du hast nicht zu kommen brauchen.	*haben* + *nicht* + infinitivo + *brauchen*

Aqui, é estilisticamente preferível o emprego do pretérito.

Du brauchtest nicht zu kommen.

Formas

		lassen	brauchen
Presente	ich	lasse	brauche
	du	lässt	brauchst
	er, sie, es	lässt	braucht
	wir	lassen	brauchen
	ihr	lasst	braucht
	sie, Sie	lassen	brauchen
Pretérito	ich	ließ	brauchte
	du	ließest	brauchtest
	er, sie, es	ließ	brauchte
	wir	ließen	brauchten
	ihr	ließt	brauchtet
	sie, Sie	ließen	brauchten
Perfeito como verbo principal	ich	habe … gelassen	habe … gebraucht
	…	…	…
Perfeito como verbo auxiliar	ich	habe … inf. + lassen	habe … *nicht* + inf. + brauchen
	…	…	…
Mais-que-perfeito como verbo principal	ich	hatte … gelassen	hatte … gebraucht
	…	…	…
Mais-que-perfeito como verbo auxiliar	ich	hatte … inf. + lassen	hatte … *nicht* + inf. + brauchen
	…	…	…

▶ Exercícios 12–14

1 Presente e pretérito: Preencha com as formas adequadas:

1. er *hat* ________	er hatte
2. wir sind	wir ________
3. du ________	du wurdest
4. ihr seid	ihr ________
5. Sie ________	Sie hatten
6. er ________	er war
7. ich bin	ich ________
8. ihr werdet	ihr ________
9. sie ________	sie waren
10. ich werde	ich ________
11. ihr habt	ihr ________
12. es ________	es wurde

2 Presente: preencha com as formas de *sein, haben* e *werden*:

1. Seit wann *ist* ________ er denn verheiratet?
2. Wie alt ________ du?
3. Wenn ich mal groß ________ , ________ ich Lokomotivführer.
4. Er ________ einfach keine Geduld mit den Kindern.
5. Wann ________ du eigentlich Geburtstag?
6. Die Lebensmittel ________ von Tag zu Tag teurer!
7. Ihr schafft das schon. Ihr ________ doch noch jung!
8. Es ________ schon ziemlich kühl hier. Ich mache lieber die Heizung an.
9. Ich ________ langsam müde. Ich gehe am besten bald ins Bett.
10. ________ Sie Herrn Peters schon angerufen?

3 Pretérito ou perfeito: Preencha com as formas de *sein, haben* e *werden*:

1. ■ Ich habe letzte Woche dauernd bei dir angerufen.
   ● Tut mir Leid, aber da *war* ________ ich nicht zu Hause.
2. ■ Wo ________ du denn gestern Abend? Warum bist du nicht gekommen?
   ● Ich ________ leider keine Zeit.
3. ■ Ich ________ letzte Woche krank.
   ● Was ________ Sie denn?
   ■ Grippe.
4. ■ Warum hat er uns alle eingeladen?
   ● Er ________ gestern Vater ________ und möchte das mit uns feiern.
5. ■ Wo ________ ihr denn so lange? Wir warten schon eine halbe Stunde.
   ● Wir ________ Hunger und haben uns noch schnell etwas zu essen gekauft.
6. ■ Wie ________ denn euer Urlaub? ________ ihr eine schöne Zeit?
   ● Eigentlich schon. Nur ________ leider am dritten Tag das Wetter schlecht, und dann ________ es jeden Tag kälter.

4 Presente e pretérito:
Preencha com as formas de *können, dürfen, müssen, sollen, wollen, möcht-*:

1.	er *will/wollte* schlafen	wollen
2.	sie __________ arbeiten	müssen
3.	ihr __________ aufhören	sollen
4.	ich __________ spazieren gehen	wollen
5.	sie (Pl.) __________ lesen	möcht-
6.	er __________ ausgehen	dürfen
7.	du __________ Auto fahren	können
8.	wir __________ bleiben	müssen
9.	ich __________ nicht mitkommen	dürfen
10.	Sie __________ gehen	können
11.	ich __________ lernen	müssen
12.	du __________ anfangen	sollen
13.	sie __________ studieren	wollen
14.	sie __________ essen	möcht-

5 Do perfeito para o pretérito:
Transforme as frases:

1. Sie hat heute nicht länger arbeiten wollen.
   Sie wollte heute nicht länger arbeiten.
2. Der Patient hat viel spazieren gehen müssen.
3. Sie hat gestern Abend nicht ins Kino gehen dürfen.
4. Er hat den Bericht gestern nicht mehr beenden können.
5. Sie haben nicht mitkommen wollen.
6. Wir haben das noch schnell fertig machen müssen.
7. Aber du hast doch die Karten kaufen sollen!
8. Er hat mir nicht helfen können.

6 Presente: preencha com as formas de *müssen* ou *sollen*:

1. Du ________ dich beeilen, sonst kommst du zu spät.
2. Er ________ nicht so viel rauchen.
3. Ich ________ heute unbedingt zum Zahnarzt. Ich hatte die ganze Nacht starke Zahnschmerzen.
4. Deine Kinder ________ bitte ein bisschen leiser sein. Ich möchte schlafen.
5. Er ________ seine Arbeit nicht immer wichtiger nehmen als seine Familie.
6. Ich kann erst etwas später kommen. Ich ________ vorher noch für Oma einkaufen gehen.
7. Einen schönen Gruß von Herrn Breiter. Sie ________ nicht auf ihn warten, er ________ nämlich noch länger arbeiten.
8. Wir haben kein Brot mehr. Wir ________ noch zur Bäckerei gehen.

7 Presente: preencha com as formas de *können* ou *dürfen*:

1. Ich ________ nicht mehr so viel Fleisch essen, weil es zu viel Cholesterin hat.
2. ________ du mir morgen bitte dein Auto leihen?
3. Sie ist erst 15 Jahre alt, deshalb ________ sie noch nicht in die Disco gehen.
4. ________ man hier rauchen?
5. Wir ________ diese Wohnung nicht mieten. Sie ist zu teuer.
6. Am Sonntag ________ ihr doch ausschlafen, oder?
7. Kinder unter 16 Jahren ________ in Deutschland keinen Alkohol kaufen.
8. Herr Petersen ist krank. Er ________ deshalb heute leider nicht kommen.

9 Preencha com o verbo modal adequado:

1. Wir möchten jetzt gern frühstücken. Kommst du bitte? (sollen/möchten/müssen)
2. Mein Mann ________ leider nicht mitkommen. Er hat heute keine Zeit. (durfte/sollte/konnte)
3. Der Chef lässt Ihnen sagen, dass Sie ihn irgendwann anrufen ________ . (sollen/wollen/müssen)
4. Sie ________ mich sprechen, hat meine Kollegin gesagt? (konnten/wollten/durften)
5. ________ ich Ihnen in den Mantel helfen? (Muss/Will/Darf)
6. Du ________ noch deine Hausaufgaben machen. Vergiss das nicht! (kannst/musst/darfst)

8 O que se deve fazer aqui? O que se pode fazer aqui? O que não é permitido fazer aqui?

1. rauchen — Hier darf man nicht rauchen.
2. telefonieren ________
3. überholen ________
4. leise sein ________
5. parken ________
6. Information bekommen ________
7. Motorrad fahren ________
8. parken ________

10 Pretérito: preencha com as formas de *können*, *müssen* ou *dürfen*:

1. Früher ________ wir in kalten Zimmern schlafen.
2. Früher ________ die Kinder in der Schule immer ganz still sitzen. Sie ________ nicht aufstehen, ohne den Lehrer vorher zu fragen.
3. Früher ________ wir auf der Straße spielen. Heute ist das zu gefährlich.
4. Früher ________ die Schulkinder Uniformen tragen.
5. Früher ________ man in der Schule nichts mitbestimmen.
6. Früher ________ wir auch nicht so viele Hausaufgaben machen wie die Kinder heute.
7. Früher ________ wir beim Essen nicht sprechen. Das hat unser Vater verboten.
8. Früher ________ wir auch am Samstag zur Schule gehen.

11 Preencha com os verbos modais:

1. ■ _Musst_ du heute Abend arbeiten oder ________ du mit uns essen gehen?
   ● Ich ________ heute leider arbeiten. Aber vielleicht ________ wir am Wochenende etwas zusammen unternehmen.
2. ■ ________ Sie Französisch?
   ● Nein, aber ich ________ es auf jeden Fall lernen.
3. ■ Frag doch mal deine Eltern, ob du mit uns ins Kino ________ .
   ● Ich ________ bestimmt nicht. Sie haben schon gesagt, dass ich heute Abend zu Hause bleiben ________ .
4. ■ ________ ich Ihnen ein Glas Wein anbieten?
   ● Nein danke, ich ________ lieber ein Mineralwasser.
5. ■ Das Flugzeug hat Verspätung. Wir ________ noch eine Stunde warten.
   ● Dann ________ wir doch in die Bar gehen und dort warten.
6. ■ So, wir sind fertig. Sie ________ jetzt nach Hause gehen.
   ● Danke, aber ich ________ gern noch ein bisschen hier bleiben.

12 Presente ou perfeito: Preencha com as formas de *lassen* e *brauchen*:

1.	Ihr ________ euch keine Sorgen zu machen.	brauchen / presente
2.	Warum ________ ihr mich nicht endlich in Ruhe?	lassen / presente
3.	Wo sind bloß meine Schlüssel? Hoffentlich ________ ich sie nicht in der Wohnung ________ .	lassen / perfeito
4.	Vielen Dank, aber das kann ich alleine machen. Du ________ mir nicht zu helfen.	brauchen / presente
5.	Sein Auto ist schon wieder kaputt. Dabei ________ er es erst vor zwei Wochen reparieren ________ .	lassen / perfeito
6.	Der Zug fährt erst in zwei Stunden. Wir ________ uns also nicht so zu beeilen.	brauchen / presente

13 Preencha com as formas de *lassen* ou *brauchen*:

1. ■ Ich habe die Küche schon aufgeräumt.
   ● Danke, das ist sehr nett, aber das hättest du nicht zu machen ________ .
2. ■ Deine Wohnung sieht ja plötzlich ganz anders aus!
   ● Ja, ich habe sie kürzlich renovieren ________ .
3. ■ Nie ________ du mich etwas alleine machen!
   ● Das stimmt doch nicht.
4. ■ Nimmst du immer noch diese starken Tabletten?
   ● Nein. Seit ein paar Tagen habe ich keine Schmerzen mehr, deshalb ________ ich sie nicht mehr zu nehmen.
5. ■ Hast du das Kleid selbst genäht?
   ● Nein, das habe ich vom Schneider machen ________ .
6. ■ Hast du gerade ein bisschen Zeit?
   ● Ja, klar.
   ■ Ich ________ nämlich deinen Rat.

14 Encontre a parte do diálogo correspondente e complete com o verbo:

1. ■ Brauchst du das Auto heute Abend?
   ● *Nein, du kannst es nehmen.*
2. ■ Mein Hund ist krank, und ich weiß nicht, was er hat.
3. ■ Hans, mach bitte die Musik leiser. Das stört unsere Gäste.
4. ■ Muss ich die Briefe heute noch schreiben?
5. ■ Was macht denn Ihre Tochter nach dem Abitur?
6. ■ Die Lebensmittelpreise sind in den letzten Jahren sehr gestiegen.
7. ■ Wie funktioniert denn der Videorekorder?
8. ■ Wo bleibt denn deine Tochter? Sie wollte doch schon seit einer Stunde zurück sein.
9. ■ Wann kommt denn Christian aus Moskau zurück?
10. ■ Fahren wir am Sonntag zum Segeln?

a ● Morgen. Ich _______ ihn wahrscheinlich am Flughafen abholen.
b ● Nein, nein, das _______ Sie heute nicht mehr zu tun. Sie _______ gern nach Hause gehen.
c ● Nein, du *kannst* es nehmen.
d ● Ja, ich _______ auch langsam unruhig. Normalerweise ist sie immer pünktlich.
e ● Sie _______ Rechtsanwältin _______ und hofft, dass sie gleich einen Studienplatz bekommt.
f ● Ich habe schon alles programmiert. Sie _______ ihn nur noch anzumachen.
g ● Dann _______ du zum Tierarzt gehen und ihn untersuchen _______ .
h ● Ja gern, ich _______ aber nicht segeln.
i ● Ach _______ ihn doch seine Musik hören. Das stört uns gar nicht.
j ● Ja, ja, alles _______ teurer.

1	2	3	4	5	6	7	8	9	10
c									

1.2 O verbo
Os tempos

tempo	passado	presente	futuro
tempos possíveis	presente pretérito mais-que-perfeito	presente	presente de tempo futuro I

Presente (tempo actual)

Presente

Uso

presente imediato
- ■ Wo ist denn Angela?
- ● Im Wohnzimmer.
- ■ Und was macht sie da?
- ● Sie sieht fern.

enunciado intemporal
- ■ Köln liegt am Rhein.
- ■ In Paris gibt es viele Museen.

a situação perdura até ao momento actual
- ■ Ich wusste nicht, dass du jetzt in Köln wohnst.
- ● Doch, schon seit drei Jahren.
- ■ Arbeitest du dort?
- ● Nein, ich studiere noch.

Formas

Verbos regulares

		fragen		
	ich	frag**e**	wir	frag**en**
	du	frag**st**	ihr	frag**t**
	er, sie, es	frag**t**	sie, Sie	frag**en**

Casos especiais		**arbeiten**	**reisen**	**klingeln**
	ich	arbeite	reise	kling**le**
	du	arbeit**est**	reist	klingelst
	er, sie, es	arbeit**et**	reist	klingelt
	wir	arbeiten	reisen	klingeln
	ihr	arbeit**et**	reist	klingelt
	sie, Sie	arbeiten	reisen	klingeln
	Igualmente:	finden leiden	rasen	würfeln sammeln

Verbos irregulares		**lesen**	**nehmen**	**fahren**
	ich	lese	nehme	fahre
	du	l**ie**st	n**imm**st	f**ä**hrst
	er, sie, es	l**ie**st	n**imm**t	f**ä**hrt
		…	…	…
	Igualmente:	sehen befehlen	geben sprechen	schlafen laufen
		essen	**wissen**	
	ich	esse	**weiß**	
	du	**i**sst	**weiß**t	
	er, sie, es	**i**sst	**weiß**	
		…	…	
	Igualmente:	vergessen messen		

▶ Exercícios 1–5

Passado

Para exprimir o passado usa-se geralmente o perfeito e o pretérito.
O perfeito é principalmente usado na linguagem quotidiana; o pretérito, sobretudo na linguagem escrita e com os verbos *haben, sein* e *werden.*

Perfeito

Uso

geralmente em conversas, diálogos

- ■ Was hast du gestern gemacht?
- ● Ich bin ins Kino gegangen.
- ■ Was hast du denn angeschaut?
- ● Den neuen Film von Wim Wenders.
- ■ Den habe ich auch schon gesehen.
- ● Und wie hat er dir gefallen?
- ■ Sehr gut.

Formas

haben + particípio II	*sein* + particípio II
Was **hast** du **gemacht**?	Wohin **bist** du **gegangen**?
• a maioria dos verbos	• verbos de movimento (sem acusativo), p. ex.: *fahren, kommen, abfahren:*
Da ist ja das Wörterbuch! Ich habe es schon gesucht.	Ich bin am Wochenende in die Berge gefahren. Warum bist du nicht schon gestern gekommen? Der Zug ist vor einer Stunde abgefahren.

- todos os verbos reflexivos, p. ex.: *sich entscheiden, sich unterhalten*:

  Ich habe mich noch nicht entschieden.
  Er hat sich mit mir unterhalten.

- verbos que exprimem mudança de estado (sem acusativo) p. ex.: *wachsen, werden, aufwachen*:

  Der Baum ist aber ganz schön gewachsen!
  Er ist letzte Woche Vater geworden.
  Sie ist gerade aufgewacht.

- *bleiben, sein*:

  Er ist eine Woche in Frankfurt geblieben.
  Ich bin gestern im Theater gewesen.

Particípio II

Verbos em -t (regulares)	*ge* ___ *t*	hat gekauft, hat geholt, hat gemacht …
	___ *ge* ___ *t*	hat eingekauft, hat abgeholt, hat aufgemacht … (verbos separáveis) ▶ *Verbos separáveis:* pág. 46
	___ *t**	hat bezahlt, hat erzählt, hat studiert …
Verbos em -n (irregulares)	*ge* ___ *en*	hat geschrieben, ist gegangen, hat gegessen …
	___ *ge* ___ *en*	hat abgeschrieben, hat angefangen, hat mitgenommen … (verbos separáveis)
	___ *en**	hat empfohlen, hat entschieden, hat verlassen …

* Os verbos iniciados por *be-*, *emp-*, *ent-*, *er-*, *ge-*, *miss-*, *ver-*, *zer-*, e a maioria dos verbos terminados em *-ieren* não formam o particípio II com *ge-*.

denken, bringen, kennen, nennen, wissen, … (verbos mistos)	*ge* ___ *t* (com modificação da vogal do radical)	hat gedacht, hat gebracht, hat gekannt, hat genannt, hat gewusst, …
haben, sein		hat gehabt, ist gewesen ▶ pág. 11

▶ Exercícios 6–12

Pretérito (*Präteritum*)

Uso

geralmente em narrativas escritas, relatos.

- Als sie gestern Abend nach Hause kam, erschrak sie fürchterlich. Ihre Wohnungstür war offen und …
- Die Blutuntersuchungen ergaben leider kein eindeutiges Krankheitsbild. Deshalb musste der Patient …

quase sempre com os verbos ‚sein' e ‚haben' e com ‚geben' (es gab)

- Was habt ihr gestern Abend gemacht?
- Wir waren im Kino.

▶ Formas do pretérito dos verbos ‚*haben*', ‚*sein*' e ‚werden': pág. 11-14

Formas

Verbos em -t (regulares)

fragen

ich	frag**te**	wir	frag**ten**
du	frag**test**	ihr	frag**tet**
er, sie, es	frag**te**	sie, Sie	frag**ten**

Casos especiais

arbeiten

ich	arbeitete	wir	arbeiteten
du	arbeitetest	ihr	arbeitetet
er, sie, es	arbeitete	sie, Sie	arbeiteten

Igualmente: warten, landen, atmen, regnen …

Verbos em -n (irregulares)

gehen

ich	**ging**	wir	**gingen**
du	**gingst**	ihr	**gingt**
er, sie, es	**ging**	sie, Sie	**gingen**

▶ Exercícios 13–17

Mais-que-perfeito

Uso

O mais-que-perfeito não é usado com muita frequência. Descreve um acontecimento passado A que é anterior a um outro acontecimento passado B. O acontecimento B está geralmente no pretérito (na língua escrita, p. ex. em relatos):

acontecimento A	*acontecimento B*
Der Regen hatte schon aufgehört,	als ich gestern in Rom ankam.

Também pode ser invertida a ordem das orações:

acontecimento A	*acontecimento B*
Als ich gestern in Rom ankam,	hatte der Regen schon aufgehört.

Formas

hatte + particípio II	*war* + particípio II
Der Regen hatte schon aufgehört, als ich ankam.	Der Zug war leider schon abgefahren, als ich am Bahnhof ankam.

▶ Exercícios 18–19

▶ Para distinção do uso do presente e do passado: exercícios 20-22

Als ich bei der Geburtstagsfeier ankam, war der Kuchen schon aufgegessen.

Futuro

Para exprimir o futuro usamos normalmente o presente e um complemento circunstancial de tempo (*morgen, heute Abend, nächste Woche, bald* ...).

Presente

acção no futuro (presente + expressões de tempo)

- Kommst du am Samstag zu meiner Party?
- Tut mir Leid, aber ich fahre am nächsten Wochenende zu meinen Eltern.

Futuro I

Quando usamos o futuro I (*werden* + infinitivo) acrescentamos à ideia de futuro um novo significado.

futuro + promessa

- Ich werde dich in deiner neuen Wohnung besuchen.
- Wir werden das heute Abend noch einmal besprechen.

futuro + intenção, profecia

- Ich werde in die USA fliegen.
- Wir werden bestimmt eine Lösung finden.

▶ Exercício 23

▶ Formas de *werden*, pág. 11

1 Preencha com o verbo conjugado:

1.	sie *geht* ___	gehen
2.	ihr ___	schreiben
3.	er ___	telefonieren
4.	wir ___	reden
5.	du ___	machen
6.	sie ___	fragen
7.	ich ___	spielen
8.	du ___	lieben
9.	Sie ___	studieren
10.	sie (Pl.) ___	schlafen

2 Preencha com o verbo conjugado:

1. Wo *arbeitest* ___ du? (arbeiten)
2. Er ___ schon lange. (warten)
3. Ich ___ meine Brille nicht. (finden)
4. Wann ___ du? (fahren)
5. Ich ___ es nicht. (wissen)
6. Sie ___ dich um Hilfe. (bitten)
7. Er ___ mich nie. (grüßen)
8. Wann ___ ihr? (heiraten)
9. Wie ___ du? (heißen)
10. ___ du mir bitte den Stift? (geben)

3 Formule as perguntas na 2ª pessoa do singular:

1. Was empfehlen Sie mir? *Was empfiehlst du mir?*
2. Wohin fahren Sie? ___
3. Wem helfen Sie gern? ___
4. Wie lange warten Sie hier schon? ___
5. Warum vergessen Sie das immer wieder? ___
6. Warum antworten Sie nicht? ___
7. Warum nehmen Sie mir die Zigaretten weg? ___
8. Wissen Sie den Namen? ___
9. Warum werden Sie gleich so böse? ___
10. Welche Zeitung lesen Sie da? ___
11. Sind Sie heute Abend zu Hause? ___
12. Wen laden Sie sonst noch ein? ___

4

Preencha as palavras cruzadas com os verbos.
Use só maiúsculas (ß = ss):

Horizontais

1. Warum ______ du nicht? Ich habe dich etwas gefragt.
2. Mama, wo ______ du?
3. ______ du keine Süßigkeiten?
4. Ich habe so einen Durst. Ich muss schnell etwas ______ .
5. Ich ______ gern an meine Kindheit.
6. Wo ______ wir uns heute Abend? Vor dem Kino?

Verticais

7. Mach schnell. Opa ______ schon auf uns.
8. Der Pullover ______ mir nicht. Er ist viel zu groß.
9. Was ______ ihr denn heute Abend? Wollt ihr uns nicht besuchen?
10. Ich ______ schon seit 15 Jahren in dieser Firma.
11. ______ ich Ihnen in den Mantel helfen?
12. Wie ______ du mein neues Kleid? Das habe ich heute gekauft.

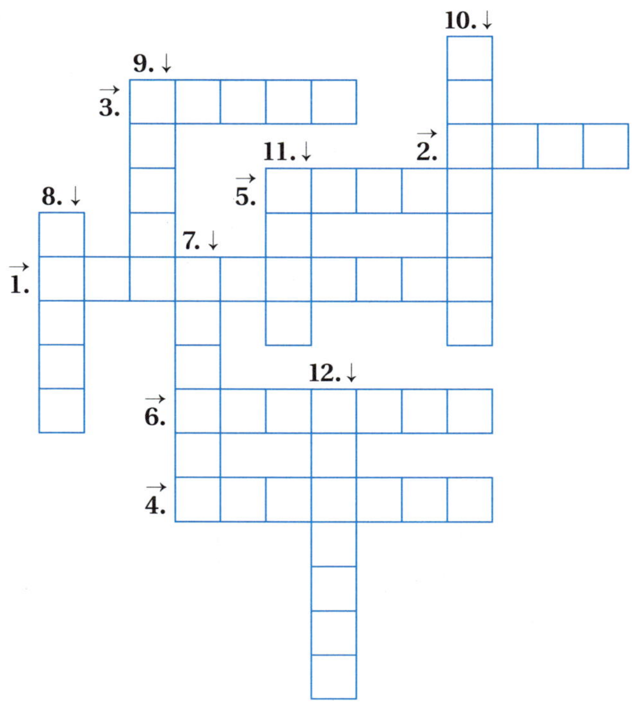

5 Preencha com os verbos:

1.
- ■ Wie lange *sind* ________ Sie schon in Deutschland?
- ● Seit ungefähr einem halben Jahr.
- ■ Sie ________ ja schon sehr gut Deutsch.
- ● Danke, es ________ so.

2.
- ■ Es ________ schon spät. Die letzte U-Bahn ________ in zwanzig Minuten.
- ● Das macht nichts. Ich ________ dich mit meinem Auto nach Hause.
- ■ Vielen Dank, das ________ sehr nett von dir.

3.
- ■ Ich ________ Martin. Und wie ________ du?
- ● Isabel.
- ■ Und woher ________ du?
- ● Aus Venezuela.
- ■ Wie lange ________ du schon in Deutschland?
- ● Seit zwei Monaten.

4.
- ■ Warum ________ du Oma nicht? Du ________ doch, dass sie viel Arbeit hat.
- ● Ich ________ nicht, wie ich ihr helfen kann.
- ■ Warum ________ du sie dann nicht? Sie ________ es dir dann schon.

6 Preencha com o particípio II correspondente:

angekommen angerufen gegessen geschrieben gesagt empfohlen ausgemacht gewesen

1. Warum hast du das Radio ___________ ?
2. Sind Sie schon einmal in Japan ___________ ?
3. Hast du heute schon etwas ___________ ?
4. Wann sind Sie ___________ ?
5. Warum hast du mir keine Karte aus dem Urlaub ___________ ?
6. Warum haben Sie das nicht früher ___________ ?
7. Warum hast du denn nicht ___________ , wenn du so spät kommst?
8. Wer hat Ihnen dieses Hotel ___________ ?

7 Forme o particípio II e distribua-o pela coluna correspondente:

~~laufen~~ bezahlen sagen ~~erzählen~~ ~~schenken~~
suchen verstehen probieren schließen geschehen
holen studieren empfehlen kaufen entscheiden
haben ~~vergessen~~ singen leihen gefallen wohnen

ge ___ en	ge ___ t	___ en	___ t
gelaufen	*geschenkt*	*vergessen*	*erzählt*
...	...	...	...

8 *Haben* ou *sein*: preencha com as formas conjugadas:

1. ■ Wie *bist* ___ du hierher gekommen?
   ● Ich ________ ein Taxi genommen.
2. ■ Was ________ Sie am Wochenende gemacht?
   ● Ich ________ zum Schwimmen gegangen.
3. ■ ________ ihr euch schon die Innenstadt angesehen?
   ● Ja, gestern.
   ■ Und wie ________ es euch gefallen?
   ● Sehr gut. Wir ________ sogar in einer Kirche ein Orgelkonzert gehört.
4. ■ Warum ________ du denn so müde?
   ● Ich ________ gestern mit einer Freundin in die Disco gegangen. Danach ________ ich lange nicht eingeschlafen. Vielleicht ________ ich auch am Nachmittag zu viel Kaffee getrunken.
5. ■ ________ Sie schon umgezogen?
   ● Nein, wir ________ die Wohnung noch nicht fertig renoviert.
6. ■ Wann ________ Sie geboren?
   ● Am 12.1.1968.
   ■ Und wann ________ Sie mit dem Studium begonnen?
   ● 1988.

9 Escreva o infinitivo:

1. gerannt *rennen*
2. geflossen ______
3. geschienen ______
4. gehangen ______
5. getroffen ______
6. geraten ______
7. gelegen ______
8. gewusst ______
9. gekannt ______
10. geschnitten ______
11. weggenommen ______
12. gestritten ______
13. gestiegen ______
14. begonnen ______
15. abgebrochen ______
16. gelungen ______
17. gehoben ______
18. geschwiegen ______
19. verglichen ______
20. gestohlen ______
21. gewogen ______
22. betrogen ______
23. gefangen ______
24. überwiesen ______
25. verziehen ______

10 O que é que fez no último fim de semana? Construa frases:

1. lange schlafen
   Ich habe lange geschlafen.
2. gemütlich frühstücken
3. in Ruhe Zeitung lesen
4. einen Brief schreiben
5. einen Mittagsschlaf machen
6. spazieren gehen
7. zum Abendessen mit Freunden ins Restaurant gehen
8. einen Film im Fernsehen sehen

11 *Haben* ou *sein*: faça perguntas usando o perfeito:

~~viel arbeiten~~
mit dem Auto fahren
etwas Schönes machen
Zeitung lesen
Radio hören
jemandem helfen
spazieren gehen
Essen kochen
schwimmen
~~früh aufstehen~~
eine Liebeserklärung machen
Fahrrad fahren

1. *Haben Sie heute viel gearbeitet?*
2. *Sind Sie heute früh aufgestanden?*
3. ______
4. …

12 Preencha com os verbos no perfeito:

1. Franz _hat_ sich um einen Job bei der Post _beworben_ .	bewerben
2. Beeil dich! Der Film ________ vor zehn Minuten ________ .	beginnen
3. Mein Gott, ________ ich jetzt ________ !	erschrecken
4. Wie ________ denn der Mann ________ , mit dem ich dich gestern auf der Party ________ ________ ?	heißen treffen
5. Er ________ sehr lange unter der Trennung von seiner Freundin ________ .	leiden
6. Wer ________ das Spiel ________ ? Becker oder Agassi?	gewinnen
7. Ah, meine Brille! Wo ________ du sie denn ________ ?	finden
8. Was ________ du gestern Abend ________ ?	trinken
9. Das ist mein Platz! Hier ________ immer ich ________ .	sitzen
10. In welchem Jahr ________ Mozart ________ ?	sterben
11. Den ganzen Tag hat es geregnet, aber am Abend ________ es plötzlich wieder schön ________ .	werden
12. Warum ________ Sie mich gestern nicht mehr ________ ?	anrufen

13 Pretérito: preencha com as formas conjugadas: (pl.)

1. sie _machte_	machen	10. es ________	regnen
2. du ________	fragen	11. Sie ________	zahlen
3. ich ________	stellen	12. ihr ________	kaufen
4. sie ________	lieben	13. sie (Pl.) ________	holen
5. er ________	arbeiten	14. wir ________	legen
6. ihr ________	warten	15. ich ________	reisen
7. wir ________	reden	16. er ________	hängen
8. sie (Pl.) ________	hoffen	17.du ________	grüßen
9. du ________	lachen	18. Sie ________	kochen

14 Forme o pretérito (3ª pessoa do singular) e distribua-o pela coluna correspondente:

	infinitivo	*com mudança vocálica*	*sem mudança vocálica*
1.	bieten	er bot	________
2.	antworten	________	er antwortete
3.	bleiben	________	________
4.	stellen	________	________
5.	stehen	________	________
6.	hängen	________	________
7.	machen	________	________
8.	wissen	________	________
9.	nennen	________	________
10.	zählen	________	________
11.	erschrecken	________	________
12.	heben	________	________

15 Preencha com o verbo no pretérito:

	presente	*pretérito*	*perfeito*
1.	Der Unterricht fängt an.	fing an	hat angefangen
2.	Sie bringt mir ein Geschenk.	________	hat gebracht
3.	Der Arzt verbindet die Wunde.	________	hat verbunden
4.	Er zieht sich um.	________	hat sich umgezogen
5.	Die Katze frisst die Maus.	________	hat gefressen
6.	Der Bus hält hier nicht.	________	hat gehalten
7.	Sie lädt Sarah zur Party ein.	________	hat eingeladen
8.	Er läuft schnell.	________	ist gelaufen
9.	Sie kommt auch.	________	ist gekommen
10.	Das Baby schreit viel.	________	hat geschrien
11.	Sie treibt viel Sport.	________	hat getrieben
12.	Er verzeiht mir die Lüge.	________	hat verziehen

16 Escreva o infinitivo:

1. stahl *stehlen*
2. verglich ______
3. roch ______
4. sandte ______
5. zwang ______
6. warf ______
7. betrog ______
8. nahm ______
9. schwieg ______
10. fror ______

17 Relato: preencha com os verbos no pretérito:

gehen ~~ankommen~~
nehmen auspacken
essen fahren gehen
suchen gehen
empfehlen kennen
duschen haben sein

1. Ich *kam* ______ um 17.13 Uhr am Hauptbahnhof *an* ______ .
2. Als Erstes ______ ich mir ein Hotel.
3. Da ich keine Hotels in Frankfurt ______ , ______ ich zur Touristeninformation.
4. Dort ______ man mir ein sehr schönes, kleines Hotel im Zentrum.
5. Ich ______ ein Taxi und ______ in das Hotel.
6. Dort ______ ich meine Koffer ______ und ______ .
7. Danach ______ ich ins Restaurant und ______ sehr viel, da ich großen Hunger ______ .
8. Schließlich ______ ich sehr müde und ______ ins Bett.

18 Mais-que-perfeito: responda às perguntas:

1. ■ Warum mussten Sie noch einmal nach Hause zurückfahren? (meinen Pass vergessen)
   ● *Weil ich meinen Pass vergessen hatte.*
2. ■ Warum konntest du die Tür nicht aufschließen? (den Schlüssel nicht mitgenommen)
   ● ______
3. ■ Warum durftest du nicht mitkommen? (meine Eltern verbieten es)
   ● ______
4. ■ Warum mussten Sie gestern so lange im Büro bleiben? (der Chef bitten mich darum)
   ● ______
5. ■ Warum konntest du nichts zu essen einkaufen? (die Geschäfte schon geschlossen)
   ● ______
6. ■ Warum bist du gestern Abend nicht länger geblieben? (plötzlich müde werden)
   ● ______

19 Mais-que-perfeito: preencha com os verbos:

spülen beenden ~~essen~~ abfahren aufhören werden heimgehen einladen vergessen

1. Als ich gestern Abend nach Hause kam, _hatten_ meine Eltern schon _gegessen_.
2. Bis wir am Bahnhof ankamen, __________ der Zug schon __________ .
3. Bis ich morgens aufstand, __________ mein Mann bereits das ganze Geschirr von der Party __________ .
4. Ich war am Wochenende in Paris. Eine Freundin __________ mich __________ .
5. Als wir in Bremen ankamen, __________ der Regen schon __________ und es __________ zum Glück auch wärmer __________ .
6. Als ich zur Party kam, __________ die meisten Gäste bereits __________ .
7. Als ich ihn kennenlernte, __________ er schon sein Studium __________ .
8. Inge ging noch schnell einmal nach Hause zurück, weil sie ihre Fahrkarte __________ __________ .

20 Presente e perfeito: escreva breves diálogos:

Hoje, Britta fez tudo ao contrário do habitual. A sua amiga faz-lhe perguntas acerca dos seus hábitos.

	o habitual	*hoje*
1.	mit dem Bus ins Büro fahren ■ *Fährst du immer mit dem Bus ins Büro?*	Auto ● *Normalerweise ja, aber heute bin ich mit dem Auto gefahren.*
2.	um 7.00 Uhr aufstehen	8.30 Uhr
3.	um 8.30 Uhr mit der Arbeit anfangen	10.00 Uhr
4.	mittags in der Kantine essen	ein Sandwich im Büro essen
5.	um 17.00 Uhr nach Hause fahren	19.00 Uhr
6.	auf dem Rückweg vom Büro einkaufen	direkt nach Hause fahren
7.	abends Freunde treffen	allein zu Hause bleiben
8.	um 23.00 Uhr ins Bett gehen	22.00 Uhr

21 Presente, pretérito ou perfeito: preencha com as formas verbais:

Der Wettlauf zwischen dem Hasen und dem Igel

Es ________ (sein) an einem schönen Sonntagmorgen im Herbst. Frau Igel ________ (waschen) gerade ihre Kinder und ________ sie ________ (anziehen). Inzwischen ________ ihr Mann auf dem Feld ________ (spazieren gehen). Er ________ (sein) noch nicht weit weg, da ________ (treffen) er den Hasen. Er ________ (grüßen) ihn höflich: „Guten Morgen, Meister Lampe!“ Aber der Hase, der ein vornehmer und unhöflicher Herr ________ (sein), ________ (antworten) ihm nicht. Er ________ (sagen) erst nach einer Weile: „Was ________ (machen) du hier schon so früh am Morgen auf dem Feld?“ – „Ich ________ ________ “ (spazieren gehen), ________ (sagen) der Igel. – „Spazieren?“ ________ (lachen) der Hase, „Du mit deinen kleinen, krummen Beinen?“ Das ________ (ärgern) den Igel sehr und er ________ (sagen): „________ (glauben) du, dass du mit deinen Beinen schneller laufen ________ (können) als ich?“ – „Aber natürlich“, ________ (antworten) der Hase. Da ________ der Igel ________ (vorschlagen): „Machen wir doch einen Wettlauf. Ich werde dich überholen!“ – „Das ________ (sein) ja zum Lachen!“, ________ (rufen) der Hase. „Du mit deinen krummen Beinen! Aber wir ________ (können) es ja versuchen. Was ________ (bekommen) der Sieger?“ – „Ein Goldstück und eine Flasche Schnaps.“ – „Gut, ________ wir gleich ________ (anfangen)!“ – „Moment“, ________ (sagen) der Igel, „ich ________ (müssen) erst noch frühstücken. In einer halben Stunde ________ (sein) ich wieder hier.“
Als der Igel zu Hause ________ (ankommen), ________ (rufen) er seine Frau und ________ (sagen): „Ich ________ mit dem Hasen um eine Flasche Schnaps und ein

Goldstück ________ (wetten), dass ich schneller laufen ________ (können) als er. Zieh dich schnell an und komm mit.“ – „Ach du lieber Gott, ________ (sein) du verrückt?“ – „Keine Sorge, komm einfach mit.“

Unterwegs ________ (sagen) der Igel zu seiner Frau: „Pass gut auf! Wir ________ (machen) den Wettlauf auf dem langen Feld. Der Hase ________ (laufen) in der einen Furche, ich ________ (laufen) in der anderen Furche. Da oben ________ wir ________ (anfangen). Stell dich hier unten hin. Wenn der Hase ________ (ankommen), dann ________ (rufen) du: ‚Ich ________ (sein) schon da!‘“

Der Igel ________ (gehen) nach oben zum Hasen. „________ wir ________ (anfangen)?“ – „Ja, gut.“ – „Also, eins – zwei – drei“, ________ (zählen) der Hase und ________ (rennen) los. Der Igel ________ (machen) nur drei Schritte und ________ (bleiben) dann sitzen. Als der Hase unten ________ (ankommen), ________ (rufen) die Igelfrau: „Ich ________ (sein) schon da!“ Der Hase ________ (sein) total überrascht und ________ (rufen): „Noch einmal!“ und ________ (rennen) wieder zurück. Als er oben ________ (ankommen), ________ (rufen) der Igelmann: „Ich ________ (sein) schon da!“ – „Noch einmal!“, ________ (schreien) der Hase und ________ (rennen) wieder los. So ________ (laufen) der Hase noch dreiundsiebzig Mal, und immer ________ (hören) er: „Ich ________ (sein) schon da!“

Beim vierundsiebzigsten Mal ________ (bleiben) der Hase tot liegen. Der Igel ________ (nehmen) das Goldstück und die Flasche Schnaps, ________ (rufen) seine Frau, und beide ________ (gehen) glücklich nach Hause. Und wenn sie nicht ________ ________ (sterben), dann ________ (leben) sie noch heute.

(Segundo um conto dos irmãos Grimm)

22 Perfeito ou mais-que-perfeito: preencha com as formas verbais:

Não esqueça: presente + perfeito
pretérito + mais-que-perfeito

1. Ich bin heute sehr müde, weil ich letzte Nacht zu wenig ____________ . — schlafen
2. Sie wollte nicht mit ins Kino, weil sie den Film schon letzte Woche ____________ . — sehen
3. Er ging so schnell er konnte, aber als er am Bahnhof ankam, ________ der Zug gerade ____________ . — abfahren
4. Ich möchte jetzt nichts mehr essen, denn ich ________ vorhin schon etwas ____________ . — essen
5. ___________ Sie die Post schon ___________ ? — abschicken
6. Die Party war ein großer Erfolg. Wir _________ auch alles gut ________________ . — vorbereiten

23 Futuro: formule as perguntas:

1. am – was – du – Wochenende – machen
   Was machst du am Wochenende?
2. heute Abend – Kino – mit mir – du – ins – gehen
3. wie lange – im – du – Sommer – Urlaub machen
4. wann – mich – besuchen – Sie
5. morgen – spazieren gehen – wir
6. Sonntag – wir – am – schwimmen gehen
7. nächstes Jahr – in die – wieder – Sie – fliegen – USA
8. nach der Arbeit – gehen – ins – Café – wir – noch

1.3 O verbo
Verbos irregulares

infinitivo (3ª pessoa sing.)	pretérito	perfeito
abbiegen	bog ab	ist abgebogen
anbieten	bot an	hat angeboten
anfangen (fängt an)	fing an	hat angefangen
backen (bäckt)	backte/buk	hat gebacken
beginnen	begann	hat begonnen
betrügen	betrog	hat betrogen
beweisen	bewies	hat bewiesen
bewerben (bewirbt)	bewarb	hat beworben
bitten	bat	hat gebeten
bleiben	blieb	ist geblieben
braten (brät)	briet	hat gebraten
brechen (bricht)	brach	hat gebrochen
brennen	brannte	hat gebrannt
bringen	brachte	hat gebracht
denken	dachte	hat gedacht
dürfen (darf)	durfte	(hat gedurft/hat … dürfen)*
empfehlen (empfiehlt)	empfahl	hat empfohlen
entscheiden	entschied	hat entschieden
erschrecken (erschrickt)	erschrak	ist erschrocken
essen (isst)	aß	hat gegessen
fahren (fährt)	fuhr	ist gefahren
fallen (fällt)	fiel	ist gefallen
finden	fand	hat gefunden
fliegen	flog	ist geflogen
fließen	floss	ist geflossen
fressen (frisst)	fraß	hat gefressen
frieren	fror	hat gefroren
geben (gibt)	gab	hat gegeben
gehen	ging	ist gegangen
gelingen	gelang	ist gelungen
gelten (gilt)	galt	hat gegolten
geschehen (geschieht)	geschah	ist geschehen
gewinnen	gewann	hat gewonnen

haben (hat)	hatte	hat gehabt
halten (hält)	hielt	hat gehalten
hängen	hing	hat gehangen
heben	hob	hat gehoben
heißen	hieß	hat geheißen
helfen (hilft)	half	hat geholfen
kennen	kannte	hat gekannt
kommen	kam	ist gekommen
können (kann)	konnte	(hat gekonnt/hat ... können)*
laden (lädt)	lud	hat geladen
lassen (lässt)	ließ	hat gelassen
laufen (läuft)	lief	ist gelaufen
leiden	litt	hat gelitten
leihen	lieh	hat geliehen
lesen (liest)	las	hat gelesen
liegen	lag	ist/hat gelegen
messen (misst)	maß	hat gemessen
mögen (mag)	mochte	hat gemocht
müssen (muss)	musste	(hat gemusst/hat ... müssen)*
nehmen (nimmt)	nahm	hat genommen
nennen	nannte	hat genannt
raten (rät)	riet	hat geraten
riechen	roch	hat gerochen
rufen	rief	hat gerufen
scheinen	schien	hat geschienen
schieben	schob	hat geschoben
schlafen (schläft)	schlief	hat geschlafen
schlagen (schlägt)	schlug	hat geschlagen
schließen	schloss	hat geschlossen
schneiden	schnitt	hat geschnitten
schreiben	schrieb	hat geschrieben
schreien	schrie	hat geschrien
schweigen	schwieg	hat geschwiegen
schwimmen	schwamm	ist geschwommen
sehen (sieht)	sah	hat gesehen
sein (ist)	war	ist gewesen
senden	sandte	hat gesandt**
	sendete	hat gesendet
singen	sang	hat gesungen

sinken	sank	ist gesunken
sitzen	saß	ist/hat gesessen
sprechen (spricht)	sprach	hat gesprochen
springen	sprang	ist gesprungen
stehen	stand	ist/hat gestanden
stehlen (stiehlt)	stahl	hat gestohlen
steigen	stieg	ist gestiegen
sterben (stirbt)	starb	ist gestorben
streiten	stritt	hat gestritten
tragen (trägt)	trug	hat getragen
treffen (trifft)	traf	hat getroffen
treiben	trieb	hat getrieben
treten (tritt)	trat	hat getreten
trinken	trank	hat getrunken
tun	tat	hat getan
überweisen	überwies	hat überwiesen
verbieten	verbot	hat verboten
verbinden	verband	hat verbunden
vergessen (vergisst)	vergaß	hat vergessen
vergleichen	verglich	hat verglichen
verlieren	verlor	hat verloren
verzeihen	verzieh	hat verziehen
wachsen (wächst)	wuchs	ist gewachsen
waschen (wäscht)	wusch	hat gewaschen
wenden	wandte	hat gewandt**
	wendete	hat gewendet
werden (wird)	wurde	ist geworden
werfen (wirft)	warf	hat geworfen
wiegen	wog	hat gewogen
wissen (weiß)	wusste	hat gewusst
ziehen	zog	hat gezogen
zwingen	zwang	hat gezwungen

* ▶ pág. 15

** *senden*: Die letzten Nachrichten werden um Mitternacht gesendet. (rádio, televisão)
Er hat mir einen Brief gesandt. (correio)

wenden: In dieser Sache wandte er sich an einen Rechtsanwalt.
Sie hat den Wagen vor dem Haus gewendet.

1.4 O verbo
Verbos separáveis e inseparáveis

Existem verbos sem prefixo, verbos com prefixo separável e verbos com prefixo inseparável.

Er *fängt* den Ball.
Der Unterricht *fängt* um 9.00 Uhr *an.*
Der Unterricht *beginnt* um 9.00 Uhr.

	verbos separáveis	verbos inseparáveis
	anfangen	**beginnen**
presente	ich fange … an	ich beginne …
pretérito	ich fing … an	ich begann …
perfeito	ich habe … angefangen	ich habe … begonnen
com verbo modal	ich möchte … anfangen	ich möchte … beginnen
pergunta	Wann fängst du … an? Fängst du … an?	Wann beginnst du …? Beginnst du …?
imperativo	Fang an!	Beginne!
infinitivo com *zu*	Ich denke, bald … anzufangen.	Ich denke, bald … zu beginnen.
	Igualmente:	
	ich fahre … **ab** ich komme … **an** ich mache … **auf/zu** ich gehe … **aus** ich arbeite … **zusammen** ich kaufe … **ein** ich stelle … **fest** ich fahre … **hin**	ich **be**ginne ich **emp**fehle ich **ent**scheide ich **er**zähle ich **ge**falle ich **miss**verstehe ich **ver**stehe ich **zer**störe

- Os verbos começados pelos seguintes prefixos são sempre inseparáveis:

be-	ent-	ge-	ver-
emp-	er-	miss-	zer-

- Os verbos que têm por prefixo uma palavra que pode ser usada independentemente de um verbo são geralmente separáveis. Os prefixos mais importantes são:

ab-	bei-	hin-	weg-
an-	ein-	los-	zu-
auf-	fest-	mit-	zurück-
aus-	her-	vor-	zusammen-

- Além disso, há verbos com prefixos que tanto são separáveis como inseparáveis:

durch-	über-	unter-	wider-
hinter-	um-	voll-	wieder-

Ich **steige** in Frankfurt **um.**	significado concreto → separável
Wir **wiederholen** die Lektion.	significado abstracto → inseparável

No nível básico de aprendizagem, são importantes os seguintes verbos deste grupo:

inseparável

über-	er überfährt	er überholt
	er überlegt	er übernachtet
	er übernimmt	er überrascht
	er überredet	er übersetzt
	er überweist	er überzeugt
unter-	er unterrichtet	er unterscheidet
	er unterschreibt	er unterstützt
	er untersucht	
wider-	er widerspricht	
wieder-	er wiederholt	

separável

um-	er steigt … um	er tauscht … um
	er zieht … um	

▶ Exercícios 1–7

1 Presente: forme a 3ª pessoa do singular e distribua os verbos pela coluna correspondente:

weggehen	versuchen
bezahlen	weglaufen
bestellen	zurückgeben
misstrauen	vergleichen
entwickeln	gelingen
mitarbeiten	abfliegen
ausfallen	erlauben
vorstellen	einschließen
zurückschauen	

separável	**inseparável**
er schaut … zurück	*er erlaubt*
…	…

2 Presente: construa as frases:

Was macht eine Hausfrau?

1. das Baby anziehen
   Sie zieht das Baby an.
2. das Frühstück vorbereiten
3. den Tisch abräumen
4. das Geschirr spülen und abtrocknen
5. Lebensmittel einkaufen
6. die Wäsche aufhängen
7. die Tochter vom Kindergarten abholen
8. die Wohnung aufräumen

3 Coloque as frases do exercício 2 no perfeito:

Was hat sie den ganzen Tag gemacht?

1. *Sie hat das Baby angezogen.*
…

4 Presente: construa frases. Use os verbos apresentados:

1. abfahren — *Der Zug fährt bald ab.*
2. empfehlen — ______
3. zurückkommen — ______
4. abgeben — ______
5. verstehen — ______
6. aufstehen — ______
7. anrufen — ______
8. erlauben — ______
9. entscheiden — ______
10. wegfahren — ______

5 Presente: formule perguntas a partir das suas frases do exercício 4:

1. *Fährt der Zug bald ab?*

...

6 Perfeito: construa frases:

1. die Haustür – abschließen – er – nicht
   Er hat die Haustür nicht abgeschlossen.
2. das Rauchen – der Arzt – mir – verbieten
3. wann – aufstehen – du – heute?
4. die unregelmäßigen Verben – ihr – wiederholen?
5. sie – im Schlafzimmer – verstecken – ihr ganzes Geld
6. warum – noch nicht – du – dich – umziehen?
7. nach zwei Stunden – der Direktor – beenden – die Diskussion
8. meine kleine Tochter – dieses schöne Glas – zerbrechen – leider
9. Papa – noch nicht – anrufen
10. anfangen – wann – der Film?

7 Quais são os verbos separáveis e quais os inseparáveis?

1. *Drehen* Sie das Steak nach drei Minuten *um*.
2. Er *versteht* keinen Spaß *—*.
3. Bitte ________ Sie doch schon mit dem Essen ________.
4. Wer von euch ________ mit mir nachher die Wohnung ________?
5. ________ dir doch eine Pizza beim Pizza-Service ________.
6. Warum ________ du sie nicht ________?
7. Er ________ immer so lustige Geschichten ________.
8. Sie ________ sich immer erst in letzter Minute ________.

umdrehen
verstehen
beginnen
aufräumen
bestellen
anrufen
erzählen
entscheiden

1.5 O verbo
Verbos reflexivos

Uso

*verbos que **só** se usam como reflexivos*

sich erholen	Ich habe **mich** im Urlaub gut erholt. ↓ acusativo (complemento único)
sich etwas überlegen	Ich habe **mir** diese Entscheidung gut überlegt. ↓ dativo ↓ acusativo

*verbos que **também** se usam como reflexivos*

anziehen	Ich ziehe den Mantel an. ↓ acusativo
sich anziehen	Ich ziehe **mich** an. ↓ acusativo
	Ich ziehe **mir** einen Pullover an. ↓ dativo ↓ acusativo

verbos com os quais se pode exprimir uma relação recíproca

lieben	Er liebt sie und sie liebt ihn. Sie lieben **sich**.

uma relação recíproca com preposição

Er ist glücklich mit ihr und sie ist glücklich mit ihm.
Sie sind glücklich **miteinander**.
↑
preposição + *einander*

O pronome reflexivo na frase

Ich habe	**mich**	im Urlaub gut erholt.
Im Urlaub habe ich	**mich**	gut erholt.
Er hat erzählt, dass er	**sich**	im Urlaub gut erholt hat.

verbos importantes com uso reflexivo

sich amüsieren	Wir haben uns auf der Party gut amüsiert.
sich aufregen	Sie hat sich sehr über ihren Chef aufgeregt.
sich bedanken	Ich möchte mich ganz herzlich für die Blumen bedanken.
sich beeilen	Beeil dich bitte!
sich bemühen	Ich werde mich sehr um diesen Job bemühen.
sich beklagen	Sie beklagt sich immer über alles. Nichts gefällt ihr.
sich beschweren	Er hat sich beim Kellner über das schlechte Essen beschwert.
sich entschließen	Wir haben uns zu einem Kurzurlaub entschlossen.
sich erholen	Habt ihr euch im Urlaub gut erholt?
sich erkälten	Er hat sich beim Radfahren erkältet.
sich erkundigen	Haben Sie sich schon nach einer Zugverbindung erkundigt?
sich freuen	Wir haben uns sehr über Ihren Besuch gefreut.
sich irren	Tut mir Leid, da habe ich mich wohl geirrt.
sich kümmern	Er kümmert sich sehr um seine kranke Frau.
sich verabreden	Wir haben uns für heute Abend verabredet.
sich verabschieden	Einen Moment bitte. Ich muss mich noch verabschieden.
sich verlieben	Sie hat sich schon wieder verliebt.
sich vorstellen	Darf ich mich vorstellen? Ich heiße Peter Kramer.

Formas

	acusativo		dativo	
ich freue	mich	Ich ziehe	mir	eine Jacke an.
du freust	dich	Du ziehst	dir	eine Jacke an.
er, sie, es freut	sich	Er zieht	sich	eine Jacke an.
wir freuen	uns	Wir ziehen	uns	eine Jacke an.
ihr freut	euch	Ihr zieht	euch	eine Jacke an.
sie, Sie freuen	sich	Sie ziehen	sich	eine Jacke an.

Com excepção da 3ª pessoa do singulare do plural (*sich*), as formas são idênticas às do pronome pessoal.

▶ Exercícios 1–3

Não se esqueça de que:
O pronome reflexivo fica no acusativo quando é o único objecto da oração.

▶ Excepção: *verbos + dativo,* pág. 195

Ich habe mich im Urlaub gut erholt.
mich ↓ ac.

Quando há dois objectos, a pessoa fica no dativo (= pronome reflexivo) e o objecto no acusativo:

Ich ziehe mir eine Jacke an.
mir ↓ dat. — eine Jacke ↓ ac.

▶ *Valência dos verbos,* págs. 194–196

1 Preencha com o pronome reflexivo no acusativo:

1. Ich ziehe _mich_____ aus. (sich ausziehen)
2. Sie hat ________ verliebt. (sich verlieben)
3. Ich kann ________ nicht erinnern. (sich erinnern)
4. Wir haben ________ verlaufen. (sich verlaufen)
5. Ihr habt ________ geirrt. (sich irren)
6. Sie verstehen ________ sehr gut. (sich verstehen)
7. Du wunderst ________ . (sich wundern)
8. Er wäscht ________ . (sich waschen)
9. Wir treffen ________ heute Abend. (sich treffen)
10. Ich habe ________ schon bedankt. (sich bedanken)
11. Du hast ________ beschwert. (sich beschweren)
12. Habt ihr ________ im Urlaub gut erholt? (sich erholen)

3 Preencha com o pronome reflexivo no acusativo ou no dativo:

1. ■ Warum wäschst du ________ schon wieder die Haare?
   ● Weil ich heute Abend noch ausgehe.
2. ■ Was ist denn passiert?
   ● Ich habe ________ die linke Hand verbrannt.
3. ■ Zieh ________ bitte um, wir müssen gehen.
   ● Was soll ich ________ denn anziehen? Den Mantel oder die Jacke?
4. ■ Ich kann ________ deine Telefonnummer einfach nicht merken.
   ● Dann schreib sie ________ doch endlich mal auf.
5. ■ Ich möchte ________ für meine Verspätung entschuldigen. Ich habe den Zug verpasst.
   ● Dafür brauchen Sie ________ doch nicht zu entschuldigen. Das kann jedem passieren.
6. ■ Nehmen Sie ________ doch noch etwas Kuchen.
   ● Nein, danke. Ich bin wirklich satt.

2 Preencha com o pronome reflexivo no dativo:

1. Ich habe _mir_____ das Buch gerade angesehen.
2. Kannst du ________ denn kein besseres Fahrrad leisten?
3. Ich kann ________ nicht vorstellen, dass das richtig ist.
4. Es wird sicher kalt. Zieh ________ lieber noch eine warme Jacke an.
5. Wir machen ________ große Sorgen um unsere Kinder.
6. Habt ihr ________ das auch gut überlegt?
7. Wasch ________ bitte die Hände, sie sind ganz schmutzig.
8. Ich habe ________ sein Fahrrad für ein paar Tage geliehen.

1.6 O verbo Infinitivo

O infinitivo tem, em quase todos os verbos, a terminação *-en* (p. *fragen*). Só em alguns verbos aparece a terminação *-n* (p. *sein, tun, erinnern, lächeln*).

Infinitivo sem *zu*

em formas de tempos compostos (futuro, Konjunktiv II)
Ich werde dich bestimmt besuchen.
Ich würde gern Chinesisch lernen.

com os verbos modais
Ich muss jetzt gehen.
Ich möchte gern segeln lernen.

com os verbos

	lassen, hören, sehen, fühlen	bleiben, gehen, fahren, helfen, lernen
Presente	Ich lasse mir die Haare schneiden. Ich höre sie kommen.	Bleiben Sie bitte sitzen! Ich gehe jetzt einkaufen.
Perfeito	*‚haben' + infinitivo + infinitivo* Ich habe mir die Haare schneiden lassen. Ich habe sie kommen hören.	*‚sein'/‚haben' + particípio II* Ich bin sitzen geblieben. Ich bin einkaufen gegangen. Ich habe surfen gelernt.

nos pedidos e ordens
Bitte nicht rauchen!
Fenster schließen!

Infinitivo com *zu*

A maioria dos verbos pede o infinitivo com *zu*. Fazem também parte deste grupo os verbos usados em combinação com outro verbo. Os mais importantes são:

anfangen/beginnen	Ich habe angefangen zu lernen.
anbieten	Ich habe ihnen angeboten zu kommen.
aufhören	Es hat aufgehört zu regnen.
beschließen/entscheiden	Wir haben beschlossen zu streiken.
bitten	Ich habe dich nicht gebeten zu helfen.
erlauben	Ich habe dir nicht erlaubt auszugehen*.
sich freuen	Ich freue mich zu kommen.
haben (Angst, Zeit, Lust …)	Ich habe keine Lust zurückzufahren*.
hoffen	Ich hoffe zu gewinnen.
raten	Ich rate Ihnen zu bleiben.
verbieten	Er hat uns verboten zu rauchen.
vergessen	Ich habe vergessen einzukaufen*.
versprechen	Er hat versprochen zu kommen.
versuchen	Er hat versucht zu schlafen.
vorhaben	Ich habe vor zu fahren.
vorschlagen	Ich schlage vor zu warten.

* Nos verbos separáveis, colocamos "zu" entre o prefixo e o verbo.

▶ Exercícios 1–3

▶ *Orações subordinadas com um … zu, ohne … zu, anstatt … zu págs. 214–216*

Infinitivo como substantivo

Podemos formar um substantivo a partir de um infinitivo. Estes substantivos são todos neutros.

Ich habe *das Fehlen* des Passes erst am nächsten Tag bemerkt.
Beim Arbeiten am Computer tun mir nach einer Weile die Augen weh.

1 Infinitivo com ou sem *zu*?

1. Du sollst nicht so laut ___ sprechen.
2. Ich hoffe, Sie bald wieder___sehen.
3. Wir haben schon angefangen ___ kochen.
4. Hören Sie ihn schon ___ kommen?
5. Sehen Sie die Kinder auf der Straße ___ spielen?
6. Du sollst leise ___ sein!
7. Er hat mir angeboten, mit seinem Auto ___ fahren.
8. Warum lassen Sie den alten Fernseher nicht ___ reparieren?
9. Wir werden ganz bestimmt ___ kommen.
10. Mein Vater hat mir verboten, mit dir in Urlaub ___ fahren.
11. Ich helfe dir das Geschirr ___ spülen.
12. Setzen Sie sich doch. – Nein danke, ich bleibe lieber ___ stehen.
13. Er hat nie Zeit, länger mit mir ___ sprechen.
14. Ich gehe nicht gern allein ___ schwimmen.

2 Construa frases no presente:

1. Ich – sich vornehmen – pünktlich kommen
   Ich nehme mir vor, pünktlich zu kommen.
2. Wir – nächste Woche – Zeit haben – unsere Freunde besuchen
3. Er – nicht wollen – mitkommen
4. Wir – hoffen – ihn – dazu überreden – noch
5. Leider – er – fast nie – Lust haben – reisen
6. Er – würde – am liebsten – immer zu Hause – bleiben
7. Aber – wir – gehen – gern – Kleidung einkaufen – in Paris
8. Ich – weinen – höre – das Baby

3 Complete com orações infinitivas:

1. Ich habe keine Angst, *in der Nacht im Park spazieren zu gehen.*
2. Ich habe heute keine Lust, ____________________
3. Es macht mir Spaß, ____________________
4. Ich gebe mir viel Mühe, ____________________
5. Ich zwinge niemanden, ____________________
6. Ich freue mich darauf, ____________________

1.7 O verbo Imperativo

Uso

pedido
Kommen Sie bitte hierher!
Leih mir bitte mal dein Wörterbuch!

conselho
Trink nicht so viel Alkohol!
Geh doch mal wieder schwimmen!

convite (com amabilidade)
Setzen Sie sich doch!
Nimm doch noch ein Stück Kuchen!

ordem (sem amabilidade)
Macht sofort das Fenster zu!
Geh weg!

Quando se pretende ser mais cortês, usa-se o conjuntivo II para formular um pedido ou dar um conselho:

Würden Sie bitte hierher kommen?
Könntest du mir bitte mal dein Wörterbuch leihen?
Du solltest nicht so viel Alkohol trinken.
Du solltest mal wieder schwimmen gehen.

▶ *Conjuntivo II:* págs. 66–69

Formas

	presente	imperativo
du	du kommst	Komm!
ihr	ihr kommt	Kommt!
Sie	Sie kommen	Kommen Sie!

Casos especiais	du	ihr	Sie
	haben, sein, werden		
haben	Hab Geduld!	Habt Geduld!	Haben Sie Geduld!
sein	Sei leise!	Seid leise!	Seien Sie leise!
werden	Werd(e) glücklich!	Werdet glücklich!	Werden Sie glücklich!
	*verbos irregulares com mudança de vogal **e/i***		
lesen	Lies den Text!	Lest den Text!	Lesen Sie den Text!
essen	Iss langsamer!	Esst langsamer!	Essen Sie langsamer!
	*verbos irregulares com mudança para **ä** no singular*		
laufen	Lauf schneller!	Lauft schneller!	Laufen Sie schneller!
fahren	Fahr nach Hause!	Fahrt nach Hause!	Fahren Sie nach Hause!
schlafen	Schlaf nicht so lange!	Schlaft nicht so lange!	Schlafen Sie nicht so lange!
	*verbos terminados em **-eln, -ern***		
klingeln	Klingle zwei Mal!	Klingelt zwei Mal!	Klingeln Sie zwei Mal!
ändern	Änd(e)re nichts!	Ändert nichts!	Ändern Sie nichts!

▶ Exercícios 1–5

1 Construa frases no imperativo singular (*du*) e plural (*ihr*):

leise sein	das Fenster zumachen	~~den Text vorlesen~~
die Regel aufschreiben	lauter sprechen	das Buch aufschlagen
im Wörterbuch nachsehen	die Bücher schließen	an die Tafel kommen

Was sagt Ihr Lehrer?

du	*ihr*
Lies den Text vor!	Lest den Text vor!
...	...

2 Preencha com o imperativo no singular ou no plural:

1. ___________ mich doch mal besuchen!
2. ___________ keine Angst!
3. ___________ doch ein bisschen leiser!
4. ___________ bitte lauter, ich verstehe dich so schlecht!
5. ___________ bitte in der Pause die Fenster!
6. ___________ mir bitte mal schnell den Stift dort!
7. ___________ doch nicht so ungeduldig!
8. ___________ die Badesachen nicht!
9. ___________ doch Rücksicht auf deine Schwester!
10. ___________ mir, wenn ich dich etwas frage!

kommen/Singular
haben/Plural
sein/Plural
sprechen
öffnen/Plural
geben/Singular
sein/Singular
vergessen/Plural
nehmen
antworten

3 Verbos separáveis: preencha com o imperativo no singular (*du*):

1. ___________ bitte das Fenster ___ .
2. ___________ doch ___ !
3. ___________ doch nicht immer vor dem Fernseher ___ !
4. ___________ endlich ___ !
5. ___________ bitte das Geschirr ___ !
6. ___________ bitte ___ !
7. ___________ deine Spielsachen ___ !
8. ___________ ihn doch mal zum Abendessen ___ !
9. ___________ sie bitte vom Kindergarten ___ !
10. ___________ den roten Pullover ___ !

zumachen
aufpassen
einschlafen
anfangen
abtrocknen
mitkommen
aufräumen
einladen
abholen
mitnehmen

4 Verbos reflexivos: preencha com o imperativo no singular, no plural, ou com *Sie*.

▶ *Verbos reflexivos:* págs. 50–52

1. ______________________ ein bisschen, der Zug fährt gleich ab!
   (sich beeilen/Plural)
2. ______________________ bitte nach den Zugverbindungen!
   (sich erkundigen/Sie)
3. ______________________ endlich!
   (sich entscheiden/Singular)
4. ______________________ doch! Bald ist Weihnachten!
   (sich freuen/Plural)
5. ______________________ nicht, ich kann das allein erledigen!
   (sich bemühen/Sie)
6. ______________________ doch nicht dauernd, anderen Menschen geht es viel schlechter als dir!
   (sich beklagen/Singular)

5 Construa frases no imperativo correspondente a *du* ou *ihr:*

Conselhos para as férias

1. Lassen Sie Ihre Probleme zu Hause!
   Lass deine Probleme zu Hause!
   Lasst eure Probleme zu Hause!
2. Liegen Sie nie lange ohne Sonnenschutz in der Sonne!
3. Nehmen Sie nicht viel Geld mit an den Strand!
4. Vergessen Sie Ihre Arbeit!
5. Schlafen Sie viel!
6. Erholen Sie sich gut!

1.8 Verbo
Voz passiva

Uso

Voz activa: é importante a pessoa que pratica a acção
- ■ Was ist denn das für ein Lärm?
- ● Die Nachbarn bauen eine Garage.

Voz passiva: são importantes a acção e o acontecimento
- ■ Was ist denn das für eine Baustelle?
- ● Hier wird eine neue Autobahn gebaut.

Frases na passiva sem agente

Hier wird eine neue Autobahn gebaut.

A acção é o centro da informação. A pessoa que actua (agente) é do conhecimento geral, é desconhecida ou não é importante para a informação que se transmite.

(Es wurde dem Verletzten sofort geholfen.)
→ Dem Verletzten wurde sofort geholfen.

Com os verbos que pedem dativo, a palavra *es* pode substituir o sujeito no início da frase. Estilisticamente, a frase fica melhor sem *es*, ocupando a 1ª posição um outro elemento da frase.

▶ Verbos com dativo: pág. 195

Frases na passivas com agente

‚von' + dativo
Diese Schauspielerin wurde von allen bewundert.
Die Frau wurde von einem Auto angefahren.

‚durch' + acusativo
Die Nachricht wurde ihr durch den Boten überbracht.
Der Patient wurde durch eine Operation gerettet.

Uma frase na passiva pode também referir-se à pessoa que pratica a acção, ou aquilo que é causa da acção. Mesmo assim, a acção continua sendo o mais importante. A pessoa ou causa directas são introduzidas pela preposição *von*; a pessoa ou acção indirecta pela preposição *durch*.

Formas

A voz passiva é construída com *werden* + particípio II.

presente	Hier	wird	eine neue Autobahn	gebaut.
pretérito		wurde		gebaut.
perfeito		ist		gebaut worden.
mais-que-perfeito		war		gebaut worden.

▶ Formas de *werden:* pág. 11

Voz passiva com verbo modal

presente	Die Küche	muss	aufgeräumt werden.
pretérito		musste	

O perfeito e o mais-que-perfeito só raramente são usados em relação com os verbos modais.

▶ *Verbos modais:* págs. 12–15

A voz passiva na oração subordinada

presente	Ich weiß, dass hier eine neue Autobahn	gebaut wird.
pretérito		gebaut wurde.
perfeito		gebaut worden ist.
mais-que-perfeito		gebaut worden war.

	com verbo modal	
presente	Ich weiß, dass die Küche	aufgeräumt werden muss.
pretérito	Ich wusste, dass die Küche	aufgeräumt werden musste.

▶ Exercícios 1–10

1 Preencha com as formas de *werden*:

1. Hier *wird* ________ eine Kirche gebaut. (Presente)
2. Wir ________ nicht gefragt, ob wir mitkommen wollten. (Pretérito)
3. In diesem Restaurant ________ ich immer freundlich bedient ________ (Perfeito)
4. Warum ________ in deiner Firma niemand mehr eingestellt? (Presente)
5. Hoffentlich ________ ihr nicht in eine andere Abteilung versetzt. (Presente)
6. Als ich endlich den Supermarkt gefunden hatte, ________ er gerade geschlossen. (Pretérito)
7. In meinem neuen Job ________ ich sehr gut bezahlt. (Presente)
8. Mein Großvater musste in seinem Leben immer hart arbeiten. Ihm ________ nichts geschenkt. (Pretérito)
9. An der Grenze ________ unser Gepäck genau kontrolliert ________ . (Perfeito)

2 Presente: construa frases na voz passiva:

Wie zerstören die Menschen die Umwelt?

1. die Natur – schädigen
   Die Natur wird geschädigt.
2. die Flüsse – durch Chemikalien – vergiften
3. die Landschaft – mit Häusern – vollbauen
4. zu viel Müll – es – produzieren
5. die Wälder – zerstören
6. die Rohstoffe – verschwenden

3 Presente: formule as frases do exercício 2 na voz passiva e com o verbo modal *sollen* + *nicht noch mehr*:

Was fordern die Umweltschützer?

1. *Die Natur soll nicht noch mehr geschädigt werden.*

…

4 Pretérito: construa frases na voz passiva:

1. Meine Wohnung war unordentlich. *Meine Wohnung musste aufgeräumt werden.*	aufräumen müssen
2. Im Text waren noch viele Fehler.	korrigieren müssen
3. Ich habe die Rechnung bekommen.	bezahlen müssen
4. Meine Großeltern sind am Bahnhof angekommen.	abholen müssen
5. Der Fahrradfahrer war leicht verletzt.	ins Krankenhaus bringen müssen
6. Mein Fernsehapparat war kaputt.	reparieren müssen
7. Die Papiere waren durcheinander.	ordnen müssen
8. Das ganze Geschirr war schmutzig.	spülen müssen

5 Preencha com os verbos na voz passiva:

Der Mann __________ bei dem Unfall so	verletzen/mais-que-perfeito
schwer __________ __________ , dass er sofort	
in ein Krankenhaus __________ __________	einliefern müssen/pretérito
__________ . Dort __________ er gründlich	untersuchen/pretérito
__________ und dabei __________ , dass er	feststellen/pretérito
sofort __________ __________ __________	operieren müssen/presente
Nachdem er drei Wochen im Krankenhaus	
__________ __________ __________ ,	behandeln/mais-que-perfeito
__________ er __________ __________ .	entlassen können/pretérito
Zu Hause __________ er noch einige Wochen	versorgen/pretérito
von seinem Hausarzt __________ .	

6 O que é obrigatório fazer aqui? O que é permitido? O que não é permitido?

1. *Die Baustelle darf nicht betreten werden.*
2. *Hier ...*
3. __________
4. __________
5. __________
6. __________

7 Construa orações subordinadas na voz passiva a partir das frases do exercício 6:

1. Ich weiß, dass *die Baustelle nicht betreten werden darf.*

...

8 Forme orações subordinadas na voz passiva:

1. Man isst in Bayern so viel Schweinefleisch.

   Ich möchte gern wissen, warum *in Bayern so viel Schweinefleisch gegessen wird.*

2. Man schenkt den Kindern Kriegsspielzeug.

3. Man kann die militärische Aufrüstung nicht beenden.

4. Man erzieht die Kinder nicht zu mehr Toleranz.

5. Man achtet die Rechte der Minderheiten nicht.

6. Man muss bei Smog das Auto nicht zu Hause lassen.

9 Preencha com *von* ou *durch*:

1. Der Frosch wurde ________ der Prinzessin geküsst.
2. ________ das Feuer wurde großer Schaden verursacht.
3. *Diese Frage wurde mir noch ________ niemandem gestellt.*
4. Die Maus wurde ________ Gift getötet.
5. Der Baum wurde ________ einem Blitz getroffen.
6. Die Qualität der Artikel wurde ________ ein neues Produktionsverfahren sehr verbessert.

10 Perfeito: construa frases a partir dos títulos dos jornais:

1. Unfall auf der Autobahn: 8 Menschen schwer verletzt
   Bei einem Unfall auf der Autobahn sind 8 Menschen schwer verletzt worden.
2. Sturm: 4 Autos von umgefallenen Bäumen beschädigt
3. Ferrari nachts im Zentrum gestohlen
4. Neues Schwimmbad von Bürgermeister eröffnet
5. Banküberfall in der Kantstraße
6. Entführtes Kind gefunden

1.9 O verbo Conjuntivo II*

Uso

pedido cortês

Herr Ober, | ich möchte bitte noch ein Bier.
würden Sie mir bitte die Speisekarte bringen?
könnten wir bitte noch etwas Brot bekommen?
ich hätte gern noch einen Kaffee.

Estas frases têm um tom de cortesia. Usam-se sobretudo com a forma de tratamento *Sie* (o Sr., a Sra.). Com a forma de tratamento *du* (tu) é também possível o tom de cortesia:

Hilfst du mir bitte?
Hilfst du mir mal?
Kannst du mir helfen?

Por vezes, estas expressões aparecem juntas.

Kannst du mir bitte mal helfen?

condição irreal/possibilidade

Presente ■ Kommen Sie am Samstag zu meiner Geburtstagsparty?

real ● Wenn ich Zeit habe, komme ich gern. Ich rufe Sie morgen an und gebe Ihnen Bescheid. [= talvez]

irreal (= conjuntivo II) ● Vielen Dank für die Einladung. Wenn ich Zeit hätte, würde ich sehr gerne kommen. Aber leider fahre ich am Wochenende weg. [= não]

Passado ■ Hast du gestern Abend das Spiel Bayern München gegen Werder Bremen gesehen?

real ● Ja, natürlich hab' ich es gesehen.

irreal (= conjuntivo II) ● Nein, leider nicht. Ich musste länger arbeiten. Wenn ich Zeit gehabt hätte, hätte ich es natürlich angeschaut. [= não]

* O conjuntivo português não corresponde exactamente ao *Konjunktiv*. Optamos, contudo, pela palavra portuguesa, pois a designação alemã de I e II põe de lado qualquer equívoco.

desejo irreal

Realidade	Ich habe kein Geld dabei.
Desejo	Wenn ich **doch** mein Geld mitgenommen hätte! Hätte ich **doch** mein Geld mitgenommen!

conselho/proposta

■ An deiner Stelle würde ich mir vor der langen Fahrt noch etwas zu essen kaufen.

ou

■ Du solltest dir vor der langen Fahrt noch etwas zu essen kaufen.
● Nein, das ist nicht nötig, ich habe viel gefrühstückt.

■ Wir haben noch eine halbe Stunde Zeit, bis der Zug abfährt. Wir könnten doch noch einen Kaffee trinken gehen.
● Ja, gute Idee!

comparação com ‚als ob' (como se)

Er ist faul, aber er tut so, als ob er arbeiten würde.

Voz passiva com conjuntivo II

Presente

würde + particípio II
Dieses Haus würde leicht verkauft, wenn der Preis nicht so hoch wäre.
realidade: não se vende facilmente porque é demasiado cara.

Passado

wäre + particípio II + *worden*
Dieses Haus wäre leicht verkauft worden, wenn der Preis nicht so hoch gewesen wäre.
realidade: não se vendeu porque era demasiado cara.

Conjuntivo II com verbos modais

Presente

Du solltest mehr schlafen.
realidade: pareces cansado.

Passado

oração principal (*hätte* + infinitivo + infinitivo)
Ich hätte länger schlafen sollen.
realidade: levantei-me demasiado cedo.

oração principal + *subordinada*
Wenn ich heute nicht so früh hätte aufstehen müssen, wäre ich jetzt nicht so müde.
realidade: estou tão cansado, porque hoje tive de me levantar tão cedo.

Formas

Presente

com a maioria dos verbos, ‚würde' + infinitivo

ich	würde	fragen
du	würd**est**	fragen
er, sie, es	würde	fragen
wir	würd**en**	fragen
ihr	würd**et**	fragen
sie, Sie	würd**en**	fragen

sem ‚würde', com os verbos básicos e alguns outros verbos

Infinitivo	Conjuntivo II
haben	ich hätte
sein	ich wäre
werden	ich würde
wollen	ich wollte
sollen	ich sollte
müssen	ich müsste
dürfen	ich dürfte
können	ich könnte
mögen	ich möchte
lassen	ich ließe
kommen	ich käme
gehen	ich ginge
wissen	ich wüsste
brauchen	ich bräuchte
geben	ich gäbe

Passado

‚hätte'/‚wäre' + particípio II

	no indicativo *três formas do passado*	*no conjuntivo* *uma forma do passado*
Pretérito	ich kaufte ich kam	ich hätte gekauft ich wäre gekommen
Perfeito	ich habe gekauft ich bin gekommen	
Mais-que-perfeito	ich hatte gekauft ich war gekommen	

▶ Exercícios 1–21

1 Pretérito do indicativo e conjuntivo II: preencha:

1.	haben	du	*hattest*	du	*hättest*
2.	können	sie	______	sie	______
3.	müssen	ihr	______	ihr	______
4.	sollen	Sie	______	Sie	______
5.	werden	er	______	er	______
6.	dürfen	wir	______	wir	______
7.	wollen	ich	______	ich	______
8.	sein	sie (Pl.)	______	sie (Pl.)	______
9.	mögen	es	______	es	______
10.	gehen	ich	______	ich	______
11.	lassen	er	______	er	______
12.	geben	es	______	es	______
13.	brauchen	du	______	du	______
14.	wissen	wir	______	wir	______
15.	kommen	ich	______	ich	______

2 Complete as seguintes frases:

1. er – sich Zeit nehmen
   Ich würde mich freuen, *wenn er sich mehr Zeit nehmen würde.*
2. sie (Pl.) – mehr Geduld haben
   Es wäre schön, ______
3. du – mich in Ruhe lassen
   Ich wäre dir dankbar, ______
4. er – mit mir mehr Abende verbringen
   Es wäre toll, ______
5. ich – nicht so viel arbeiten müssen
   Ich wäre froh, ______
6. du – abends früher nach Hause kommen
   Es wäre schön, ______
7. wir – häufiger ins Theater gehen
   Ich würde mich freuen, ______
8. ihr – noch etwas länger bleiben
   Es wäre schön, ______

3 Conjuntivo II: preencha com as formas de passado do verbo:

1. Wenn er doch *gekommen wäre* !	kommen
2. Ich __________ das nicht __________ .	tun
3. Wir __________ nie ______________ .	mitkommen
4. Sie __________ uns bestimmt nicht ___________ .	besuchen
5. Ihr __________ die Straße ohne Stadtplan nie __________ .	finden
6. Sie (Pl.) __________ gern nach Amerika ____________ .	fliegen
7. Er __________ sicher mit dir ____________ ____________ .	spazieren gehen
8. Ich __________ dir das schon noch _____________ .	erzählen

4 Escreva a carta com a forma de tratamento *Sie* e com tom de maior cortesia:

Liebe Angela,

wie geht es dir? Wie ist denn deine neue Arbeitsstelle? Hast du nette Kollegen?

Ich habe eine große Bitte. Du weißt doch, ich bin im Juli und August in Berlin. Ich möchte dort einen Sprachkurs besuchen. Leider weiß ich noch nicht, an welcher Schule, und ich habe noch keine Wohnmöglichkeit. Hilfst du mir?

Vielleicht kannst du mal deine Freunde und Bekannten fragen, ob jemand in dieser Zeit ein Zimmer vermietet. Und fragst du bitte an einigen Sprachschulen in Berlin nach den Preisen und Kursdaten? Kannst du mir vielleicht vorher einige Prospekte schicken? Dann kann ich mich nämlich rechtzeitig an einer Schule anmelden.

Darf ich dich zum Schluss noch um einen anderen Gefallen bitten? Du weißt ja, ich war noch nie in Berlin und komme mit viel Gepäck. Holst du mich bitte am Flughafen ab? Dafür koche ich für dich in Berlin ein typisch brasilianisches Essen.

Vielen Dank für deine Hilfe. Ich freue mich auf unser Wiedersehen in Deutschland.

Viele Grüße Benedita

Escreva assim:

Sehr geehrte Frau Müller,

wie geht es Ihnen? Wie ist denn Ihre neue Arbeitsstelle? Haben Sie nette Kollegen?

Ich hätte eine große Bitte. …

5 Formule as frases com mais cortesia:

1. Gib mir bitte Feuer. (2 possibilidades)
   Würdest du mir bitte Feuer geben?
   Könntest du mir bitte Feuer geben?
2. Darf ich mir Ihren Bleistift leihen?
3. Halten Sie bitte einen Moment meinen Mantel? (2 possibilidades)
4. Sagen Sie mir, wie ich zum Bahnhof komme? (2 possibilidades)
5. Kann ich Sie schnell etwas fragen?
6. Geben Sie mir ein Glas Wasser? (2 possibilidades)
7. Mach bitte das Fenster zu. (2 possibilidades)
8. Darf ich Sie bitten, das Radio leiser zu stellen?

7 Construa frases. Comece sempre por: *Ich wäre froh, wenn ich …*

1. so gut Deutsch sprechen können wie du
2. eine so große Wohnung haben wie ihr
3. Goethe auf Deutsch lesen können
4. jedes Jahr drei Monate Urlaub machen können
5. länger bleiben dürfen
6. zu Fuß zur Arbeit gehen können
7. nicht jeden Tag mit dem Auto fahren müssen
8. so viel Geduld haben wie Sie

E você (o Sr., a Sra.)? Escreva 5 frases:

6 Que frases se completam? Combine-as:

1. Wenn ich mehr Fremdsprachen könnte,
2. Wenn ich mehr Geld mitgenommen hätte,
3. Ich hätte die Prüfung bestanden,
4. Das Problem wäre gar nicht entstanden,
5. Wenn du nicht so langsam gegangen wärest,
6. Ich wäre gern in dieses Konzert gegangen,

a wenn Sie mich vorher gefragt hätten.
b hätten wir den Zug sicher erreicht.
c wenn es noch Karten gegeben hätte.
d würde ich dich jetzt zum Essen einladen.
e hätte ich diesen Job bekommen.
f wenn sie mir nicht so schwierige Fragen gestellt hätten.

1	
2	
3	
4	
5	
6	

8 Conjuntivo II: preencha com as formas do verbo:

Wenn mein Vater der Scheich von Shambala *wäre*________ ,	sein
__________ ich in weichen Betten __________ . Ich	schlafen können
__________ den ganzen Tag mit meinen Freundinnen	spielen
__________ und __________ meiner Mutter nicht immer in	brauchen
der Küche zu helfen. Sie __________ viele Angestellte für die	haben
Hausarbeit. Natürlich __________ mich auch ein Chauffeur in	fahren
die Schule __________ , und ich __________ nicht mehr zu	müssen
Fuß gehen. Außerdem __________ ich viele wunderschöne	haben
Kleider. Sicher __________ ich den ganzen Tag machen, was	dürfen
ich will. Aber vielleicht __________ das auch sehr langweilig.	sein
Ich __________ wahrscheinlich nicht mehr mit meinen	dürfen
Freundinnen auf der Straße spielen und __________ immer	müssen
aufpassen, dass ich mich nicht schmutzig mache. Vielleicht	
__________ ein Leben als Prinzessin doch nicht so schön.	sein

9 Que faria, se ...? Que aconteceria, se ...?

1. Wenn ich im Lotto gewinnen würde, würde ich …
2. Wenn ich als Kind bei den Eskimos gelebt hätte, …
3. Wenn Hunde sprechen könnten, …
4. Wenn ich die Königin von England wäre, …
5. Wenn ich nicht so faul wäre, …
6. Wenn ich im letzten Jahrhundert geboren wäre, …

10 Onde gostaria mais de passar as suas férias? Que faria aí?

Ich würde nach … fahren. Dort würde ich dann …

11 Complete as frases:

Paul ist mit seinem Leben nicht zufrieden.

1. Er ist Automechaniker,
   aber er wäre gern Rennfahrer.
2. Er verdient zu wenig,
   ____
   (mehr verdienen)
3. Er wohnt in Audorf,
   ____
   (Hamburg)
4. Er muss früh aufstehen,
   ____
   (lange schlafen)
5. Er hat nur einen Kleinwagen,
   ____
   (Ferrari)
6. Er arbeitet in einer kleinen Firma,
   ____
   (in einer großen Firma arbeiten)

12 Construa frases que exprimam desejo:

Sie haben mit 17 Jahren bei einem Preisausschreiben ein tolles Auto gewonnen. Was wünschen Sie sich?

Wenn ich doch schon meinen Führerschein hätte!
Hätte ich doch schon meinen Führerschein!

1. Sie haben in der Nacht die letzte U-Bahn verpasst.
2. Ihr Traummann/Ihre Traumfrau lädt Sie zum Abendessen ein.
3. Sie landen mit Ihrer Deutschlehrerin nach einem Schiffsunglück auf einer einsamen Insel.
4. Sie bleiben im Lift eines Hochhauses stecken.

13 Se eu tivesse sabido…!

1. Sie stehen mit dem Auto im Stau. (U-Bahn fahren)
   Wäre ich doch mit der U-Bahn gefahren!
2. Sie hatten einen Ehekrach. (nie heiraten)
3. Das Hotel ist sehr schlecht. (besseres Hotel buchen)
4. Du hast eine Erkältung bekommen. (wärmer anziehen)
5. Sie haben Ihren Zug verpasst. (früher aufstehen)
6. Sie machen einen Spaziergang. Plötzlich beginnt es zu regnen. (Regenschirm mitnehmen)

14 Complete as seguintes frases:

Petra möchte ihr Aussehen verändern und bittet ihre Freundin Anna um Rat. Was sagt Anna? Beginnen Sie mit:

An deiner Stelle würde ich …
Du könntest doch …
Vielleicht solltest du …
Du müsstest mal …

1. *Du müsstest mal zu einem besseren Frisör gehen.*
2. Schmuck tragen
3. einen Minirock anziehen
4. lebendige Farben tragen
5. modische Schuhe anziehen
6. ein bisschen Make-up benutzen

Que conselho daria a Petra? Escreva um texto curto:
An ihrer Stelle würde ich … . Außerdem …

15 A escola ideal.

Was würden Sie anders machen, wenn Sie Direktor Ihrer Schule wären? Machen Sie Vorschläge.

Wenn ich Direktor dieser Schule wäre, würde ich in jeder Pause Getränke servieren.
ou
An seiner Stelle würde ich in jeder Pause Getränke servieren.

16 Operação telefónica na ‚Rádio do Mundo'. Os psicólogos aconselham.

Sr. A:
Meine Freundin hat mich drei Wochen vor der Hochzeit verlassen. Ich bin so unglücklich und kann an nichts anderes mehr denken. Das Leben hat keinen Sinn mehr für mich.

O Dr. Sabido responde:
An Ihrer Stelle wäre ich froh, dass Ihnen das vor der Hochzeit und nicht danach passiert ist. Sie sollten jetzt vielleicht eine Reise machen mit einem guten Freund, damit sie wieder auf andere Gedanken kommen.

Agora é você o(a) psicólogo(a). Aconselhe as pessoas. Utilize também:
An Ihrer Stelle … / Sie sollten … / Sie könnten … / Sie müssten …

1. *Britta (16 anos):* Jeden Tag auf dem Weg zur Schule treffe ich im Zug einen sehr gut aussehenden Jungen. Er schaut mich immer an, aber er sagt nie etwas zu mir. Wie kann ich mit ihm in Kontakt kommen?
2. *Sra. B. (60 anos):* Ich lebe allein, seit mein Mann vor ein paar Jahren plötzlich gestorben ist. Leider habe ich nur wenig Bekannte und bin sehr einsam. Wie kann ich in meinem Alter andere Menschen kennen lernen?
3. *Hans (16 anos):* Ich will mit der Schule aufhören, weil ich endlich eine Ausbildung als Automechaniker anfangen möchte. Meine Eltern erlauben das nicht und wollen mich zwingen, weiter zur Schule zu gehen und das Abitur zu machen. Wie kann ich sie überzeugen?

17 Complete as seguintes frases:

Heinrich möchte allen Frauen gefallen. Er tut immer so, als ob er der tollste Typ der Welt wäre, aber in Wirklichkeit ist er ganz anders.

1. Er hat nie Geld. *Aber er tut so, als ob er viel Geld hätte.*
2. Er kann nicht kochen. ____________________
3. Er ist ziemlich ängstlich. ____________________
4. Er ist nicht besonders intelligent. ____________________
5. Er ist normalerweise unhöflich. ____________________
6. Er hat wenig Freunde. ____________________

18 Complete as seguintes frases:

1. Es sieht so aus, *als ob es bald regnen würde.*
2. Du siehst so aus, …
3. Es sieht so aus, …
4. Sie sieht so aus, …
5. Die Kleine sieht so aus, …
6. Du siehst so aus, …

bald regnen

die ganze Nacht nicht geschlafen
wir müssen die Grammatik wiederholen
abgenommen haben
krank sein
müde sein

19 Preencha com *würde, hätte, wäre* na forma adequada:

1. *Würden* ______ Sie mir bitte einen Gefallen tun? Sagen Sie Herrn Fischer, dass ich morgen etwas später komme.
2. __________ Sie einen Moment Zeit für mich? Ich __________ gern etwas mit Ihnen besprechen.
3. Wie __________ es, wenn wir nach dem Theater noch ein Glas Wein zusammen trinken __________ ?
4. Mein Sohn __________ auch sehr gern mitgekommen. Aber leider ist er sehr erkältet.
5. Ich __________ noch eine Bitte. __________ Sie mich bitte kurz anrufen, wenn Herr Wagner zurück ist?
6. Das __________ du doch nicht allein machen müssen! Ich __________ dir schon geholfen.
7. Ich __________ dann gegen acht Uhr bei Ihnen. Ist Ihnen das recht?
8. __________ ihr mir bitte helfen?

20 Conjuntivo II ou indicativo: preencha com os verbos:

1. Ich würde dir helfen, wenn ich Zeit __________ .
2. An Ihrer Stelle __________ ich es mir nochmal überlegen.
3. Wenn du Zeit __________ , komm doch mit!
4. __________ ich doch nichts gesagt!
5. Sie __________ etwas früher kommen sollen.
6. Es __________ besser, wenn Sie ihn mal anrufen __________ .
7. Was __________ geschehen, wenn sie ‚ja' gesagt __________ ?
8. Wenn er krank __________ , kann er nicht mitkommen.
9. Was __________ du machen, wenn du jetzt nicht in Deutschland __________ ?
10. Hättest du das auch getan? – Nein, das __________ ich wirklich nie getan!

21 Que frases se completam? Junte-as:

1	2	3	4	5	6	7	8

1. Du siehst müde aus.
2. Wenn Sie noch Fragen haben,
3. Ich würde mich sehr freuen,
4. Der neue Film von Spielberg ist super!
5. Papa, warum muss ich jetzt schon ins Bett?
6. Wenn ich könnte,
7. Soll ich den Brief gleich zur Post bringen?
8. Er tut nur so,

a Oh ja, das wäre sehr nett!
b als ob er nichts verstanden hätte.
c Weil wir morgen früh aufstehen müssen.
d Vielleicht solltest du ins Bett gehen.
e rufen Sie mich einfach an.
f Den solltest du dir auch anschauen.
g wenn Ihre Frau auch mitkäme.
h würde ich jetzt auch gern in Urlaub fahren.

1.10 O verbo
Discurso indirecto

Na linguagem falada, o discurso indirecto aparece geralmente no indicativo. Contudo, nos textos oficiais, em especial nos textos jornalísticos, encontramos com frequência o conjuntivo I para o discurso indirecto.

	discurso directo	*discurso indirecto*
Indicativo	„Ich habe heute keine Zeit."	Er sagt, dass er heute keine Zeit hat.
Conjuntivo I	„Ich nehme an der Konferenz teil."	Der Politiker sagte, er nehme an der Konferenz teil.
	„Ich bin mit den Ergebnissen zufrieden."	Der Politiker sagte, er sei mit den Ergebnissen zufrieden.
	„Ich habe das nicht gewusst."	Der Politiker sagte, er habe das nicht gewusst.

Se a forma verbal do conjuntivo I for idêntica à do indicativo, usamos as formas do conjuntivo II.

outras características do discurso indirecto

- No início, temos sempre uma oração com um verbo como *dizer, opinar, afirmar, relatar, contar, perguntar …*
- Depois vem uma oração com dass (verbo no fim) ou uma oração coordenada (verbo na segunda posição).
- O pronome pessoal do discurso directo sofre modificação no discurso indirecto (ich → er/sie; wir → sie; Sie → ich/wir).
- frases interrogativas:

discurso directo	*discurso indirecto*
„Wann kommst du?"	Sie hat gefragt, wann ich komme.
„Kommst du heute?"	Sie hat gefragt, ob ich heute komme.

▶ *Frases interrogativas,* págs. 144, 201, 209

1.11 O verbo
Verbos com preposições

- *Worüber* regst du dich denn so auf?
- *Über* mein Auto. Es geht schon wieder nicht.
- *Darüber* brauchst du dich doch wirklich nicht so aufzuregen. Vielleicht kann dir mein Mann helfen. Er versteht viel *von* Autos.

Quadro

dativo	acusativo	dativo ou acusativo
aus	durch	in
bei	für	an
mit	gegen	auf
nach	ohne	unter
seit	um	über
von		vor
zu		hinter
		neben
		zwischen

dativo

Ich diskutiere gern *mit* meinem Lehrer.
Ich gratuliere dir ganz herzlich *zum* Geburtstag.

acusativo

Ich interessiere mich sehr *für* die deutsche Literatur.
Er kümmert sich jeden Tag *um* seine kranken Eltern.

Com as preposições que regem dativo ou acusativo, é necessário aprender o caso:

Ich denke *an* dich.	*denken an* + acus.
Er leidet *an* einer schweren Krankheit.	*leiden an* + dat.

Com substantivo/pronome

Pessoa (preposição + pronome)
- ■ *Auf wen* wartest du denn?
- ● Auf Franz.
- ■ Ich warte auch schon seit zwei Stunden *auf ihn.*

Coisa (‚wo-'/‚da'+ preposição)
- ■ *Worüber* sprecht ihr gerade?
- ● Über den Film gestern Abend.
- ■ Den habe ich auch gesehen. *Darüber* wollte ich auch mit euch sprechen.

Com oração infinitiva e oração subordinada

‚da-'+ preposição indica que se segue uma oração subordinada
- ■ Warum bist du denn so nervös?
- ● Ach, ich freue mich so sehr *darauf,* meinen Freund endlich wiederzusehen. Er kommt am nächsten Wochenende.

- ■ Wo warst du denn gestern Abend?
- ● Oh, entschuldige bitte! Ich habe nicht mehr *daran* gedacht, dass wir uns ja treffen wollten. Das tut mir wirklich Leid.

‚da-'+ preposição remete para uma oração/texto precedente
- ■ Am nächsten Wochenende bekomme ich Besuch. Ich freue mich schon so sehr *darauf.*

▶ *Preposições,* pág. 160

Lista dos verbos preposicionados mais importantes

abhängig sein	von	Er ist noch finanziell abhängig von seinen Eltern.
es hängt ab	von	Es hängt vom Wetter ab, ob wir morgen Ski fahren oder nicht.
achten	auf + ac.	Achten Sie bitte auf die Stufen!
anfangen	mit	Wir fangen jetzt mit dem Essen an.
sich ärgern	über + ac.	Ich ärgere mich immer über die laute Musik meines Nachbarn.
aufhören	mit	Hör jetzt bitte mit dem Lärm auf!
aufpassen	auf + ac.	Könnten Sie bitte einen Moment auf mein Gepäck aufpassen?
sich aufregen	über + ac.	Sie hat sich sehr über diese schlechten Nachrichten aufgeregt.
sich bedanken	bei für	Hast du dich schon bei Oma für das Geschenk bedankt?
beginnen	mit	Wir beginnen jetzt mit dem Unterricht.
sich bemühen	um	Er bemüht sich um einen Studienplatz in den USA.
berichten	über + ac.	Um 17 Uhr berichten wir wieder über das Fußballspiel.
sich beschäftigen	mit	Er beschäftigt sich sehr viel mit seinen Kindern.
sich beschweren	bei über + ac.	Ich habe mich beim Kellner über das kalte Essen beschwert.
bestehen	aus	Diese Geschichte besteht aus zwei Teilen.
sich bewerben	um	Er hat sich um eine Arbeit bei Siemens beworben.
sich beziehen	auf + ac.	Ich beziehe mich auf unser Telefongespräch vom 12.4.
jdn. bitten	um	Ich bitte dich um einen Rat.
jdm. danken	für	Ich danke Ihnen für die schönen Blumen.
denken	an + ac. über + ac.	Ich denke immer nur an dich. Was denken Sie über die deutsche Außenpolitik?
diskutieren	mit über + ac.	Mit Hans diskutiere ich immer über Politik.

jdn. einladen	zu	Ich lade Sie zu meiner Geburtstagsparty am Samstag ein.
sich entscheiden	für	Ich habe mich für diesen Pullover entschieden.
sich entschuldigen	bei für	Sie hat sich bei ihrer Kollegin für den Irrtum entschuldigt.
sich erholen	von	Ich habe mich noch nicht von dieser Krankheit erholt.
sich erinnern	an + ac.	Ich erinnere mich gern an meine Kindheit.
jdn. erinnern	an + ac.	Erinnern Sie mich bitte an meine Tasche. Sie liegt hier.
jdn. erkennen	an + dat.	Ich habe dich an der Stimme erkannt.
sich erkundigen	bei nach	Sie hat sich beim Passanten nach dem Weg erkundigt.
erzählen	von	Erzählen Sie mir ein bisschen von Ihrer Reise.
jdn. fragen	nach	Fragen Sie doch den Polizisten dort nach dem Weg.
sich freuen	auf + ac.	Ich freue mich auf meinen Urlaub nächste Woche.
	über + ac.	Wir haben uns sehr über euren Besuch gefreut.
gehören	zu	Dies gehört nicht zu meinen Aufgaben.
sich gewöhnen	an + ac.	Langsam gewöhne ich mich an das feuchte Klima hier.
gratulieren	zu	Ich gratuliere dir herzlich zum Geburtstag.
jdn. halten	für	Ich halte ihn für einen guten Menschen.
etwas halten	von	Ich halte nichts von diesem Vorschlag.
hoffen	auf + ac.	Wir hoffen auf besseres Wetter.
sich interessieren	für	Ich interessiere mich sehr für Philosophie.
klagen	über + ac.	Er klagt oft über Kopfschmerzen. Er sollte mal zum Arzt gehen.
sich konzentrieren	auf + ac.	Ich kann mich heute nicht auf meine Arbeit konzentrieren.
sich kümmern	um	Sie kümmert sich immer sehr um ihre Gäste.
lachen	über + ac.	Warum lachst du über diesen dummen Witz?

leiden	an + dat.	Er leidet an Bluthochdruck.
	unter + dat.	Ich leide sehr unter dem Lärm der Baustelle nebenan.
nachdenken	über + ac.	Ich werde über Ihren Vorschlag nachdenken.
protestieren	gegen	Die Angestellten protestieren gegen die Entlassungen.
riechen	nach	Hier riecht es nach Essen.
schmecken	nach	Die Suppe schmeckt nach nichts.
schreiben	an + ac.	Ich schreibe gerade einen Brief an meine Freundin.
	über + ac.	Er schreibt einen Artikel über das Konzert gestern Abend.
sich schützen	vor + dat.	Mit dieser Creme schütze ich mich vor Sonnenbrand.
	gegen	Wie kann man sich gegen Malaria schützen?
sorgen	für	Er sorgt für seine alte Mutter.
sprechen	mit über + ac.	Ich muss noch einmal mit dir über deine Pläne sprechen.
sterben	an + dat.	Er ist an Krebs gestorben.
streiken	für	Die Arbeiter streiken für höhere Löhne.
streiten	mit	Er streitet ständig mit seinem kleinen Bruder.
sich streiten	um	Die Kinder streiten sich um die Spielsachen.
	über + ac.	Wir streiten uns immer über Politik.
teilnehmen	an + dat.	Wie viel Leute haben an dem Kurs teilgenommen?
träumen	von	Ich habe in der letzten Nacht von wilden Tieren geträumt.
jdn. überreden	zu	Mein Freund hat mich zu diesem Ausflug überredet.
jdn. überzeugen	von	Du musst den Personalchef von deinen Fähigkeiten überzeugen.
sich unterhalten	mit über + ac.	Sie hat sich mit mir nur über Mode unterhalten.
sich verabreden	mit	Wann hast du dich mit Andrea verabredet?
sich verlassen	auf + ac.	Kannst du dich auf deine Freundin verlassen?

sich verlieben	in + ac.	Ich habe mich in ihn verliebt.
etwas verstehen	von	Ich verstehe nichts von Autos.
sich vorbereiten	auf + ac.	Ich muss mich noch auf die Konferenz morgen vorbereiten.
warten	auf + ac.	Wir warten seit Tagen auf einen Brief von ihr.
sich wenden	an + ac.	Wenden Sie sich doch bitte an die Dame an der Rezeption.
sich wundern	über + ac.	Ich wundere mich immer wieder über den technischen Fortschritt.
zweifeln	an + dat.	Die Polizei zweifelt an seiner Aussage.

Alguns verbos podem ser usados com ou sem preposição:

■ Was machst du denn gerade?
● Ich schreibe meinen Eltern einen Brief.
ou
● Ich schreibe einen Brief an meine Eltern.

Não se esqueça de que:
auf, über: sempre com acusativo
an, unter, vor, in: geralmente com acusativo

▶ Exercícios 1-14

1 Que frases se completam? Combine-as:

1. Ich freue mich
2. Otto ärgert sich
3. Mein Großvater leidet
4. Ich danke Ihnen
5. Meine Freundin bittet mich
6. Er interessiert sich nicht

a über seinen Chef.
b für die Blumen.
c für Sport.
d auf die Ferien.
e unter der Hitze.
f um einen Rat.

1	
2	
3	
4	
5	
6	

2 Construa frases:

1. habe – gestern – Brief – ich – meine – an – geschrieben – Eltern – einen
2. einem – Anna – hat – Skikurs – teilgenommen – an
3. sie – Kinder – für – sehr – sorgt – gut – ihre
4. ich – leider – nichts – von – verstehe – Physik
5. ist – er – seinen – finanziell – Eltern – abhängig – noch – von
6. aufgeregt – Arbeit – er – über – sehr – sich – hat – seine

3 Preencha com as preposições e onde necessário o artigo:

1. Wann fangen wir endlich ______________ Essen an?
2. Wir warten noch ______________ Onkel Max.
3. Was, du hast auch Onkel Max ______________ Geburtstagsessen eingeladen?
4. Ja, er hat mich heute früh angerufen und mir gratuliert. Du wolltest doch sowieso noch mit ihm ______________ unsere Reise nach Indien sprechen, oder?
5. Anna, was hältst du übrigens ______________ meinem neuen Geschirr? Es ist ein Geschenk von meinen Eltern.
6. Tja, es ist wirklich sehr modern. Ich muss mich erst ______________ vielen Farben gewöhnen.

4 Preencha com as preposições:

daran nach wovon an an darauf dazu mit für aus

1. Wir könnten doch den Polizisten dort ________ dem Weg zur Kathedrale fragen.
2. Kannst du ihn nicht ________ überreden, ins Theater mitzukommen?
3. Wenn Sie noch Fragen haben, wenden Sie sich bitte ________ meinen Assistenten.
4. Wann können wir ________ der Besprechung beginnen?
5. Leider habe ich die Prüfung nicht bestanden. Ich habe mich nicht gründlich genug ________ vorbereitet.
6. Mein Großvater ist ________ Krebs gestorben.
7. Er ist zwar sehr streng, aber trotzdem halte ich ihn ________ einen guten Chef.
8. ________ hast du letzte Nacht geträumt?
9. Würden Sie mich bitte ________ erinnern, dass ich nachher diese Tasche mitnehme?
10. Die Prüfung besteht ________ zwei Teilen: Grammatik und schriftlicher Ausdruck.

5 Sublinhe a preposição certa:

1. Er bewirbt sich auf/für/um eine Arbeit bei Siemens.
2. Mit diesem Schreiben beziehe ich mich auf/nach/über Ihren Brief vom 12.5.
3. Wir müssen uns alle zusammen für/mit/um eine Lösung dieses Problems bemühen.
4. Die Arbeiter protestieren mit/gegen/für die schlechten Arbeitsbedingungen.
5. Wie kann man sich am besten vor/bei/gegen einer Erkältung schützen?
6. Da kommt er ja endlich! Ich erkenne ihn von/an/bei seiner Stimme.
7. Hör endlich mit/über/von diesem Lärm auf! Ich muss arbeiten.
8. Hast du dich wenigstens mit/an/bei Onkel Fritz um/für/über deine Verspätung entschuldigt?

6 Responda:

1. Womit beschäftigen Sie sich im Urlaub am liebsten?
   Mit Sport und Lesen.
2. Worüber würden Sie gern ein Buch schreiben?
3. Mit wem würden Sie sich nie zum Essen verabreden?
4. Woran zweifeln Sie nie/oft?
5. Wovon sind Sie abhängig?
6. Worüber/Über wen regen Sie sich oft auf?
7. Worüber denken Sie zur Zeit viel nach?
8. Mit wem haben Sie in ihrem Leben am meisten gestritten?

7 Preencha com as preposições:

1. sich freuen _über_ / _auf_
   Schön, dass du da warst! Ich habe mich sehr _über_ deinen Besuch gefreut.
   Mein Gott, diese Arbeit! Ich freue mich so _auf_ meinen Urlaub!
2. sich bedanken ________ / ________
   Hast du dich ________ Oma ________ die Schokolade bedankt?
3. leiden ________ / ________
   Sie leidet ________ starken Depressionen.
   Die Reise nach Brasilien war wunderschön, aber wir haben sehr ________ der Hitze gelitten.
4. sich streiten ________ / ________
   Warum müsst ihr euch denn bei jeder Gelegenheit ________ Politik streiten?
   Sie sind furchtbar. Sie streiten sich ständig ________ Geld.
5. sich unterhalten ________ / ________
   Entschuldigen Sie bitte, dass ich mich verspätet habe. Ich habe mich noch ________ Frau Schiller ________ etwas sehr Wichtiges unterhalten und dabei ganz vergessen, auf die Uhr zu schauen.
6. denken ________ / ________
   Was denken Sie ________ meinen Aufsatz? Ist er besser als der letzte?
   Du hörst mir ja gar nicht zu! Denkst du nur noch ________ deinen neuen Freund?

8 Complete as perguntas e responda:

1. _Über wen_ / _Worüber_ lacht ihr? – …
   (2 possibilidades)
2. ________ welchen deiner Freunde kannst du dich wirklich verlassen? – …
3. ________ riecht es hier so? – …
4. ________ / ________ streitet ihr euch schon wieder? – …
   (2 possibilidades)
5. ________ kann ich mich mit diesem Problem wenden? – …
6. ________ hast du dich heute Abend verabredet? – …
7. ________ achten Sie am meisten, wenn Sie eine Reise buchen? – …
8. ________ diskutiert ihr denn? – …
9. ________ hängt es ab, ob du mitkommst oder nicht? – …
10. ________ möchten Sie mir denn danken? – …
11. ________ haben Sie sich denn jetzt entschieden? – …
12. ________ hältst du nichts? – …

9 Preposição, *‚da'* e *‚wo'*-: complete as frases:

1. ■ Maria hat mir versprochen, dass sie sich _um_ meinen Hund kümmert, wenn ich im Krankenhaus bin. Glaubst du, ich kann mich _darauf_ / _auf sie_ verlassen? (2 possibilidades)
   ● Na klar, ________ Maria kann man sich immer verlassen. Sie gehört ________ den Menschen, die ihr Versprechen immer halten.

2. ■ Was denkst du ________ unseren neuen Chef?
   ● Ich finde ihn sehr nett und kooperativ. Wir haben gestern lange ________ ihm ________ unsere Arbeitsbedingungen diskutiert, und wir konnten ihn ________ überzeugen, dass man in Zukunft einiges in dieser Firma ändern muss.

3. ■ ________ lachst du?
   ● Ich habe gerade ________ den Film gestern Abend im Fernsehen gedacht. Ich weiß nicht mehr, wie er hieß.
   ■ Meinst du den, wo sich die Großmutter ________ ihren viel jüngeren griechischen Nachbarn verliebt hat und dann ________ einem Griechischkurs teilnimmt?
   ● Ja genau, den meine ich.

4. ■ ________ warten Sie?
   ● ________ einen Anruf vom Chef.
   ■ ________ brauchen Sie nicht zu warten. Der ist jetzt in einer Besprechung.

5. ■ Du schaust jetzt schon seit mindestens zehn Minuten aus dem Fenster. ________ träumst du denn?
   ● Ach, ich denke ________ unseren Urlaub diesen Sommer.
   ■ Wohin fahrt ihr denn?
   ● Wir haben uns immer noch nicht entschieden. Ich versuche immer noch, Max ________ zu überreden, dass wir in die Karibik fliegen, denn ich leide sehr ________ dem langen Winter hier in Deutschland.

6. ■ Denk ________ , dass du dich noch ________ Oma ________ das Geburtstagsgeschenk bedanken musst.
   ● ________ brauch' ich mich nicht extra zu bedanken. Sie hat doch gesehen, wie sehr ich mich ________ gefreut habe.
   ■ Trotzdem hofft sie sicher wenigstens ________ eine Karte von dir.
   ● Na gut, wenn sie sich ________ freut, dann schreib' ich ihr eben eine.

10 Complete as frases:

Sehr geehrter Herr Dr. Forster,

im Juli/August habe ich ________ einem Sprachkurs an Ihrer Schule teilgenommen. Mit dem Unterricht und der Lehrerin (ich kann mich leider nicht mehr ________ ihren Familiennamen erinnern) war ich sehr zufrieden, wir haben viel bei ihr gelernt. ________ habe ich mich schon persönlich ________ ihr bedankt.
Aber leider muss ich mich wegen einer anderen Sache ________ Ihnen beschweren. Ich hatte Ihre Sekretärin ________ gebeten, mir ein Zimmer in einer deutschen Familie zu besorgen, damit ich möglichst viel Deutsch sprechen kann. Nur hat sich leider niemand in dieser Familie ________ mich gekümmert oder sich ________ mich interessiert. Sie haben so getan, als ob ich gar nicht da wäre und fast nie ________ mir gesprochen. An einem Abend habe ich extra gekocht und sie ________ Essen eingeladen, aber auch dabei hatte ich das Gefühl, dass sie sich nicht wirklich ________ mir unterhalten wollten. Nach drei Wochen hatte ich mich ________ dieses Verhalten gewöhnt und mich nicht mehr ________ gewundert.
Ich habe lange ________ nachgedacht, ob ich Ihnen ________ erzählen soll, aber im Interesse zukünftiger Kursteilnehmer würde ich Ihnen empfehlen, diese Familie nicht mehr zu vermitteln.
Ansonsten denke ich noch oft und sehr gern ________ diese zwei Monate in Bremen und werde wahrscheinlich im nächsten Sommer wiederkommen.

Mit freundlichen Grüßen

Véronique Dupont

11 Complete as frases:

1. ■ ________ ärgerst du dich?
   ● Ich ärgere mich ________ , dass …
2. ■ ________ freut er sich denn so?
   ● Er freut sich ________ , dass …
3. ■ ________ wollten wir noch sprechen?
   ● Wir wollten noch ________ sprechen, wie …
4. ■ ________ hat sie sich denn beim Chef beschwert?
   ● Sie hat sich ________ beschwert, dass …
5. ■ ________ hast du dich nun entschieden? Kommst du mit oder nicht?
   ● Ich habe mich ________ entschieden … Infinitivo!)
6. ■ ________ habt ihr euch denn gestern Abend so lange unterhalten?
   ● Wir haben uns ________ unterhalten, dass du immer …

12 Faça perguntas:

1. ■ *Worauf freust du dich denn so?* (sich freuen)
   ● Auf das nächste Wochenende.
2. ■ ... (schreiben)
   ● An meine Freundin.
3. ■ ... (diskutieren)
   ● Über Sport.
4. ■ ... (sich gewöhnen)
   ● An diese schreckliche Hitze.
5. ■ ... (nachdenken)
   ● Über meine Prüfung morgen.
6. ■ ... (sich entschuldigen)
   ● Für meine Verspätung.
7. ■ ... (denken)
   ● An meinen Mann.
8. ■ ... (träumen)
   ● Von einem Tiger, der mich fressen wollte.
9. ■ ... (sich verlassen)
   ● Auf meine Eltern.
10. ■ ... (warten)
    ● Auf bessere Zeiten.

13 Preencha com as preposições, ‚*da-*' e as terminações:

1. Ich kann mich nicht ________ erinnern, dass sie sich auch nur ein einziges Mal ________ zu viel Arbeit beschwert hätte.
2. Hast du dich ________ dein___ neu___ Chef ________ erkundigt, _____ welch___ Fortbildungskurs du teilnehmen kannst?
3. Bitte stör mich jetzt nicht! Ich muss mich ________ mein___ Arbeit konzentrieren.
4. Kann ich mich ________ verlassen, dass Sie sich ________ unser___ neu___ Gäste kümmern?
5. Kannst du mich bitte im Reisebüro ________ erinnern, dass ich mich auch ________ den Preisen für einen Flug nach Rom erkundige?
6. Haben Sie sich im Urlaub gut ________ Stress der letzten Wochen erholt?
7. Sprich doch mal ________ dein___ Vater ________ dein___ Probleme. Vielleicht kann er dir helfen.
8. Pass gut ________ d___ Kleinen auf, wenn du mit ihnen über diese gefährliche Straße gehst. Die Autos fahren hier sehr schnell.
9. Ich wundere mich schon lange nicht mehr________ , dass sie sich alle paar Monate ________ ein___ ander___ Mann verliebt.
10. Erzählen Sie mir doch ein bisschen ________ Ihr___ letzt___ Cluburlaub.

14 Faça as palavras cruzadas. Use só maiúsculas (...).
A solução é o nome de um famoso escritor alemão.

1. Ich hätte mich sehr gefreut, wenn du mich besucht _____ .
2. Vielen Dank für Ihr Angebot, aber Sie _____ mir wirklich nicht zu helfen. Ich kann das schon allein.
3. Ich _____ leider nicht kommen. Ich hatte keine Zeit.
4. Ich kann jetzt nicht telefonieren. Ich wasche _____ gerade die Haare.
5. Wir warten hier _____ Sie.
6. Warum _____ du nicht auf Angelas Party?
7. _____ wir eine kurze Pause? Ich brauche einen Kaffee.
8. _____ mich jetzt bitte in Ruhe!
9. Los, fangen wir _____ !
10. Haben Sie sich schon _____ den Hotelpreisen erkundigt?

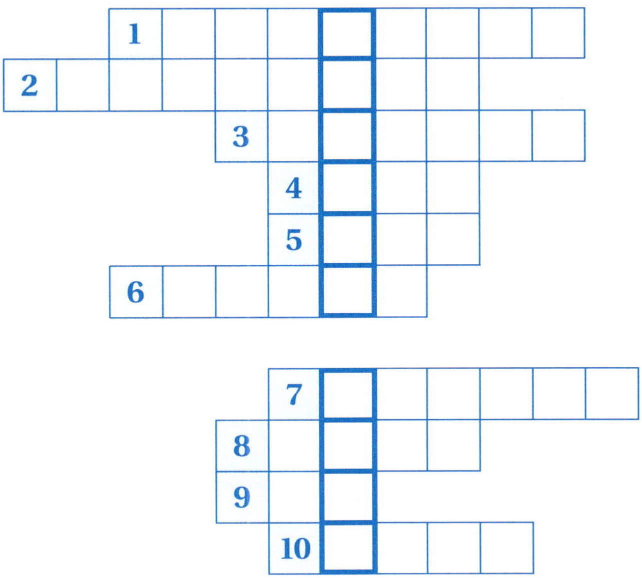

2.1 O substantivo Declinação

Género

Todos os substantivos têm um género fixo que se reconhece pelo artigo *der, die, das.*

Há três géneros em alemão:	
masculino	*der Mann, der Löffel*
feminino	*die Frau, die Gabel*
neutro	*das Kind, das Messer*

Parece lógico que *der Mann* seja masculino, *die Frau* feminino e *das Kind* (= menino ou menina) neutro. Estes substantivos seguem o género natural. Mas por que será *der Löffel* masculino, *die Gabel* feminino e *das Messer* neutro? Não se sabe. Estes substantivos seguem um género gramatical. Há, contudo, algumas regras para reconhecer o género a partir da terminação. Porém, estas não são válidas para todos os substantivos e todas as situações. Por isso, o melhor é aprender sempre os substantivos com o artigo respectivo.

Algumas regras

masculino	• pessoas e animais do sexo masculino	*der Vater, der Affe …*
	• dias da semana, meses estações do ano, partes do dia	*der Montag, der Mai, der Winter, der Morgen …*
	tempo (atmosférico)	*der Regen, der Osten …*
	• pontos cardeais	
	• bebidas alcoólicas	*der Wein, der Schnaps …* Ausnahme: *das Bier*
	• designação de profissões masculinas	*der Arzt, der Lehrer, der Maler, der Praktikant …*

feminino	•	pessoas de sexo feminino	*die Tante, die Mutter …* Excepção: *das Mädchen*
	•	muitas plantas	*die Rose, die Tulpe …*
	•	Designação de profissões femininas	+ *in: die Ärztin, die Lehrerin, die Malerin, die Praktikantin …*
	•	substantivos formados a partir do verbo e acabados em -t	*fahren → die Fahrt, rasten → die Rast …*
neutro	•	verbos (no infinitivo) e adjectivos substantivados	*essen → das Essen, gut → das Gute …*

	masculino	feminino	neutro
sempre	-ismus *Realismus*	-ung *Rechnung*	-chen *Mädchen*
	-ling *Liebling*	-heit *Freiheit*	-lein *Tischlein*
	-or *Motor*	-keit *Höflichkeit*	
		-schaft *Freundschaft*	
		-ion *Nation*	
		-ei *Bäckerei*	
		-ur *Kultur*	
geralmente	-er *Koffer*	-e *Lampe*	-um *Zentrum*
			-ment *Instrument*

Substantivos compostos

O género dos substantivos compostos é sempre determinado pelo último membro da palavra formada.

Sommer-**zeit**
der **die** → **die** Sommerzeit

Haus-tür-**schlüssel**
das die **der** → **der** Haustürschlüssel

Ferien-**haus**
die **das** → **das** Ferienhaus

▶ Exercícios 1–7

O plural

Há cinco possibilidades de formar o nominativo plural. As regras não são infalíveis, mas funcionam na maioria das situações.

	Singular	**Plural**		
•	-r Koffer	-e Koffer	–	substantivos terminados em *-er, -en, -el, -chen, -lein*
•	-r Apfel	-e **Ä**pfel	¨	
	-r Tisch	-e Tisch**e**	-e	muitos masculinos
	-e Maus	-e M**ä**us**e**	¨e	femininos e neutros monossilábicos
•	-s Kind	-e Kind**er**	-er	neutros monossilábicos
	-r Mann	-e M**ä**nn**er**	¨er	alguns masculinos
•	-e Lampe	-e Lampe**n**	-n	muitos femininos
	-e Uhr	-e Uhr**en**	-en	
	-r Student	-e Student**en**	-en	declinação do tipo 2 (declinação em *-n*)
•	-s Auto	-e Auto**s**	-s	substantivos terminados em *-a, -i, -o* e muitos estrangeirismos

a, o, u muda geralmente no plural para ä, ö, ü.

Casos especiais

die Lehrerin – die Lehrerin**nen**
die Schülerin – die Schülerin**nen**

das Gymnasi**um** – die Gymnasi**en**
das Muse**um** – die Muse**en**

das Them**a** – die Them**en**
die Firm**a** – die Firm**en**

▶ Exercícios 8–12

Caso

Cada substantivo tem vários casos. O caso em que se encontram o substantivo e o artigo (ou o adjectivo) depende da função que o substantivo tem na oração. Esta função é determinada pelo verbo (Ich *mache* die Hausaufgabe.), por uma preposição (Er steht *vor* dem Haus.) ou por outro substantivo (Das ist *die Tasche* meiner Mutter.).

Podemos distinguir quatro casos:

Nominativo	*Ich* esse gern.
Acusativo	Ich esse gern *Kuchen*.
Dativo	Ich gebe *dir* das Buch am Wochenende zurück.
Genitivo	Ich weiß nicht mehr den Namen *des Autors*.

	masculino I	**masculino II** declinação em -n	**feminino**	**neutro**
Singular				
Nominativo	der Mann	der Junge	die Frau	das Kind
Acusativo	den Mann	den Junge**n**	die Frau	das Kind
Dativo	dem Mann	dem Junge**n**	der Frau	dem Kind
Genitivo	des Mann**es**	des Junge**n**	der Frau	des Kind**es**
Plural				
Nominativo	die Männer	die Junge**n**	die Frauen	die Kinder
Acusativo	die Männer	die Junge**n**	die Frauen	die Kinder
Dativo	den Männer**n**	den Junge**n**	den Frauen	den Kinder**n**
Genitivo	der Männer	der Junge**n**	der Frauen	der Kinder

Casos especiais

• no genitivo –es: geralmente com substantivos monossilábicos ou terminados em *-s, -ß, -x, -z, tz*	*des Gesetzes, des Hauses …*
• com nomes próprios acrescentamos *-s* ao nome	*Goethes Erzählungen, Peters Freundin*
na linguagem falada também:	*die Freundin von Peter*
quando o nome termina em *-s* só um apóstrofo	*Thomas' Buch*
na linguagem falada também:	*das Buch von Thomas*
• no dativo plural substantivo + *-(e)n*	*den Lehrern, den Frauen …*
excepções:	
substantivos com plural em *-s*	*den Autos …*
substantivos terminados em *-n*	*den Mädchen …*

Declinação em -n

Pertencem à declinação em *–n*

• seres vivos masculinos terminados em *–e*	*Junge, Kollege, Franzose, Affe …*
• substantivos masculinos de origem latina ou grega terminados em *-and, -ant, -ent, -ist, -oge, -at*	*Doktorand, Demonstrant, Präsident, Polizist, Biologe, Demokrat …*
• alguns substantivos masculinos acrescentam um *-s* ao genitivo	*der Gedanke – des Gedankens* *der Buchstabe – des Buchstabens* *der Name – des Namens* *der Friede – des Friedens*

Nacionalidades	tipo 1 - masculino I	tipo 2 - masculino II (declinação em -*n*)
Nominativo	der Italiener	der Franzose
Acusativo	den Italiener	den Franzose**n**
Dativo	dem Italiener	dem Franzose**n**
Genitivo	des Italiener**s**	des Franzose**n**

Igualmente:	Belgier	Brite
	Engländer	Bulgare
	Holländer	Däne
	Norweger	Finne
	Österreicher	Grieche
	Schweizer	Ire
	Spanier	Schotte
		Pole
		Portugiese
		Rumäne
		Russe
		Schwede
		Slowake
		Tscheche
		Türke
		Ungar
	Afrikaner	Asiate
	Amerikaner	
	Australier	

Excepção
Der/die Deutsche
É declinado como um adjectivo
▶ Adjectivos, págs. 112-115

A designação de nacionalidade para o feminino termina sempre em *-in, -innen*:

Italienerin, Italienerinnen, Französin, Französinnen

▶ Exercícios 13–17

1 ‚der' ou ‚die':
Ordene os substantivos por géneros:

Nachmittag	~~Elefant~~
Cognac	Lehrerin
Freund	Bauer
Frau	Schrift
Chefin	Februar
Busfahrer	Frühling
Schülerin	Rose
Morgen	Freitag
Asiatin	Wein
Norden	Mutter
Münchnerin	Schnee

der	die
Elefant	...
...	

2 Escreva o artigo:

die Stunde	_____ Dokument
_____ Koffer	_____ Direktor
_____ Bäckerei	_____ Mädchen
_____ Einsamkeit	_____ Dose
_____ Terror	_____ Bücherei
_____ Reaktor	_____ Mehrheit
_____ Zentrum	_____ Fremdling
_____ Kommunismus	_____ Achtung
_____ Schwierigkeit	_____ Gesellschaft
_____ Argument	_____ Tischlein
_____ Situation	_____ Figur
_____ Religion	_____ Monument

3 Forme compostos e escreva o artigo:

Kaffee	Bett	*die Gartenbank*
Telefon	Liebe	_______________
Einbahn	Tasse	_______________
Regen	Bank	_______________
Brief	Buch	_______________
Kinder	Werkstatt	_______________
Auto	Straße	_______________
Jugend	Tasche	_______________
Garten	Schirm	_______________

4 Forme palavras novas:

der	die	das
Baum	Frau	Kind
Mann	U	D
N	...	...
...		

Ehering	Name	~~Baum~~
~~Mann~~	Dorf	Rad
Regen	Tor	Garten
~~Frau~~	Liter	~~Kind~~
Fest	Ruhe	Nest
Uhr	Theater	Traube
Nordpol		Ringlein
Eigenschaft		Einsamkeit

5 Em cada grupo há um substantivo com artigo diferente. Qual é?

1. Lösung
   Rose
   ~~Sozialismus~~
   Logik
2. Regen
   Natur
   Italiener
   Motor
3. Neuling
   Katholizismus
   Montag
   Bier
4. Schönheit
   Rauchen
   Engagement
   Studium
5. Klugheit
   Abend
   Oma
   Astrologin
6. Stöckchen
   Beste
   Element
   Wissenschaft

6 Palavras inventadas: qual é o artigo adequado?

1. der Schokoladenlehrer
2. _______ Eieröffnungsmaschine
3. _______ Autowaschhund
4. _______ Brillenessen
5. _______ Winterfebruar
6. _______ Phantasieschnaps
7. _______ Herbstmalerin
8. _______ Weihnachtstulpe

7 Invente dez palavras compostas:

8 Num dicionário procure os seguintes elementos: substantivo, artigo, terminação do nominativo plural. Escreva a forma completa do plural de cada substantivo no nominativo e com o artigo correspondente:

1. Haus, das, ¨er — die Häuser
2. Ergebnis, das, -se _______
3. Studentin, die, -nen _______
4. Ausdruck, der, ¨e _______
5. Lehrer, der, - _______
6. Firma, die, -en _______
7. Schloss, das, ¨er _______
8. Anfang, der, ¨e _______
9. Tür, die, -en _______
10. Gymnasium, das, -en _______
11. Situation, die, -en _______
12. Ast, der, ¨e _______

9 Terminação do plural e trema (*Umlaut*): preencha:

– -e ¨-e -n -en -er -s -nen

1. die Position, *en*
2. die Maus, _____
3. der Freund, _____
4. die Veränderung, _____
5. der Berg, _____
6. das Foto, _____
7. die Direktorin, _____
8. der Priester, _____
9. der Baum, _____
10. der Rahmen, _____
11. das Sofa, _____
12. der Physiker, _____
13. die Blume, _____
14. das Mädchen, _____

10 Terminação do plural e trema. Escreva as terminações:

1. Kommt ihr mit euren Kinder_____ zur Party am Samstag?
2. Ich komme gleich. Ich kaufe nur noch schnell zwei Flasche_____ Wein.
3. Wie viele Student_____ und Studentin_____ sind in Ihrem Kurs?
4. Sind hier noch zwei Platz_____ frei?
5. Er hat große Angst vor Prüfung_____ .
6. Sie fliegt nicht gern in kleinen Flugzeug_____ .
7. Ich lebe gern in kleinen Dorf_____ .
8. Wie viele Auto_____ haben Sie denn?
9. Wir helfen gern den alten Mensch_____ .
10. Unser Chef hat drei Sekretärin_____ .

11 Responda às perguntas:

1. Was gibt es in einem Wald?
   Bäume, Äste, ...
   ____
   ____
2. Was haben Sie in Ihrer Schreibtischschublade?
   Papiere, ...
   ____
   ____
3. Welche Früchte wachsen in Ihrem Land?
   ____
   ____
   ____
4. Von welchen Kleidungsstücken haben Sie mehr als eins in Ihrem Kleiderschrank?
   ____
   ____
   ____

12 Terminação de plural e trema: preencha:

Meine Dame___ und Herr___ !
Sehr verehrte Kundin___ und Kund___ !
Wir haben heute wieder ganz tolle Sonderangebot___ für Sie.

Für die Dame___ :
Rock___
Bluse___
Jacke___
Schuh___ für nur 29,– EUR

Für die Herr___ :
Krawatte___
Seidenhemd___
Ledergürtel___
Pullover___ für nur 19,– EUR

Und für unsere Klein___ :
kurze Hose___
T-Shirt___
Badeanzug___
Sommerhut___ für nur 9,– EUR

13 Dativo plural: preencha com as terminações adequadas:

1. Die Lehrerin hilft den Student_____ viel.
2. Du kannst den Ball nicht mitnehmen. Er gehört den Mädchen_____ dort.
3. Heute Abend koche ich mit meinen spanischen Freund_____ eine Paella.
4. Diese Uhr habe ich von meinen Eltern_____ zum Geburtstag bekommen.
5. Der Direktor dankte in seiner Rede allen Arbeiter_____ .
6. Morgen gehe ich mit meinen Kinder_____ ins Schwimmbad.

14 Genitivo singular e plural: preencha com as terminações adequadas:

1. Wir kommen am Ende der Woche_____ .
2. Die Aussprache meiner Student_____ (fem. Pl.) ist sehr gut.
3. Ich besuche dich Anfang des Monat_____ .
4. Die Angestellten der Post_____ verdienen wenig.
5. Die Nasen der Affe_____ sehen sehr lustig aus.
6. Die Liebe seiner Mutter_____ hat ihm bei dieser schweren Krankheit viel geholfen.

15 Estabeleça as combinações adequadas e utilize a terminação de genitivo:

Maria	Büro ist im 2. Stock.
Dr. Müller	bester Pianist heißt …
Deutschland	Symphonien habe ich alle auf CD.
Thomas	Freundin ist sehr hübsch.
Mozart	Mann arbeitet bei Siemens.
Frankreich	Geburtshaus steht in Salzburg.
Beethoven	Hauptstadt ist Paris.
Angela	Motorrad war teuer.

Beethovens Symphonien habe ich alle auf CD.
…

16 Substantivos masculinos: preencha com as terminações adequadas:

1. Im Tierpark haben wir einen kleinen Affe____ gesehen.
2. Hast du schon den neuen Film____ mit Tom Cruise gesehen?
3. Die Kolleg____ in meiner neuen Firma sind sehr hilfsbereit.
4. Haben deine Student____ auch Probleme mit der Adjektivdeklination?
5. Gestern Abend habe ich meiner Freundin einen langen Brief____ geschrieben.
6. Schau, da auf dem Baum sitzen zwei wunderschöne Vögel____ !
7. Euer Fußballclub hat einen sehr guten Präsident____ .
8. Die Demonstrant____ hörten nicht auf die Befehle der Polizist____ .
9. Ich kann mich nicht an den Name____ meines Kollege____ erinnern.
10. Wie viele Koffer____ nimmst du mit?
11. Ich nehme keinen Koffer____ mit, sondern nur zwei Tasche____ .
12. Die nächsten Monat____ habe ich viel zu tun.

17 Como se chamam os habitantes de ...?

	masculino	feminino
England	Engländer, -	Engländerin, -nen
Griechenland		
Europa		
Türkei		
Österreich		
Irland		
Spanien		
Russland		
Rumänien		
Norwegen		
Dänemark		
Schottland		
Asien		
Holland		
Portugal		
Amerika		
Polen		
Finnland		
Frankreich		
Schweiz		
Italien		

2.2 O Substantivo
Os Determinantes

Uso

Os determinantes precedem o substantivo com ou sem um adjectivo/particípio.

das Auto	ein Auto	*determinante + substantivo*
das rote Auto	ein rotes Auto	*determinante + adjectivo + substantivo*
das gestohlene Auto	ein gestohlenes Auto	*determinante + particípio II + substantivo*

O **artigo indefinido** é aquele que geralmente introduz o substantivo.

Hast du schon gehört? Daniel hat sich *ein* neues Auto gekauft.

O **artigo definido** é usado para designar algo já conhecido pelo falante e pelo ouvinte, ou coisas e ideias conhecidas da maioria.

Das neue Auto von Daniel ist wirklich super!
Die Kunst des 19. Jahrhunderts finde ich sehr interessant.

A **terminação do adjectivo** depende do determinante que o precede:

artigo definido	*artigo indefinido*	*ausência de artigo (artigo zero)*
das rot**e** Auto	**ein** rot**es** Auto	rot**e** Autos

Por isso é imprescindível saber qual o tipo de declinação do determinante.

Declinação como o artigo definido

Formas

	masculino	feminino	neutro	plural
Nominativo	der dieser jeder mancher	die diese jede manche	das dieses jedes manches	die diese alle manche
Acusativo	den diesen jeden manchen	die diese jede manche	das dieses jedes manches	die diese alle manche
Dativo	dem diesem jedem manchem	der dieser jeder mancher	dem diesem jedem manchem	den diesen allen manchen
Genitivo	des dieses jedes manches	der dieser jeder mancher	des dieses jedes manches	der dieser aller mancher

Memobox 1

<table>
<tr><th></th><th>m.</th><th>f.</th><th>n.</th><th>Plural</th></tr>
<tr><td>Nom.</td><td>-r</td><td rowspan="2">-e</td><td rowspan="2">-s</td><td rowspan="2">-e</td></tr>
<tr><td>Akk.</td><td>-n</td></tr>
<tr><td>Dat.</td><td>-m</td><td rowspan="2">-r</td><td>-m</td><td>-n</td></tr>
<tr><td>Gen.</td><td>-s</td><td>-s</td><td>-r</td></tr>
</table>

Declinação como o artigo indefinido

Formen

	masculino	feminino	neutro	plural
Nominativo	ein kein mein* irgendein	eine keine meine irgendeine	ein kein mein irgendein	– keine meine irgendwelche
Acusativo	einen keinen meinen* irgendeinen	eine keine meine irgendeine	ein kein mein irgendein	– keine meine irgendwelche
Dativo	einem keinem meinem* irgendeinem	einer keiner meiner irgendeiner	einem keinem meinem irgendeinem	– keinen meinen irgendwelchen
Genitivo	eines keines meines* irgendeines	einer keiner meiner irgendeiner	eines keines meines irgendeines	– keiner meiner irgendwelcher

* Ebenso: dein, sein, ihr/Ihr, unser, euer.

Memobox 2

<table>
<tr><th></th><th>m.</th><th>f.</th><th>n.</th><th>Plural</th></tr>
<tr><td>Nom.</td><td>–</td><td rowspan="2">-e</td><td rowspan="2">–</td><td rowspan="2">-e</td></tr>
<tr><td>Akk.</td><td>-n</td></tr>
<tr><td>Dat.</td><td>-m</td><td rowspan="2">-r</td><td>-m</td><td>-n</td></tr>
<tr><td>Gen.</td><td>-s</td><td>-s</td><td>-r</td></tr>
</table>

Em alemão, existem dois determinantes possessivos para a 3ª pessoa *(sein/ihr)* – dependendo do género do possuidor – com duas terminações *(-/-e)* conforme o género do substantivo:

er/es → sein	Das Auto gehört **Herrn** Müller.	=	Es ist **sein** Auto.
sie → ihr	Das Auto gehört **Frau** Müller.	=	Es ist **ihr** Auto.
er/es → sein	**Die** Uhr gehört Herrn Müller.	=	Es ist sein**e** Uhr.
sie → ihr	**Die** Uhr gehört Frau Müller.	=	Es ist ihr**e** Uhr.

Ausência de artigo (artigo 0)

Uso

plural do artigo indefinido
Haben Sie Kinder?

substantivos
Das ist Peter.

cidades, países, continentes
Ich lebe in London/England/Europa.

complementos circunstanciais de tempo sem preposição
Ich komme nächste Woche.

profissões
Er ist Arzt.

nacionalidades
Sie ist Engländerin.

substantivos depois de medidas, quantidades ou pesos
Bring bitte zwei Kilo Kartoffeln mit!

quantidades não definidas
Brauchst du noch Geld?

materiais, substâncias/tecidos
Die Bluse ist aus Baumwolle.

expressões fixas
Ende gut, alles gut.

Artigo O somente na ausênica de adjectivo ou atributo.
Nos outros casos artigo indefinido/definido:

Er ist ____ Arzt.	Er ist ein guter Arzt.
Er hat früher in ____ Berlin gelebt.	Er hat früher im geteilten Berlin gelebt.

▶ Exercícios 1–7

1 Nominativo, acusativo ou dativo: Preencha com as terminações adequadas:

1. Dies___ Farbe (Nom.) gefällt mir gar nicht.
2. Musst du denn wirklich jed___ Abend (Akk.) arbeiten?
3. Können Sie mir bitte noch ein___ Glas (Akk.) Mineralwasser bringen?
4. Verstehst du Bairisch? Ich verstehe manch___ Leute (Akk.) in Bayern sehr schlecht.
5. Wie findest du mein___ neuen Schuhe (Akk.)?
6. In dies___ Stadt (Dat.) war ich schon in all___ Museen (Dat.).
7. Ich brauche etwas zum Schreiben. Gib mir mal bitte irgendein___ Stift (Akk.).
8. Dies___ Art (Nom.) von Filmen gefällt mir nicht.
9. Unser___ Großmutter (Nom.) bäckt d___ besten Apfelstrudel (Akk.).
10. Wir stehen jed___ Morgen (Akk.) um 6.30 Uhr auf.
11. In dies___ Lehrbuch (Dat.) sind manch___ Übungen (Nom.) ganz gut.
12. Kinder, nehmt eur___ Badesachen (Akk.) mit. Wir gehen noch ins Schwimmbad.
13. Ich habe Ihr___ Frage (Akk.) nicht ganz verstanden.
14. Ich habe leider kein___ Geschwister (Akk.).
15. Ich finde Ihr___ Haus (Akk.) wunderschön!
16. Sie geht jed___ Tag (Akk.) zum Schwimmen.

2 Complete: Que acha? O que pertence a Lisa? O que pertence a Martin? E o que pertence aos pais deles?

-s Sofa, -s Taschenmesser, -e Haarbürste, -s Auto, -r Computer, -s Halstuch, -e Handtasche, Stühle (Pl.), -r Regenschirm, -r Fernseher, Katzen (Pl.), -s Poster, -r Fußball, -s Haus, -s Geschirr, -s Kartenspiel, -r Teppich

Das ist *ihre Haarbürste.*
Das sind …
…

Das ist *sein Fußball.*
Das sind …

Das ist …
Das sind *ihre Stühle.*

3 mein, dein, sein, ihr, unser, euer
Preencha com as formas adequadas:

1. Diese Kinder! Immer lassen sie ________ Spielsachen in der Küche liegen!
2. Antonio hat schon wieder ________ Schlüssel (Sing.) verloren.
3. Nein, Kinder, jetzt könnt ihr noch nicht spielen gehen. Ihr müsst zuerst ________ Zimmer aufräumen.
4. ________ Lehrer gibt uns immer zu viele Hausaufgaben.
5. Sag mal, wo ist denn ________ Lehrerin?
6. Oma sucht ________ Brille. Habt ihr sie gesehen?
7. Ich kann leider nicht mitkommen. ________ Fahrrad ist kaputt.
8. Hans ist immer noch krank. ________ Halsschmerzen sind noch nicht besser.
9. Wie war denn ________ Reise? – Sehr schön, wir haben viel gesehen, und ________ Reiseleiterin war ganz toll.
10. Hast du ________ Tasche gesehen? – Nein. Aber vielleicht hast du sie ja zu Hause vergessen.

4 Preencha com os determinantes e decline no dativo:

Mensch · Terrorist · Großmutter · Mädchen · Dieb · Feind · Lehrerin · Freund · Präsident · Zahnarzt · Löwe · Polizist · Kommunist · Idiot · Meteorologe

1. Wir würden immer *unserer Großmutter / allen Mädchen* helfen.
   Aber wir würden nie … helfen.
2. Ich unterhalte mich gern mit ….
   Aber ich habe mich noch nie mit … unterhalten.
3. Meine Freundin wäre gern mit … auf einer einsamen Insel.
   Aber sie würde nie mit … in einem Hotelzimmer übernachten.
4. Mein Sohn würde gern mit … in die Disco gehen.
   Aber er würde nie mit … am Abend ausgehen.

5 Artigo definido, indefinido ou sem artigo? Preencha:

1. Heute ist ____ 23. April.
2. Kannst du mir bitte ____ Liter ____ Milch aus ____ Supermarkt mitbringen?
3. Dieses Hemd ist aus ____ Seide.
4. Haben Sie ____ Hunger? – Nein, ich habe gerade ____ Spaghetti gegessen.
5. Möchten Sie noch ____ Fleisch?
6. Gib bitte ____ Brigitte ____ Buch.
7. Meine Mutter ist ____ Schauspielerin.
8. Kennen Sie ____ Alfred Brendel? Er ist ____ berühmter deutscher Pianist.
9. Sie ist ____ Amerikanerin.
10. Könntest du bitte einkaufen gehen? Wir brauchen noch ____ Butter, ____ Äpfel, ____ Flasche Orangensaft und ____ Päckchen Reis.

6 Com ou sem artigo? Preencha:

1. ■ Hast du in ___ Deutschland auch so gern ___ Brötchen zum Frühstück gegessen?
   ● Ja, natürlich. Jeden Morgen ___ Brötchen mit ___ Marmelade und danach ___ Scheibe Brot mit ___ Butter. Dazu habe ich immer ___ Tasse Kaffee mit ___ Milch und ___ Zucker getrunken.
   ■ Das ist ja ___ typisch deutsches Frühstück! Du bist ja fast ___ Deutsche geworden.
   ● Nein, nein. Aber ___ deutsche Frühstück schmeckt mir sehr gut.

2. ■ Warum fahren Sie denn jedes Jahr im Urlaub nach ___ Österreich?
   ● Meine Eltern sind ___ Deutsche, aber sie leben in ___ kleinen Dorf in Österreich, in der Nähe der deutschen Grenze. Besonders ___ Kinder fahren sehr gern dorthin.

3. ■ Würden Sie lieber in ___ Dorf oder in ___ Stadt wohnen?
   ● Ich weiß nicht. Als ich in ___ Madrid gelebt habe, hat mir ___ Großstadtleben eigentlich sehr gut gefallen.

4. ■ Haben Sie Hunger?
   ● Ja, denn ich habe heute Morgen nur ___ Milch getrunken.
   ■ Dann mache ich Ihnen schnell ___ Suppe warm.
   ● Danke, das wäre sehr nett.

5. ■ Sollen wir noch in ___ Restaurant gehen?
   ● Tut mir Leid, aber ich habe kein Geld dabei.
   ■ Macht nichts, ich lade dich ein, ich habe genug ___ Geld dabei.
   ● Das ist sehr nett von dir. Wir müssen ja nicht in ___ teures Restaurant gehen. Ich esse sowieso am liebsten ___ Spaghetti.

7 Preencha com o determinante apropriado e decline na forma adequada:

mancher alle dieser ein jeder kein der

1. ________ Studenten in meiner Klasse sind immer pünktlich.
2. Wir sind Frühaufsteher. Wir stehen ________ Tag um 6.00 Uhr auf.
3. ________ Reise werde ich nie vergessen!
4. Kennen Sie ________ Mann dort?
5. Im Großen und Ganzen habe ich ________ Text verstanden, nur ________ Wörter nicht.
6. Hallo Klaus, wir machen am Samstag eine Party. Wir kaufen ________ Getränke, und ________ Gäste sollten bitte etwas zu essen mitbringen.
7. Darf ich Ihnen ________ Tasse Tee anbieten? – Nein danke, um ________ Uhrzeit trinke ich ________ Tee mehr, sonst kann ich nicht schlafen.
8. Mir haben fast ________ Arien in ________ Oper gefallen.
9. ________ Anfang ist schwer.
10. Vielen Dank, aber ich möchte jetzt nichts essen. Ich habe ________ Hunger.
11. Haben Sie wirklich ________ Bücher von Goethe gelesen?
12. ________ Pullover kannst du nicht mehr anziehen. Er ist doch ganz schmutzig.
13. Nein danke, ich mag ________ Wodka. Ich trinke fast nie Alkohol.
14. ________ Mann dort kenne ich.

2.3 Adjectivos

■ Das ist aber eine tolle Tasche!	*Antes de um substantivo (como atributo) com terminação*
Ist sie neu?	*Com ‚sein'/‚werden' (como predicado) sem terminação*
● Ja, ich habe sie gestern gekauft.	

Declinação

A seguir, é explicada unicamente a declinação dos adjectivos antes do substantivo (eine tolle Tasche), dado que só nestes contextos as terminações diferem.

Um adjectivo pode ser declinado mesmo que não exista um substantivo a seguir a ele, no caso de o substantivo ter sido anteriormente usado e não ser necessário repeti-lo:

■ Gefällt dir die bunte Tasche?
● Ja, aber die schwarze finde ich noch schöner.

Precedendo o substantivo, o adjectivo tem dois tipos de declinação:

tipo 1 depois de determinante definido

der neu**e** Film
die neu**e** Uhr
das neu**e** Haus

tipo 2 depois de determinante indefinido

ein neu**er** Film
eine neu**e** Uhr
ein neu**es** Haus

Adjectivos depois de determinante definido (tipo 1)

Dos determinantes definidos fazem parte
der, dieser, jeder/alle, mancher.
▶ Pág. 105

	masculino	feminino	neutro	plural
nom.	der neue Film	die neue Uhr	das neue Haus	die neuen Filme
Ac.	den neuen Film	die neue Uhr	das neue Haus	die neuen Filme
dat.	dem neuen Film	der neuen Uhr	dem neuen Haus	den neuen Filmen
gen.	des neuen Films	der neuen Uhr	des neuen Hauses	der neuen Filme

Memobox 3

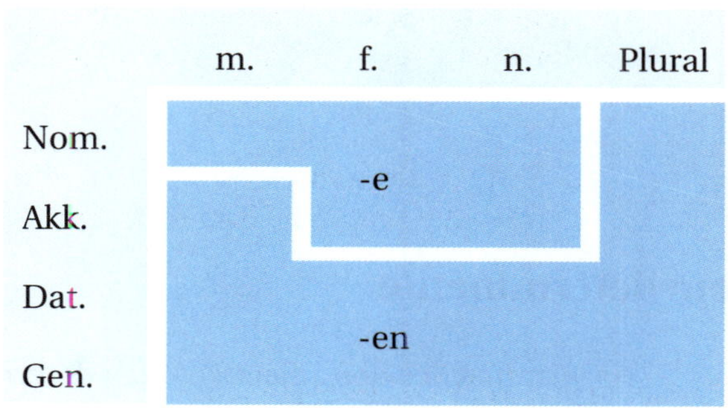

Adjectivos depois de determinante indefinido (tipo 2)

Aos determinantes indefinidos pertencem
ein, kein, mein, irgendein.
▶ pág. 106

	masculino	feminino	neutro	plural
nom.	ein neuer Film	eine neue Uhr	ein neues Haus	keine neuen Filme
Ac.	einen neuen Film	eine neue Uhr	ein neues Haus	keine neuen Filme
dat.	einem neuen Film	einer neuen Uhr	einem neuen Haus	keinen neuen Filmen
gen.	eines neuen Films	einer neuen Uhr	eines neuen Hauses	keiner neuen Filme

Memobox 4

<table>
<tr><th></th><th>m.</th><th>f.</th><th>n.</th><th>Plural</th></tr>
<tr><td>Nom.</td><td>-er</td><td rowspan="2">-e</td><td rowspan="2">-es</td><td rowspan="4"></td></tr>
<tr><td>Akk.</td><td></td></tr>
<tr><td>Dat.</td><td colspan="3" rowspan="2">-en</td></tr>
<tr><td>Gen.</td></tr>
</table>

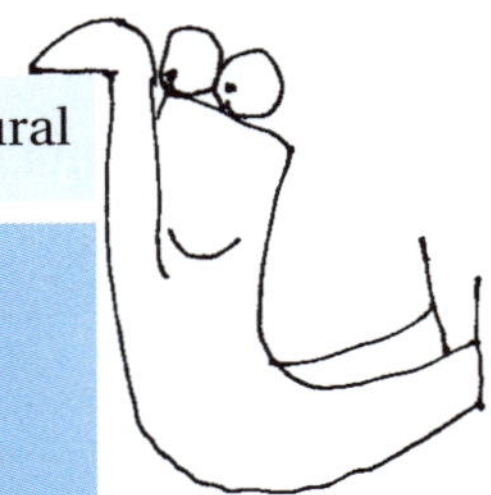

Adjectivos sem determinante

As terminações dos adjectivos sem determinante não constituem novidade, pois coincidem exactamente com a última letra do artigo definido.

▶ *Memobox 1* Pág. 105

Exemplo do acusativo

de**n** Wein	Ich trinke gern französische**n** Rotwein.
di**e** Schokolade	Ich esse gern deutsch**e** Schokolade.
da**s** Obst	Ich esse gern frische**s** Obst.

Excepção

No genitivo singular do masculino e do neutro, o adjectivo é declinado com a terminação *-en* (Ich liebe den Geruch frisch*en* Kaffees/Bieres.). Contudo, estas formas são pouco usadas.

Observe as diferentes terminações do determinante e do adjectivo:

dies**er** schön**e** Sommer

determinante definido

Memobox 1

	m.	f.	n.	Pl.
Nom.	-r	-e	-s	-e
Akk.	-n			
Dat.	-m	-r	-m	-n
Gen.	-s		-s	-r

a declinação do adjectivo tipo 1

Memobox 3

	m.	f.	n.	Pl.
Nom.		-e		
Akk.				
Dat.		-en		
Gen.				

kein schön**er** Sommer

determinante indefinido

Memobox 2

	m.	f.	n.	Pl.
Nom.	–	-e	–	-e
Akk.	-n			
Dat.	-m	-r	-m	-n
Gen.	-s		-s	-r

a declinação do adjectivo tipo 2

Memobox 4

	m.	f.	n.	Pl.
Nom.	-er	-e	-es	
Akk.				
Dat.		-en		
Gen.				

Casos especiais	teuer	ein teu**r**es Haus	-*e*- cai
	dunkel	ein dun**kl**es Zimmer	-*e*- cai
	hoch	ein ho**h**er Turm	-*c*- cai
	rosa	ein rosa Kleid	adjectivos terminados em -*a*: sem terminação
	der Hamburg**er** Hafen		adjectivos derivados de nomes de cidades: sempre -*er*

Os particípios I e II* como adjectivos

	der blühende Apfelbaum	infinitivo + *d* + terminação do adjectivo
▶ Exercícios 1–12	das geschlossene Fenster	particípio II + terminação do adjectivo

Os graus do adjectivo

comparativo — ■ Welches Sweatshirt findest du *schöner*, das blaue oder das rote?

superlativo — ● Mir gefällt keins von beiden besonders. Schau mal, dieses bunte, das ist *das schönste* von allen hier. Mir gefällt es jedenfalls *am besten*.

O adjectivo depois do substantivo

	comparativo: -*er*	superlativo: *am* -*sten*
klein	Auto B ist klein**er** als Auto A.	Auto C ist **am** klein**sten.**
billig	Auto B ist billig**er** als Auto A.	Auto C ist **am** billig**sten.**
schnell	Auto B fährt schnell**er** als Auto C.	Auto A fährt **am** schnell**sten.**

* *Os usos do particípio em português e em alemão não coincidem exactamente. Essa diferença é aqui assegurada pelas designações alemãs de I e II.*

O adjectivo antes do substantivo

	comparativo	superlativo
	-er + terminação do adjectivo	*-st + terminação do adjectivo*
klein	Ich kaufe das klein**ere** Auto.	Ich kaufe das klein**ste** Auto.
billig	Ich kaufe das billig**ere** Auto.	Ich kaufe das billig**ste** Auto.
schnell	Ich kaufe das schnell**ere** Auto.	Ich kaufe das schnell**ste** Auto.

casos especiais

	comparativo	superlativo	
gut	besser	am besten	
viel	mehr	am meisten	*‚mehr'* e *‚weniger'* não têm sufixo de declinação
gern	lieber	am liebsten	
dunkel	dunkler	am dunkelsten	
teuer	teurer	am teuersten	
warm	wärmer	am wärmsten	*a, o, u → ä, ö, ü* (para a maioria dos adjectivos monossilábicos)
jung	jünger	am jüngsten	
klug	klüger	am klügsten	
wild	wilder	am wildesten	*-est* depois de *-d, -t, -s, -ss, -ß -sch, -x, -z*
breit	breiter	am breitesten	
hübsch	hübscher	am hübschesten	
nah	näher	am nächsten	
hoch	höher	am höchsten	

Emprego de *wie* e *als*

igualdade	Lisa ist genau **so** groß **wie** Georg.	*so … wie*
diferença	Aber Lisa ist größ**er als** Angela.	comparativo + *als*

▶ Exercícios 13–20

Os adjectivos e os particípios como substantivos

Os adjectivos e os particípios substantivados se declinam como um actjectivo.

- Wie war denn deine letzte Reisegruppe? Waren wieder so viele Rentner dabei?
- Nein, diesmal nicht. Es waren sogar ein paar **Jugendliche** ① unter den **Reisenden** ②, und **das Schönste** ③ war, dass auch zwei alte **Bekannte** ④ von mir mitgefahren sind.

① + ③ + ④ actjectivo como substantivo
② particípio I como substantivo

		masculino	feminino	plural
tipo 1				
	nominativo	der Angestellt**e**	die Angestellt**e**	die Angestellt**en**
	acusativo	den Angestellt**en**	die Angestellt**e**	die Angestellt**en**
	dativo	dem Angestellt**en**	der Angestellt**en**	den Angestellt**en**
	genitivo	des Angestellt**en**	der Angestellt**en**	der Angestellt**en**
tipo 2				
	nominativo	ein Angestellt**er**	eine Angestellt**e**	Angestellt**e**
	acusativo	einen Angestellt**en**	eine Angestellt**e**	Angestellt**e**
	dativo	einem Angestellt**en**	einer Angestellt**en**	Angestellt**en**
	genitivo	eines Angestellt**en**	einer Angestellt**en**	Angestellt**er**

adjectivo como substantivo	der/die Arbeitslose, der/die Bekannte, der/die Blonde, der/die Deutsche, der/die Fremde, der/die Kranke, der/die Schuldige, der/die Tote, der/die Verwandte, das Gute, das Beste, der/die Schnellste ...
particípio I como substantivo	der/die Abwesende, der/die Anwesende, der/die Auszubildende, der/die Reisende, der/die Vorsitzende ...
particípio II como substantivo	der/die Angestellte, der Beamte/die Beamtin, der/die Betrunkene, der/die Gefangene, der/die Verheiratete, der/die Verletzte, der/die Verliebte, der/die Vorgesetzte ...

▶ Exercícios 21–23

1 Nominativo: faça perguntas:

1. das Kleid – rot – schwarz
   Welches Kleid gefällt Ihnen besser, das rote oder das schwarze?
2. die Hose – schwarz – blau
3. die Schuhe – braun – weiß
4. der Pullover – bunt – einfarbig
5. das Hemd – kariert – gestreift
6. der Mantel – dick – dünn
7. die Taschen – groß – klein
8. die Jacke – blau – grün

2 Nominativo (N) e acusativo (A): Preencha com as terminações adequadas:

1. Die letzt___ Aufgabe (N) war schwierig.
2. Jeder neu___ Anfang (N) ist schwer.
3. Diese kaputt___ Jeans (A) kannst du doch nicht mehr anziehen!
4. Das blond___ Mädchen (A) dort finde ich sehr hübsch.
5. Wir haben den ganz___ Monat (A) Urlaub.
6. Zeigen Sie mir bitte alle deutsch___ Lehrbücher (A), die Sie haben.
7. Geben Sie mir bitte den schwarz___ Stift (A) dort.
8. Ich möchte bitte das halb___ Brot (A).
9. Fast alle jung___ Leute (N) in Deutschland sprechen Englisch.
10. Heute Abend sehe ich die neu___ Freundin (A) von Franz zum ersten Mal.
11. Meine Großmutter hat mir schon manchen gut___ Rat (A) gegeben.
12. In Deutschland sind die Geschäfte jeden erst___ Samstag (A) im Monat länger geöffnet.

3 Nominativo: preencha com as terminações adequadas:

1. Das ist ein sehr langweilig___ Film.
2. Sie ist eine sehr intelligent___ Frau.
3. Ist das hier Ihr neu___ Fahrrad? Das ist ja super!
4. Er ist meine groß___ Liebe.
5. Ihre klein___ Tochter ist wirklich sehr musikalisch.
6. Das ist aber ein sehr gemütlich___ Restaurant.
7. Das ist doch kein frisch___ Brot. Es ist viel zu hart.
8. Sie wird sicher eine gut___ Musikerin.

4 Acusativo: construa as respostas:

Was schenken Sie Ihrem Freund zum Geburtstag?

1. das Buch – interessant
   Ich schenke ihm ein interessantes Buch.
2. die Uhr – neu
3. der Pullover – blau
4. das Wörterbuch – deutsch
5. der Hund – klein
6. die Torte – groß
7. das Hemd – bunt
8. die Krawatte – modern

5 Acusativo: construa frases:

Was mögen Sie gern?
Was mögen Sie nicht gern?

klein	Männer
schnell	Autos
schlecht	Reisen
billig	Fernseher
schön	Motorräder
lang	Jobs
teuer	Restaurants
langweilig	Filme
fremd	Kinder
gut	Länder
interessant	Leute
nett	Tiere

Ich mag gern *fremde Länder.*

Ich mag keine *langweiligen Filme.*

…

6 Preencha com as terminações adequadas:

Beatrice kritisiert immer die Kleidung ihrer Freundin.

1. Warum trägst du eine grün___ Hose mit einer violett___ Bluse?
2. Warum trägst du im Sommer diese dick___ Strümpfe?
3. Warum kaufst du nie ein modern___ Kleid?
4. Warum trägst du einen gelb___ Mantel mit einem rot___ Hut?
5. Warum trägst du keinen schick___ Minirock mit deinen schön___ Beinen?
6. Warum gehst du nicht mit deiner gut___ Freundin Beatrice zum Einkaufen?

7 Preencha com as formas adequadas dos adjectivos:

1. ■ Gibt es hier ein *französisches* Restaurant? — französisch
   ● Nein, nur ein ___________. — deutsch
2. ■ Hörst du immer diese ___________ Rockmusik? — laut
   ● Nein, fast nie. Meistens höre ich ___________ Musik. — klassisch
3. ■ Kaufst du jede ___________ CD von den Rolling Stones? — neu
   ● Nein, ich kaufe nur die ___________. — gut
4. ■ Warum ziehst du nicht deine ___________ Schuhe an? — warm
   ● Weil ich lieber meine ___________ anziehen möchte. — neu
5. ■ Nimm doch noch ein Stück von ihrem ___________ Kuchen! — gut
   ● Nein danke, ich bin wirklich satt.
6. ■ Gibt es am Sonntag in Deutschland ___________ Brot zu kaufen? — frisch
   ● Ja, in einigen Bäckereien.

8 Preencha com as terminações adequadas:

Hübsch___ , jung___ , blond___
Frau sucht einen reich___ , schwarz-
haarig___ Akademiker aus gut___
Familie mit schnell___ Auto und
dick___ Bankkonto.

Chiffre XXX

Attraktiv___ , jugendlich___ Mann,
Anfang 50, sucht liebevoll___ ,
sportlich___ Frau (20 bis 30 Jahre
alt), die gut___ kocht und sehr
häuslich___ ist.

Chiffre XXX

Suche älter___ , aktiv___ und
interessiert___ Frauen und
Männer für gemeinsam___
Ausflüge, lang___
Spaziergänge und
gemütlich___ Abende.
Bitte melden Sie sich unter
Chiffre XXX

Älter___ Ehepaar mit drei
groß___ Hunden sucht für
ruhig___ , möbliert___ Zimmer
mit eigen___ Bad in schön___
Haus eine zuverlässig___
Mieterin.
Miete 450,– + Nebenkosten.

Chiffre XXX

Se não soube todas as respostas para os exercícios de 9 a 12, então estude os capítulos *Graus dos adjectivos* e *Adjectivos e particípios como substantivos.*

▶ *Graus dos adjectivos*, págs. 116-117
Adjectivos e particípios como substantivos, pág. 118

9 Preencha com as terminações adequadas:

Rotkäppchen

Es war einmal ein jung___ Mädchen, das mit seinen lieb___ Eltern in einem klein___ Häuschen am Rande eines groß___ Waldes lebte. Das Mädchen hatte von seiner alt___ Großmutter ein rot___ Käppchen bekommen, mit welchem es so hübsch___ aussah, dass die meist___ Leute es nur ‚das Rotkäppchen' nannten.

Eines Morgens sagte die Mutter zu Rotkäppchen:

„Deine lieb___ Großmutter ist krank___ und liegt ganz allein im Bett. Deshalb sollst du sie besuchen und ihr einen groß___ Kuchen und eine Flasche Wein bringen. Aber geh gerade durch den dunkl___ Wald, denn dort wohnt der bös___ Wolf."

Rotkäppchen versprach der gut___ Mutter, brav___ zu sein, und machte sich auf den lang___ Weg durch den tief___ Wald.

Es war noch nicht lange unterwegs, da kam schon der schwarz___ Wolf, der vor Hunger ganz dünn___ war und das klein___ Mädchen gierig ansah.

„Mein lieb___ Rotkäppchen, was machst du denn so allein im dunkl___ Wald?"

Und das ängstlich___ Mädchen antwortete:

„Ich muss meiner krank___ Großmutter diesen groß___ Kuchen und eine Flasche Wein bringen."

Da sagte der schlau___ Wolf:

„Deine Großmutter wird sich noch viel mehr freuen, wenn du ihr noch einen groß___ Strauß von diesen gelb___ und rot___ Blumen mitbringst."

Das Mädchen folgte dem Rat und war froh, dass der Wolf schnell verschwand. Es pflückte einen schön___ Blumenstrauß und ging dann weiter. Der Wolf aber hatte einen schrecklich___ Plan.

Er lief schnell zum Haus der Großmutter und fraß sie mit Haut und Haaren. Dann zog er sich ihr weiß___ Nachthemd an und legte sich in das weich___ Bett der Großmutter, um auf Rotkäppchen zu warten.

Nach kurz___ Zeit kam die Klein___ und betrat fröhlich___ das Haus. Im Schlafzimmer der Großmutter war es dunkel, weil der Wolf die schwer___ Vorhänge zugezogen hatte, und so konnte Rotkäppchen nicht viel sehen. Deshalb fragte es die Großmutter:

„Aber Großmutter, warum hast du so groß___ Augen?“ „Damit ich dich besser sehen kann!“ antwortete der listig___ Wolf. „Großmutter, warum hast du so lang___ Ohren?“ fragte das ängstlich___ Mädchen weiter. „Damit ich dich besser hören kann“, sagte der schwarz___ Wolf. „Aber Großmutter, warum hast du so einen groß___ Mund?“ „Damit ich dich besser fressen kann“, sagte der Wolf, sprang aus dem Bett und fraß auch das klein___ Mädchen mit einem einzig___ Biss. Dann wurde er müde und legte sich wieder in das gemütlich___ Bett der Großmutter und fiel in einen tief___ Schlaf. Kurz___ Zeit später ging der alt___ Förster am Häuschen der Großmutter vorbei. Als er das laut___ Schnarchen des Wolfes hörte, war ihm klar, was passiert war. Er betrat schnell das Zimmer, sah den bös___ Wolf und schoss ihn tot. Dann schnitt er mit seinem scharf___ Messer den dick___ Bauch des tot___ Wolfes auf und heraus kamen die nun glücklich___ Großmutter und das Rotkäppchen. Als sie den Förster erkannten, waren sie sehr froh und dankten ihrem gut___ Retter sehr herzlich. Gleich setzten sie sich an den rund___ Tisch, tranken heiß___ Kaffee, aßen den gut___ Kuchen und waren glücklich___ .

Segundo um conto dos irmãos Grimm

10 Preencha com as terminações adequadas:

Zimmersuche in München

Jedes Jahr kommen viele fremd___ Besucher nach München. In den meist___ größer___ Hotels muss man schon mehrer___ Wochen im Voraus ein Zimmer reservieren. Auch die zahlreich___ klein___ Pensionen haben kaum noch ein frei___ Zimmer. Besonders während des berühmt___ Oktoberfests sind auch alle teur___ Hotels ausgebucht. Mancher ausländisch___ Gast findet ein schön___ Privatzimmer bei einer freundlich___ Familie, aber viele haben nicht solches Glück und können froh sein, wenn sie außerhalb der Stadt in einem klein___ Dorf ein frei___ Zimmer in einem Gasthof finden.
Auch die neu___ Studenten, die im erst___ Semester in München studieren, müssen mit groß___ Schwierigkeiten rechnen, wenn sie ein Zimmer suchen. Zwar wurden in den letzt___ Jahren einige neu___ Studentenheime gebaut, doch reichen diese bei weitem nicht aus, um den wachsend___ Bedarf an billigen Wohnmöglichkeiten für die immer größer werdend___ Zahl von Studenten zu decken. Meistens muss man auf ein frei___ Zimmer in einem der beliebt___ Studentenheime vier Semester lang warten. In der Zwischenzeit müssen sie vielleicht in einem der teur___ Appartements wohnen, die in den zahlreich___ Münchner Zeitungen angeboten werden. Viele geldgierig___ Vermieter nutzen die schlecht___ Situation auf dem Wohnungsmarkt,

um noch höher___ Preise für ihre klein___ Wohnungen zu verlangen. Zum groß___ Glück gibt es jedoch noch einige nett___ Vermieterinnen, die schön___ und preiswert___ Zimmer an Studenten vermieten. Einige der Studenten haben noch viele Jahre nach ihrem Studium freundschaftlich___ Kontakte zu ihren früher___ Vermietern. Besonders ausländisch___ Studenten finden hier eine willkommen___ Gelegenheit, Kontakt mit Deutsch___ zu bekommen und auch ein bisschen von der bayerisch___ Lebensweise kennenzulernen.

11 Preencha com as terminações adequadas:

Der Name der Stadt Rosenheim

Wie wir von einer alt___ Sage her wissen, hat die oberbayerisch___ Stadt Rosenheim ihren Namen von den viel___ herrlich___ Rosen, die früher in dieser schön___ Gegend gewachsen sein sollen. Fragt man manche alt___ Rosenheimer, ob diese Sage nicht nur eine frei erfunden___ Geschichte für gutgläubig___ Touristen ist, verneinen sie das entschieden. Und auf die neugierig___ Frage, wie eine der schönst___ und wohlriechendst___ Blumen denn an das steinig___ Ufer des Inn gekommen ist, haben sie eine einleuchtend___ Antwort bereit. Die alt___ Römer brachten die Rosen mit. Nahe der jetzig___ Stadt hatten sie an der Kreuzung zweier wichtig___ römisch___ Handelsstraßen ein befestigt___ Lager gebaut. Überreste solcher römisch___ Lager findet man auch heute noch an vielen ander___ Stellen in Deutschland. Die Rosenheimer Bürger erzählen, dass die lebensfroh___ Römer die duftend___ Blütenblätter der Rosen verwendeten, um verschieden___ Getränke herzustellen. Die Rosen sollen auch als wohlriechend___ Tischschmuck und sogar zum Parfümieren der einfach___ Betten gedient haben. Als die Römer nach langjährig___ Herrschaft schließlich vertrieben wurden, erzählt die Sage weiter, ließen sie viel___ wunderschön___ Rosenstöcke zurück. Diese wuchsen bald zu einem „Rosenhain" heran. Aus dem „Rosenhain" wurde später der Name „Rosenheim". Das Wappen der Stadt, die östlich von München in der Nähe des idyllisch___ Chiemsees liegt, zeigt eine gefüllt___ weiß___ Rose auf rot___ Grund.

die Sage, -n: alte Erzählung von Helden und Kriegen
der Inn: Fluss, der durch Rosenheim fließt
die Römer (Pl.): Einwohner des alten Rom
der Hain, -e: kleiner, heller Wald

12 Preencha com as terminações adequadas:

Der alte Clown

Der schwer___ Vorhang öffnet sich. Lachend tanzt der Clown in die Arena. Wie jeden Abend wird er auch diesmal besonders die Zuschauer erfreuen, die ein wenig traurig aussehen.

In der Mitte der Manege bleibt der lächelnd___ Clown plötzlich stehen. Er blickt in die zahllos___ Gesichter. Seine dick___ rot___ Nase zuckt, und die klein___ weiß___ Papierblume an seinem schwarz___ Hut bewegt sich. Endlos lange sieht er sich um. Ungeduldig rutschen die Zuschauer auf ihren hart___ Sitzen hin und her. Schließlich geht der Clown mit groß___ Schritten auf ein blond___ Mädchen zu, das einen grau___ Stoffhund fest an sich drückt.

„Du siehst ein bisschen traurig aus!“, sagt der Clown.

„Ich bin auch ein bisschen traurig!“ antwortet das Mädchen. „Mein arm___ Hund ist nämlich krank.“

„Das ist keine gut___ Nachricht. Was fehlt ihm denn?“

„Er kann nicht lachen! Kannst du ihm das nicht beibringen?“

Nachdenklich legt der Clown den Kopf schief.

„Weißt du“, sagt er schließlich, „mit dem Lachen ist es eine schwierig___ Sache. Mancher braucht viele mühevoll___ Jahre, um es zu lernen. Andere bemühen sich ihr ganz___ Leben lang verzweifelt und lernen es nie. Auch dein vierbeinig___ Freund wird es vielleicht nie lernen.“

Mit groß___ enttäuscht___ Augen schaut das Mädchen den Clown an.

„Aber sei nicht traurig!“ fährt der Clown fort und lacht dem Kind ermunternd zu. „Auch wer nicht lachen kann, kann sich freuen. Ist das nicht das Wichtigst___ ?“

Erleichtert drückt das klein___ Mädchen den Stoffhund noch fester an sich.

Das Publikum applaudiert minutenlang. Der alt___ Clown dreht sich um und geht. Das war sein letzt___ Auftritt.

13 Comparativo e superlativo: construa as formas e coloque na coluna correspondente:

klein leicht schnell früh klug dunkel
teuer ~~reich~~ gern ~~arm~~ hübsch alt viel
nett hoch gut glücklich laut stark schwierig

regelmäßig	**unregelmäßig**
reicher/am reichsten	*ärmer/am ärmsten*
…	…

14 Comparativo: formule um pedido:

1. Frau Laut spricht sehr leise.
   Bitte sprechen Sie lauter!
2. Jemand ist immer so ungeduldig.
3. Ihr Sohn ist nicht höflich zur Nachbarin.
4. Anita geht so langsam.
5. Jemand fährt sehr schnell Auto.
6. Die Kinder helfen ihrer Mutter zu wenig.
7. Jemand geht immer zu spät ins Bett.
8. Ihr Sohn macht das Radio immer so laut.

15 Comparativo: complete as frases:

Herr Klein ist mit nichts zufrieden.

1. Er hat ein großes Haus, aber *er möchte ein noch größeres Haus.*
2. Er hat eine interessante Arbeit, aber …
3. Er hat viel Geld, aber …
4. Er hat eine gute Sekretärin, aber …
5. Er hat wertvolle Möbel, aber …
6. Er hat nur ein Kind, aber …
7. Er hat einen schönen Garten, aber …
8. Er hat viel Freizeit, aber …

16 Comparativo: preencha com as formas adequadas dos adjectivos:

1. Dieses Hotel ist zu teuer. Gibt es hier kein *billigeres* ?
2. Diese Übungen sind so schwierig. Ich würde lieber ____________ Übungen machen.
3. Nein danke, dieser Pullover ist zu dünn. Ich suche einen ____________ .
4. Der Weg ist mir zu lang. Kennst du keinen ____________
5. Der Job ist mir zu langweilig. Ich suche mir einen ____________ .
6. Das Restaurant war nicht gut. Nächstes Mal gehen wir aber in ein ____________ .
7. Das Brot ist schon hart. Hast du kein ____________ ?
8. Der Wein ist nicht gut. Nächstes Mal kaufen wir einen ____________ .

17 Superlativo: preencha com as formas adequadas:

1. ■ Wer läuft schneller, Judith, Sarah oder Hanna?
   ● Hanna läuft ______________ . — schnell
2. ■ Was ist denn los?
   ● Mein Gott, wir haben die ____________ Sache vergessen. — wichtig
3. ■ Das sind die ___________ Schuhe, die ich je gekauft habe. — teuer
   ● Es sind aber auch die______________ , die du je hattest. — elegant
4. ■ Was sind denn Ihre ___________ Reisepläne? — neu
   ● Ich würde ______________ nochmal nach Island fahren. — gern
5. ■ Wer ist die ___________ Frau der Welt? — reich
   ● Ich glaube, die Königin von England.
6. ■ Wer ist denn der ____________ Student im Kurs? — jung
   ● Jürgen.

18 Superlativo: preencha com as formas adequadas:

1. der *kürzeste* Weg — kurz
2. die __________ Hotels — gut
3. ihre __________ Jeans — alt
4. die __________ Deutschen — viel
5. die __________ Aufgabe — schwierig
6. meine __________ Schwester — jung
7. der __________ Berg — hoch
8. der __________ Fluss — lang

19 Responda:

1. Was machen Sie am liebsten?
2. Was können Sie am besten?
3. Was mögen Sie am wenigsten?
4. Was essen Sie am meisten?
5. Welche Schauspielerin finden Sie am schönsten?
6. Welchen Film finden Sie am interessantesten?

20 Comparações: construa frases:

1. Empire State Building – Eiffelturm – hoch
   Das Empire State Building ist höher als der Eiffelturm.
2. Elefant – Giraffe – dick sein
3. Wohnungen in München – Wohnungen in Hamburg – teuer sein
4. der ICE in Deutschland – der TGV in Frankreich – schnell fahren
5. Eis in Italien – Eis in Deutschland – gut schmecken
6. Katze – Maus – groß sein
7. Paris – Rom – mir gut gefallen
8. Eva – Angela – schnell schwimmen

21 Adjectivos e particípios como substantivos: preencha com as formas adequadas:

1. Beim Oktoberfest in München gibt es immer viele *Betrunkene* (betrunken).
2. Die Zahl der __________ (arbeitslos) in Deutschland steigt.
3. Während des Sommers kommen viele __________ (fremd) nach Bayern.
4. Das __________ (schlimm; Superlativ) ist, dass ich so vergesslich bin.
5. Alle __________ (angestellt) in Deutschland haben eine Krankenversicherung.
6. __________ (rothaarig) haben meistens eine helle Haut.
7. Seit er so schwer krank ist, lebt er wie ein __________ (gefangen) in seiner Wohnung.
8. Das __________ (schön; Superlativ) in Bayern sind die Berge.
9. Die __________ (deutsch) trinken mehr Kaffee als Tee.
10. Der Autor begrüßte alle __________ (anwesend) und begann mit seinem Vortrag.

22 Preencha com as formas adequadas:

▶ Determinantes, págs. 104-106

verliebt	ein	*Verliebter*	–	*Verliebte*
arbeitslos	die	______	alle	______
neugierig	eine	______	diese	______
intellektuell	die	______	alle	______
verwandt	der	______	zwei	______
blind	die	______	–	______
anwesend	ein	______	viele	______
böse	eine	______	manche	______
bekannt	ein	______	–	______

23 Forme substantivos e diga o que cada um significa:

krank ~~jugendlich~~ tot betrunken vorgesetzt
~~schwarz~~ schuldig abwesend gefangen
arbeitslos geizig blond reisend verliebt

Ein Schwarzer ist ein Mensch mit dunkler Hautfarbe.
Jugendliche sind …
…

2.4 Os numerais

Os numerais cardinais

0	null	21	einundzwanzig
1	eins	22	zweiundzwanzig
2	zwei	...	
3	drei	30	dreißig
4	vier	40	vierzig
5	fünf	50	fünfzig
6	sechs	60	sechzig
7	sieben	70	siebzig
8	acht	80	achtzig
9	neun	90	neunzig
10	zehn	100	(ein)hundert
11	**elf**	101	(ein)hunderteins
12	**zwölf**	110	(ein)hundertzehn
13	dreizehn	...	
14	vierzehn	1 000	(ein)tausend
15	fünfzehn	10 000	zehntausend
16	**sechzehn**	100 000	(ein)hunderttausend
17	**siebzehn**	1 000 000	eine Million, -en
18	achtzehn	1 000 000 000	eine Milliarde, -n
19	neunzehn		
20	**zwanzig**		

O numeral 1 é declinado como o artigo indefinido antes de um substantivo.

Ich trinke pro Tag nur *eine* Tasse Kaffee.

Numerais ordinais

1.	der, die, das	ers**te**	20.	der, die, das	zwanzig**ste**
2.		zwei**te**	21.		einundzwanzig**ste**
3.		dritte	…		
4.		vierte	99.		neunundneunzig**ste**
5.		fünfte	100.		hundert**ste**
6.		sechste	101.		hunderter**ste**
7.		siebte	…		
8.		achte	1 000.		tausend**ste**
9.		neunte	1 001.		tausender**ste**
10.		zehnte	…		
11.		elfte			
…					
19.		neunzehnte			
	1. bis 19.: -**te**			20. bis …: -**ste**	

Os numerais ordinais são declinados como um adjectivo:

Er kommt am *fünfzehnten* Mai.
Das ist mein *dritter* Versuch.

Os numerais com função adverbial

Ich möchte nicht mehr Ski fahren.
Erstens kann ich es nicht gut und *zweitens* ist es teuer.

Weißt du, wer mich gerade angerufen hat?
Dreimal darfst du raten.

Ich brauche diesen Brief in *dreifacher* Kopie.

erstens	einmal	einfach
zweitens	zweimal	zweifach/doppelt
drittens	dreimal	dreifach
viertens	viermal	vierfach
…	…	…

Fracções, medidas, pesos, preços

como se escreve	*como se diz*
0,5	null Komma fünf
1/2	ein halb
1/3	ein Drittel
1/4	ein Viertel
1 1/2	eineinhalb (oft auch : anderthalb)
2 1/2	zweieinhalb
1 mm	ein Millimeter
1 cm	ein Zentimeter
1 m	ein Meter
1,30 m	ein Meter dreißig
1 km	ein Kilometer
60 km/h	sechzig Stundenkilometer
1 m^2	ein Quadratmeter
1 g	ein Gramm
1 kg	ein Kilo(gramm)
2 Pfd.	zwei Pfund = ein Kilo (1 Pfund = 500 Gramm)
1 l	ein Liter
1%	ein Prozent
1°	ein Grad (Celsius)
–5°	minus fünf Grad / fünf Grad unter Null
+2°	plus zwei Grad / zwei Grad über Null
3,50 EUR	drei Euro fünfzig
–,30 EUR	dreißig Cent
8,20 sFr	acht Franken zwanzig
–,40 sFr	vierzig Rappen (Schweiz)

As expressões de tempo

Horas

como se escreve	*como se diz (formal)*	*como se diz (informal)*
8.05	acht Uhr fünf	fünf nach acht
8.15	acht Uhr fünfzehn	Viertel nach acht
8.20	acht Uhr zwanzig	zwanzig nach acht
8.30	acht Uhr dreißig	halb neun
8.40	acht Uhr vierzig	zwanzig vor neun
8.45	acht Uhr fünfundvierzig	Viertel vor neun
8.55	acht Uhr fünfundfünfzig	fünf vor neun
21.30	einundzwanzig Uhr dreißig	halb zehn
0.05	null Uhr fünf	fünf nach zwölf

die Sekunde, -n	sekundenlang
die Minute, -n	minutenlang
die Stunde, -n	stundenlang

Datas

como se escreve	*como se diz*
1998	neunzehnhundertachtundneunzig
1. April	erster April – Heute ist der erste April.
1. 4.	erster Vierter – Heute ist der erste Vierte.
7. Mai 1975	Ich bin am siebten Mai neunzehnhundertfünfundsiebzig geboren.
7. 5. 1975	Ich bin am siebten Fünften neunzehnhundertfünfundsiebzig geboren.
Berlin, den 12. 6. 1980	Berlin, den zwölften Sechsten neunzehnhundertachtzig

Dias, meses, estações do ano

dias da semana

der/am Sonntag	sonntags
der/am Montag	montags
der/am Dienstag	dienstags
der/am Mittwoch	mittwochs
der/am Donnerstag	donnerstags
der/am Freitag	freitags
der/am Samstag	samstags
der Wochentag, -e	werktags
das/am Wochenende	–
der Tag, -e	tagelang
die Woche, -n	wochenlang

Am Sonntag fahren wir in die Berge. = am nächsten Sonntag
Sonntags schlafe ich immer länger. = jeden Sonntag

partes do dia

der/am Tag, -e	tagsüber
der/am Morgen	morgens
der/am Abend, -e	abends
der/am Vormittag, -e	vormittags
der/am Nachmittag, -e	nachmittags
die/**in** der Nacht, -e	nachts
der/am Mittag	mittags
die/**um** Mitternacht	–

meses

der/im Januar	der/im Juli
der/im Februar	der/im August
der/im März	der/im September
der/im April	der/im Oktober
der/im Mai	der/im November
der/im Juni	der/im Dezember

estações do ano

der/im Frühling	der/im Herbst
der/im Sommer	der/im Winter
das Jahr, -e	jahrelang
das Jahrzehnt, -e	jahrzehntelang
das Jahrhundert, -e	jahrhundertelang

▶ Exercícios 1-5

1 Escreva as importâncias por extenso:

1. 39,90 EUR *neununddreißig Euro neunzig*
2. 99,30 EUR ______
3. 119,– sFr ______
4. 680,– EUR ______
5. 3,15 EUR ______
6. 4,10 sFr ______
7. 29,80 EUR ______
8. 5,20 EUR ______
9. 4,80 sFr ______
10. 39,20 EUR ______

2 Escreva as horas por extenso (formal e informal):

1. 23.10 Uhr *Es ist dreiundzwanzig Uhr zehn. / Es ist zehn nach elf.*
2. 8.30 Uhr ______
3. 15.45 Uhr ______
4. 21.05 Uhr ______
5. 6.40 Uhr ______
6. 9.15 Uhr ______
7. 11.20 Uhr ______
8. 1.15 Uhr ______
9. 7.55 Uhr ______
10. 22.10 Uhr ______

3 Escreva as datas por extenso:

1. Wann ist Johann Wolfgang von Goethe geboren? 28. 8. 1749
   Am achtundzwanzigsten Achten siebzehnhundertneunundvierzig.
2. Wann ist Johann Sebastian Bach geboren? 21. 3. 1685
3. Wann ist Ludwig van Beethoven geboren? 17. 12. 1770
4. Wann ist Caspar David Friedrich geboren? 5. 9. 1774
5. Wann ist Otto Graf von Bismarck geboren? 1. 4. 1815
6. Wann ist Thomas Mann geboren? 6. 6. 1875
7. Wann ist Franz Marc geboren? 8. 2. 1880
8. Wann ist Bertolt Brecht geboren? 10. 2. 1898
9. Und Sie? Wann sind Sie geboren?
10. Wann sind Ihr Vater und Ihre Mutter geboren?

4 Escreva as datas por extenso:

1. Wien, den 21. 3. 1988
2. Bis wann muss ich das Formular abgeben? – Bis spätestens 31. 12.
3. Wann fliegen Sie nach Sydney? – Am 30. 7.
4. Wann habt ihr geheiratet? – Am 22. 2. 1965.
5. Wann ist dieses Buch erschienen? – 1996.
6. Der Wievielte ist heute? – Der 4.
7. Wann werden Sie zurück sein? – Nicht vor dem 12.
8. Wie lange ist das Geschäft geschlossen? – Vom 1. 8. bis 24. 8.

5 Complete as frases:

1. Geben Sie mir bitte _______________ (2 kg) Kartoffeln und _______________ (1 Pfd.) Karotten.
2. Mein Bett ist _______________ (2 m) lang und _______________ (1,20 m) breit.
3. _______________ (jeden Montag) muss ich immer etwas länger im Büro bleiben.
4. Diese Schuhe sind von sehr guter Qualität. Sie sind sogar _______________ (2x) genäht.
5. Ich habe gestern _______________ (4x) bei dir angerufen, aber du warst nie zu Hause.
6. Deutsches Bier hat durchschnittlich _______________ (6 %) Alkohol.
7. Letzte Nacht war es sehr kalt. Es hatte _______________ (–10°).
8. Kannst du mir bitte _______________ (3 l) Milch mitbringen, wenn du einkaufen gehst?
9. _______________ (jeden Morgen) trinke ich lieber Kaffee, _______________ (jeden Nachmittag) lieber Tee.
10. Ich habe _______________ (viele Jahre) auf diese Gelegenheit gewartet.
11. Das ist schon mein _______________ (3.) Versuch, ihn telefonisch zu erreichen.
12. Ungefähr _______________ (1/3) meiner Studenten spricht schon sehr gut Deutsch.

2.5 Substantivo Pronomes

Os pronomes podem substituir partes de uma frase, frases e textos. Com eles pode ser repetido de forma breve o que já foi dito.

■ Ich habe mir eine neue Uhr gekauft. ● Zeig mal. **Die** ist aber sehr schön.	*em vez de:* **Die neue Uhr** ist sehr schön.
■ Glaubst du, dass wir den nächsten Zug noch erreichen können? ● Ich weiß **es** nicht.	*em vez de:* Ich weiß nicht, **ob wir den nächsten Zug noch erreichen können**.
■ *eine Person erzählt, was sie im Urlaub erlebt hat* ● Das ist ja wirklich interessant!	*Podemos referir o que fizemos nas férias sem termos de repetir tudo o que dissemos.*

Síntese

Pronomes pessoais ▶ pág. 138

ich, du, er, sie, es …	Wo ist der Hausschlüssel? Hast *du* ihn?
+ *preposição*	Ich komme gleich. Warte bitte *auf mich*.

Pronomes declinados como os determinantes definidos ▶ págs. 139-140

der, die, das, die	Das Kleid dort, *das* finde ich schön.
dieser, diese, dieses, diese	Welcher Hut gefällt dir? – *Dieser* da.
(jener, jene, jenes, jene)	*antiquado*
jeder, jede, jedes, alle	Das kann doch *jeder*! Das wissen doch schon *alle*.

mancher, manche, manches, manche	Hier muss ich dir noch *manches* erklären. *wird meistens im Plural verwendet*: *Manche* machen das noch falsch.
viele *(plural)*	Es waren ziemlich *viele* da.
wenige *(plural)*	Diesmal sind nur *wenige* gekommen.
beide *(plural)*	Ja, es waren *beide* da.
einige *(plural)*	*Einige* haben abgesagt.

Pronomes com declinação própria ▶ págs. 141–142

einer, eine, eins, welche	Hast du ein Wörterbuch? – Ja, zu Hause habe ich *eins*.
keiner, keine, keins, keine	Nein, ich habe auch *keins*.
irgendeiner, irgendeine, irgendeins, irgendwelche	*Irgendeiner* wird sich schon melden.
meiner, meine, meins, meine*	Dieses Fahrrad da? Nein, das ist nicht *meins*.
welcher, welche, welches, –	Soll ich Milch kaufen? – Nein, wir haben noch *welche*.
man	*Man* soll sich nicht zu früh freuen.
jemand, niemand	Ist *jemand* da?
wer	Siehst du *wen*? – Ja, da ist *wer*.
viel, wenig	Ich habe heute nur *wenig* gegessen.
alles *(singular)*	Ich habe leider fast *alles* vergessen.
etwas, nichts	Siehst du *etwas*? – Nein, *nichts*.

* e também: deiner, seiner, ihrer/Ihrer, uns(e)rer, eurer.

Pronomes interrogativos: ▶ págs. 143–144

warum	wohin	was	was für ein
wann	mit wem	wie	wie viel
woher	womit	wer	welcher
wo			

Pronomes reflexivos ▶ pág. 145

mich	uns
dich	euch
sich	

Pronomes relativos ▶ págs. 145-147

der, die, das, was, wo, wofür, für den …

A palavra ,es' ▶ págs. 148-149

Os pronomes pessoais

Abends las	*die Großmutter*	*den Kindern*	immer Geschichten vor.
Abends las	*sie*	*ihnen*	immer Geschichten vor.

	singular					**plural**		
nominativo	ich	du	er	sie	es	wir	ihr	sie/Sie
acusativo	mich	dich	ihn	sie	es	uns	euch	sie/Sie
dativo	mir	dir	ihm	ihr	ihm	uns	euch	ihnen/Ihnen
genitivo	*de pouco uso*							

▶ Exercícios 1-6

Observação Emprego das formas de tratamento *du, ihr, euch, Sie* e *Ihnen*

- *du* (Sing.), *ihr* e *euch* (Pl.) são usados em relação a crianças, amigos e familiares.
- *,Sie'* e *,Ihnen'* são usados em relação a adultos não conhecidos. Estes pronomes são escritos com maiúscula. Nas cartas, todos os pronomes correspondentes à(s) referida(s) pessoas são escritos com maiúscula: *Sie, Ihnen, Ihr, Ihre.*

Pronomes declinados como os determinantes definidos

Auxiliar de memória – Memobox 1

determinantes definidos

	m.	f.	n.	Pl.
Nom.	-r	-e	-s	-e
Akk.	-n			
Dat.	-m	-r	-m	-n
Gen.	-s		-s	-r

der, die, das, die

- ■ Das Bild gefällt mir gut.
- ● Welches meinst du?

geralmente em início de frase, acentuados:

- ■ *Das* dort rechts in der Ecke.

- ■ Siehst du den Typ da?
- ● *Den* kenne ich nicht. Wer ist *das*?

- ■ Warum ist dein Mann nicht mitgekommen?
- ● Er ist doch krank.
- ■ Ach so, *das* habe ich nicht gewusst.

dieser, diese, dieses, diese

- ■ Dieses Buch hier finde ich langweilig. Hast du kein interessanteres für mich?
- ● Doch, schau mal, *dieses* hier könnte dir gefallen.

jeder, jede, jedes, alle

- ■ Ich arbeite zur Zeit jedes Wochenende.
- ● Das hast du schon *jedem* erzählt.

mancher, manche, manches, manche

- ■ Haben Sie alle Wörter verstanden?
- ● Nein, *manche* nicht.

viele, wenige
plural

■ Heute waren nicht alle Studenten da, aber relativ *viele* im Vergleich zu anderen Tagen.

beide
plural

■ Kommst du mit beiden Kindern oder lässt du deinen Sohn allein zu Hause.
● Nein, ich bringe *beide* mit.

einige
plural

■ Kommen in Ihrer Klasse alle pünktlich zum Unterricht?
● Nein, *einige* kommen immer zu spät.

Quadro comparativo:

Wie findest du **die** Vase?	**Sie** ist sehr schön.	**Die** finde ich sehr schön.
determinant e *o falante mostra só uma jarra*	*pronome pessoal* *não acentuado*	*pronome demonstrativo* *acentuado*
Wie findest du **diese** weiße Vase?	**Sie** ist sehr schön.	**Diese** finde ich sehr schön, aber die andere nicht.
determinante demonstrativo *há várias jarras* *à escolha*	*pronome pessoal* *não acentuado*	*pronome demonstrativo* *acentuado (em comparação com outras jarras)*

▶ Exercícios 7–8

Pronomes com declinação própria

Auxiliar de memória
Memobox 1

determinantes definidos

	m.	f.	n.	Pl.
Nom.	-r	-e	-s	-e
Akk.	-n			
Dat.	-m	-r	-m	-n
Gen.	-s		-s	-r

A última letra do pronome é idêntica à última letra do artigo definido.

Exemplo:

der	die	das	die
einer	eine	eins	welche

pronome	Exemplos
einer, eine, eins, welche	■ Das ist aber ein schönes Taschenmesser! ● Ja, ich hätte auch gern so *eins.* ■ Hast du Bücher von Goethe? ● Ja, natürlich habe ich *welche.* Soll ich dir *eins* leihen?
keiner, keine, keins, keine	■ Was, du hast wirklich kein Taschenmesser? ● Nein, ich darf mir *keins* kaufen. ■ Gut, dann schenke ich dir *eins.*
irgendeiner, irgendeine, irgendeins, irgendwelche	■ Hast du irgendein deutsches Buch, das du mir leihen könntest? ● Ja, klar. Was liest du gern? ■ Gib mir *irgendeins,* das leicht zu verstehen ist.
meiner, meine, meins, meine	■ Gib her, das ist mein Ball. ● Nein, das ist nicht *deiner,* das ist *meiner.*
welcher, welche, welches, –	■ Soll ich Bier vom Einkaufen mitbringen? ● Nein, wir haben noch *welches.* *(= quantidade não especificável)*

man

	Nom.	man	*Man* macht im Urlaub nur, was *man* gerne tut.
	Akk.	einen	Diese laute Musik kann *einen* ziemlich stören. *(não em primeira posição)*
	Dat.	einem	Im Urlaub macht man nur, was *einem* gefällt. *(não em primeira posição)*

jemand, niemand

	Nom.	jemand, niemand	Leider hat mir *niemand* geholfen.
	Akk.	jemand(en), niemand(en)	Ja, ich sehe *jemand* dort hinten.
	Dat.	jemand(em), niemand(em)	Ich leihe *niemand* mein neues Auto.

As formas terminadas em *-en*/*-em* são raramente usadas.

wer

	Nom.	wer	Achtung, da kommt *wer.*
	Akk.	wen	Siehst du *wen*?
	Dat.	wem	Gib das (irgend)*wem.* Ich brauche es nicht mehr.

viel, wenig

	Nom.	viel/vieles	*Viel/Vieles* war mir neu.
		wenig	Ihm hat nur *wenig* in diesem Geschäft gefallen.
	Akk.	viel/vieles	Ich habe *viel/vieles* nicht verstanden.
		wenig	Ich habe nur *wenig* verstanden.
	Dat.	vielem	Er war mit *vielem* nicht einverstanden.
		wenigem	Er war nur mit *wenigem* einverstanden.

alles

	Nom.	alles	*Alles,* was er sagte, war interessant.
	Akk.	alles	Ich habe *alles* gesehen.
	Dat.	allem	Ich bin mit *allem* einverstanden.

etwas, nichts

Nom.
- ■ Haben Sie heute schon *etwas* gegessen?
- ● Nein, noch *nichts.*

▶ Exercícios 9-14

Pronomes interrogativos

pronome interrogativo	pergunta por…
■ **Warum** kommst du so spät? ● Weil ich verschlafen habe.	causa (causal)
■ **Wann** bist du aufgewacht? ● Um 11 Uhr.	tempo (temporal)
■ **Woher** kommen Sie? ● Aus Argentinien. ■ **Wo** sind Sie geboren? ● In Buenos Aires. ■ **Wohin** fahren Sie im Urlaub? ● Nach Brasilien.	lugar (local)
■ **Wie** geht es Ihnen? ● Danke, gut.	modo (modal)
■ **Wer** sitzt da in deinem Auto? ● Das ist mein Bruder.	pessoa (nominativo)
■ **Was** hat dir am besten geschmeckt? ● Die Suppe.	coisa (nominativo)
■ **Wen** habt ihr gestern Abend getroffen? ● Meinen Kollegen.	pessoa (acusativo)
■ **Was** habt ihr am Abend gemacht? ● Wir sind in die Disco gegangen.	coisa (acusativo)
■ **Wem** hast du dein Fahrrad geliehen? ● Meiner Freundin.	pessoa (dativo)

pergunta

■ Guten Tag, ich hätte gern eine Flasche Wein.	
● **Was für einen** möchten Sie?	pergunta genérica
■ Einen französischen Rotwein.	
● Da hätten wir zum Beispiel einen sehr guten Bordeaux oder Beaujolais. **Welchen** möchten Sie gern probieren?	selecção entre uma quantidade
■ **Wie viel** Geld hast du dabei?	singular
● Ungefähr 50 Euro.	
■ **Wie viele** Flaschen Wein hast du gekauft?	plural
● Drei.	

pronome interrogativo com preposição

■ **Über wen** ärgerst du dich denn jetzt schon wieder?	pergunta acerca de uma pessoa
● Über meinen Freund. Er hat nie Zeit für mich.	
■ **Worüber** ärgerst du dich denn so?	pergunta indeterminada
● Über meine schlechte Note in der Prüfung.	

▶ verbos com preposições pág. 79-80

pergunta directa	pergunta indirecta
• *com pronome interrogativo (W-Frage)*	
Was machen Sie heute Abend?	Darf ich Sie fragen, **was** Sie heute Abend machen?
• sem pronome interrogativo (interrogativa de resposta sim/não)	
Gehst du heute Abend mit ins Kino?	Sie möchte wissen, **ob** ich mit ins Kino gehe.

▶ Exercícios 15–19

Pronomes reflexivos

Ich habe **mich** im Urlaub gut erholt.	*sich erholen* (pronome = acusativo)
Ich wasche **mir** die Hände.	*sich waschen* (pronome = dativo)

	singular			**plural**		
Nom. *(raro)*	ich	du	er, sie, es	wir	ihr	sie/Sie
Acusativo	mich	dich	sich	uns	euch	sich
Dativo	mir	dir	sich	uns	euch	sich

▶ Verbos reflexivos pág. 50-52

Pronomes relativos

Uso

Através de uma oração relativa é possível descrever com mais rigor uma pessoa ou uma coisa. Esta tanto se pode referir a um substantivo, a um pronome ou a toda uma oração.

Das ist mein Freund. Er spielt sehr gut Klavier. — *oração principal + oração principal*

Das ist mein Freund, **der** sehr gut Klavier spielt. — *oração principal + oração subordinada*

(mein Freund ↓ antecedente; der ↓ pronome relativo)

Das ist mein Freund. Ich habe ihn im Urlaub kennengelernt. — *oração principal + oração principal*

Das ist mein Freund, **den** ich im Urlaub kennengelernt habe. — *oração principal + oração subordinada*

(mein Freund ↓ antecedente; den ↓ pronome relativo)

O antecedente determina o género (= masculino, feminino, neutro) e o número (= singular, plural) do pronome relativo.

O caso do pronome relativo depende do elemento da oração que ele substitui na oração subordinada. São as seguintes as perguntas a formular para cada caso: É sujeito (= nominativo)? É complemento (= acusativo ou dativo)? Ou é um atributo de genitivo (= genitivo)?

Formas

	maskulino	feminino	neutro	plural
nominativo	der	die	das	die
acusativo	den	die	das	die
dativo	dem	der	dem	den**en**
genitivo	dess**en**	der**en**	dess**en**	der**en**

Os pronomes relativos são idênticos aos artigos definidos, excepto nas formas de genitivo e dativo plural.

Quando a oração relativa se refere a um substantivo

Pronome relativo = sujeito (nom.)
Das ist der Freund, **der** sehr gut Klavier spielt.

Pronome relativo = complemento (acus.)
Das ist der Freund, **den** ich im Urlaub kennengelernt habe.

Pronome relativo = complemento (dat.)
Das ist der Freund, **dem** ich schon viel von dir erzählt habe.

Pronome relativo = atributo de genitivo
Das ist der Freund, **dessen** Foto dir so gut gefallen hat.

Verbo + preposição
Der Pianist, **von dem** ich dir erzählt habe, heißt Antonio Vargas.

Lugar
Das ist das Haus, **in dem/wo** Mozart geboren ist.

Nomes de cidades e países
Das ist Salzburg, **wo** Mozart geboren ist.

Adjectivo/superlativo substantivado
Das ist das Beste, **was** du machen konntest.

Quando a oração relativa se refere a um pronome

depois de *das, etwas, nichts, alles, vieles ...*
Er sagte mir alles, **was** er wusste.

Verbo + preposição
Es gibt vieles, **wofür** ich mich interessiere.

depois de *jemand, niemand, einer, keiner ...*
Vor der Tür steht jemand, **der** dich sprechen will.

Verbo + preposição
Es gibt hier niemand, **auf den** ich mich wirklich verlassen kann.

Quando a oração relativa se refere a toda uma oração

Endlich hat er mein Auto repariert, **was** ich mir seit langem gewünscht habe.

Verbo + preposição
Endlich hat er mein Auto repariert, **worauf** ich schon lange gewartet habe.

A oração relativa vai, sempre que possível, imediatamente depois da(s) palavra(s) a que se refere. Se a oração relativa for muito extensa e/ou se lhe seguirem só uma ou duas palavras, será melhor concluir primeiro a oração principal.

Gestern habe ich endlich Gabis neuen Freund, von dem sie mir schon so viel erzählt hat, getroffen.
melhor:
Gestern habe ich endlich Gabis neuen Freund getroffen, von dem sie mir schon so viel erzählt hat.

▶ Exercícios 20-27

A palavra *es*

Es pode desempenhar três funções:

Pronome (*es* é obrigatório)
Sujeito gramatical com alguns verbos (*es* é obrigatório)
Sujeito aparente * em posição 1 (*es* pode ser omitido)

Pronome (*es* é obrigatório)

■ Wo ist mein Wörterbuch?	
● **Es** liegt doch dort auf dem Tisch.*	*nominativo*
ou :	
● Ich sehe **es** auch nicht.*	*acusativo (não em início de frase)*
■ Wer ist der Mann?	*pergunta sobre algo desconhecido*
● Ich weiß nicht, wer das ist.	
ou:	
● Ich weiß **es** nicht.*	*substituto de uma oração subordinada*
■ Mir gefällt **es** nicht, wenn du immer zu spät zum Essen kommst.	*sujeito provisório (antes de uma oração subordinada)*

* Nestes contextos *es* pode ser substituído por *das*
Das só pode aparecer em início de frase:
Das liegt doch dort auf dem Tisch.
Das sehe ich auch nicht.
Das weiß ich nicht.

Sujeito gramatical com alguns verbos (*es* é obrigatório)

Es regnet.	*tempo atmosférico*
Es klingelt.	*ruídos*
Es ist spät. Es wird Abend. Es wird Winter.	*partes do dia e estações do ano*
Es geht mir gut. Es ist mir kalt. Es gefällt mir. Es schmeckt mir. Es tut weh.	*estado físico e anímico*
Es gibt … Es ist notwendig … Es ist verboten … Es ist möglich … Es tut mir leid …	*expressões impessoais*
Ich habe es eilig.** Du machst es dir leicht.** Ich finde es hier schön.** Es handelt sich um …	*expressões idiomáticas*

** Nestas expressões ***es*** não pode aparecer em início de frase.

Sujeito aparente em posição 1 (*es* pode ser omitido)

Es não tem significado nestes contextos e pode ser omitido se outro constituinte da oração ocupar a primeira posição.

Es warten schon die Gäste.
estilisticamente melhor: Die Gäste warten schon.

Es wird hier eine neue Straße gebaut.
estilisticamente melhor: Hier wird eine neue Straße gebaut.

▶ Exercícios 28-29

1 Pronome pessoal no nominativo: preencha com as formas adequadas:

1. Wo ist Papa? – _Er_ ist im Wohnzimmer.
2. Wo sind die Kinder? – _______ spielen in ihrem Zimmer.
3. Was macht Oma? – _______ kocht.
4. Dieses Kleid ist mir zu teuer. _______ kostet 149,– Euro.
5. Kommst du morgen auch zur Party? – Nein, _______ kann leider nicht.
6. Und was macht ihr am Wochenende? – _______ wissen es noch nicht.
7. Wann kommt sie denn endlich? – _______ weißt doch, _______ kommt immer zu spät.
8. Kinder, _______ sollt doch nicht so laut sein. Opa will schlafen.

2 Pronome pessoal no acusativo: Formule perguntas e respostas:

-e Tasche	-s Geld
Schuhe (Pl.)	-r Mantel
-r Kalender	-s Buch
Schlüssel (Pl.)	~~-e Brille~~
-s Adressbuch	
Hunde (Pl.)	Antonia

Wo ist denn meine Brille? Ich finde sie nicht.

…

3 Pronome pessoal no dativo: preencha com as formas adequadas:

1. Kannst du _______ bitte ein Glas aus der Küche mitbringen?
2. Wir haben schon verstanden. Mehr brauchst du _______ nicht zu erklären.
3. Wie geht es _______ ? Habt ihr immer noch so viel zu tun?
4. Du hast ______ wirklich viel geholfen. Ich weiß gar nicht, wie ich ______ dafür danken kann.
5. Frau Gärtner, ich kann _______ dabei leider nicht mehr helfen. Ich muss jetzt dringend weg.
6. Er ist immer so hilfsbereit. Deshalb helfe ich _______ auch immer.
7. Sie hat heute Geburtstag. Hast du _______ schon gratuliert?
8. Möchtest du wirklich nicht kommen? Überleg es _______ doch noch einmal.

4 Pronome pessoal no acusativo: preencha com as formas adequadas:

1. ■ Ist Ingrid schon zu Hause?
   ● Ich weiß nicht, ich habe _______ noch nicht gesehen.
2. ■ Haben Sie schon mit Herrn Müller gesprochen?
   ● Nein, ich habe _______ noch nicht getroffen.
3. ■ Wissen Sie, dass sie ein neues Auto hat?
   ● Ja, ich habe _______ schon gesehen.
4. ■ Wie geht es deiner Mutter? Ist sie immer noch krank?
   ● Ich weiß nicht, ich habe _______ heute noch nicht angerufen.
5. ■ Wo ist mein Wörterbuch. Hast du _______ gesehen?
   ● Nein.
6. ■ Geben Sie mir doch mal bitte den Terminkalender.
   ● Wo ist er? Ich finde _______ nicht.

5 Pronome pessoal no nominativo (N), acusativo (A) ou dativo (D): preencha. Nota: Em cartas, os pronomes de tratamento na forma de cortesia são escritos com maiúscula.

Sehr geehrte Frau Bremer, sehr geehrter Herr Bremer,

wie geht es ___Ihnen___ (D)? *Wohin sind* _________ (N) *nach Ihrem Besuch bei* _________ (D) *noch gefahren? Hatten* _________ (N) *noch eine schöne Zeit in Portugal?*

Ich habe mich sehr gefreut, _________ (A) *nach so langer Zeit wiederzusehen und ein paar Tage mit* _________ (D) *in unserem Haus am Meer zu verbringen. Es war eine sehr schöne Zeit, und ich denke noch oft daran.*

_________ (D) *geht es gut.* _________ (N) *bin nach dem Urlaub wieder nach Lissabon zurückgekehrt und habe leider zur Zeit viel Arbeit. Aber ich hoffe sehr, dass ich bald einmal Zeit habe,* _________ (A) *in Düsseldorf zu besuchen.*

Herzliche Grüße *Mariana*

6 Escreva a carta do exercício 5 a dois amigos que trate por *,tu'*:

Liebe Monika, lieber Heinrich,

wie geht es ___euch___ (D)? *Wohin seid …*

7 Escreva diálogos curtos:

Im Kaufhaus. Irene und Christina brauchen noch ein paar Dinge für ihren Urlaub.

-r Sonnenhut
-e Sonnenbrille
-s T-Shirt
Sandalen (Pl.)
Badehandtücher (Pl.)
- r Minirock
-e Tasche
~~-r Badeanzug~~

■ *Ich brauche noch einen Badeanzug. Wie findest du diesen hier?*
● *Den finde ich nicht so schön.*
■ *Und den hier?*
● *Der ist besser.*
…

8 Escreva diálogos curtos:

Im Möbelgeschäft. Herr und Frau Bertelsheim suchen Möbel für ihre neue Wohnung. Herr Bertelsheim hat immer etwas zu kritisieren.

klein	-s Bett
~~groß~~	-s Sofa
hässlich	-e Kommode
modern	-e Wanduhr
teuer	~~-r Schrank~~
breit	-r Teppich
altmodisch	Lampen (Pl.)
dunkel	-r Tisch

■ *Wie findest du diesen Schrank?*
● *Den da? Der ist viel zu groß.*
...

10 Preencha com as formas adequadas:

1. Ist das Peters Kassette (f.)? – Ja, das ist *seine* .
2. Ist das Elisabeths Mantel (m.)? – Nein, das ist m_________ .
3. Ist das rote hier euer Auto (n.)? – Ja, das ist _________ .
4. Ist das Ihre CD (f.)? – Nein, das ist s_________ .
5. Ist das deine Brieftasche (f.)? – Ja, das ist _________ .
6. Ist das Theos Fahrrad (n.)? – Nein, das ist m_________ .
7. Ist das dein Bleistift (m.)? – Ja, das ist _________ .
8. Ist das Katharinas und Angelas Spielzeug (n.)? – Ja, das ist _________ .

9 Escreva diálogos curtos:

-s Gasthaus	-r Bahnhof
-s Kino	-e Bäckerei
-e Bank	-r Kinderspielplatz
~~-s Hotel~~	-e Kirche
-r Strand	-r Arzt

■ *Entschuldigen Sie bitte, gibt es hier in diesem Dorf ein Hotel?*
● *Ja, hier gibt es eins.*
oder:
● *Nein, hier gibt es keins.*
...

11 Preencha com *einer, eine, eins, welche* ou *keiner, keine, keins, keine:*

1. ■ Ich brauche schnell einen Stift.
   ● Dort drüben liegt doch *einer* .
2. ■ Möchtest du ein Eis?
   ● Nein danke, jetzt möchte ich ________ , ich habe vorhin erst ________ gegessen.
3. ■ Was suchen Sie denn?
   ● Ein Glas. Ich hatte schon ________ , aber ich weiß nicht mehr, wo es ist.
   ■ Kein Problem, dort hinten stehen noch ________ .
4. ■ Das ist aber ein toller Pullover. So ________ hätte ich auch gern.
   ● Dann kauf dir doch auch ________ , es gibt noch ________ .
5. ■ Wo sind denn die Zitronen?
   ● Ich habe ________ gekauft.
   ■ Aber warum denn nicht?
   ● Es gab ________ mehr.

12 Preencha com *man, irgendeiner, jemand, niemand, jeder, wer*:

1. Bitte stell das Telefon leise. Ich möchte jetzt schlafen und mit ____________ sprechen.
2. Das ist nicht so schlimm. Das kann doch ____________ mal passieren!
3. Könnte mir bitte ____________ von euch kurz helfen? Ich muss diese Bücher hier in die Bibliothek bringen.
4. ____________ nichts hat, dem kann ____________ auch nichts nehmen. (Sprichwort)
5. ____________ braucht nicht immer alles so zu machen wie die anderen.
6. Ach, da sind Sie ja, gerade hat ____________ für Sie angerufen. Ich habe den Namen hier aufgeschrieben.
7. Tut uns Leid, aber heute hat ____________ von uns Zeit, zur Firma Hellwig zu fahren. – Das gibt es doch nicht, ____________ von Ihnen wird doch wohl eine halbe Stunde Zeit haben!
8. Die Reifen am Auto wechseln? Das ist doch kein Problem, das kann doch ____________ ! Und ____________ das nicht kann, muss eben dafür bezahlen.
9. Weiß ____________ von Ihnen, wie spät es ist?
10. Dieser ewige Regen macht ____________ ganz schön depressiv.

13 Complete com as terminações adequadas:

1. ■ Wohnst du schon lange hier in dies___ Stadt?
   ● Ja, seit mein___ Kindheit. Ich kenne hier jed___ Straße, jed___ Haus und natürlich all___ Leute, die in unser___ Haus leben. Einig___ von ihnen habe ich allerdings lange nicht mehr gesehen.

2. ■ Welcher Pullover gefällt Ihnen besser? Dies___ rote oder d___ blaue dort?
   ● Ich finde beid___ nicht schön. Schauen Sie doch mal, wie gefällt Ihnen dies___ hier?

3. ■ Magst du die Musik von Phil Collins?
   ● Manch___ Stücke finde ich ganz gut, aber nicht all___ .
   ■ Welche gefallen dir denn nicht?
   ● Dies___ langsamen finde ich schrecklich langweilig.

4. ■ Frau Rautmann ist doch wirklich super! Sie hilft all___ Studenten und ist immer so freundlich.
   ● Ja, das stimmt wirklich. Und dabei können einig___ von ihnen ganz schön nerven! Aber sie behält immer die Ruhe.

5. ■ Warum ziehst du denn immer dies___ hässliche Jacke an?
   ● Ich habe sonst kein___ .
   ■ Dann kauf dir doch mal ein___ neue. Gefällt sie denn dein___ Freundin?
   ● Ja, sie findet sie auch toll.

14 Preencha com *etwas, nichts, viel, wenig, alles* ou *viele, wenige*:

1. Ich kann leider keine großen Reisen machen. Ich verdiene nur ________ .
2. Du denkst immer, dass du ________ besser weißt.
3. Kannst du mir etwas über Goethe erzählen? Du weißt doch ________ über ihn.
4. Heute haben ________ Leute ein Auto.
5. Sie möchte wirklich Deutsch lernen, aber leider hat sie so ________ Zeit.
6. Ich weiß nicht, was er macht. Ich habe lange ________ von ihm gehört.
7. Was, mit nur so ________ Gepäck willst du vier Wochen in Urlaub fahren? Das reicht nie!
8. Ich habe Ihnen schon ________ gesagt, was ich weiß.
9. Ich habe in meiner Schulzeit schon Deutsch gelernt. Aber leider habe ich ________ vergessen und muss es jetzt noch einmal lernen.
10. Haben Sie ________ verstanden? – Nein, nicht sehr ________ .

15 Relacione as perguntas com as respostas:

1	2	3	4	5	6	7

1. Wann kommst du zurück?
2. Wer hat das gesagt?
3. Mit wem hast du gerade telefoniert?
4. Woher kommen Sie?
5. Wie geht es Ihnen?
6. Was machen Sie am Samstag?
7. Warum lernst du so viel?

a Mit meinem Freund.
b Weil ich morgen eine Prüfung habe.
c Ich fahre in die Berge.
d Ungefähr in einer Stunde.
e Mein Vater.
f Aus Finnland.
g Danke gut.

16 Pronomes interrogativos: preencha com as formas adequadas:

1. ________ sind Sie heute früh aufgestanden? – Um sechs Uhr.
2. ________ hast du Frau Berger nicht gegrüßt? – Weil ich sie nicht gesehen habe.
3. ________ hast du morgen zum Abendessen eingeladen? – Julia.
4. ________ haben Sie Deutsch gelernt? – In der Schule.
5. ________ hat Ihnen der Film gefallen? – Sehr gut.
6. ________ Stadt hat Ihnen besser gefallen, Hamburg oder Berlin? – Berlin.
7. ________ hast du dein Auto geliehen? – Meinem Freund.
8. ________ hat denn gerade angerufen? – Mein Bruder.

17 Preencha com *welcher, welche, welches* ou *was für ein, was für welche*:

1. ■ ______________ Fahrrad haben Sie sich denn gekauft?
   ● Ein Mountainbike.
2. ■ ______________ Eis magst du lieber? Deutsches oder italienisches?
   ● Italienisches.
3. ■ ______________ deutsche Oper gefällt dir am besten?
   ● Die Zauberflöte.
4. ■ ______________ Computer soll ich mir denn kaufen?
   ● Da kann ich dir leider nicht helfen. Ich habe nicht viel Ahnung von Computern.

18 Formule perguntas:

1. Ich fahre morgen nach XY.
   Wohin fahren Sie morgen?
2. Die Gäste kommen um XY Uhr.
3. Meine Freundin wohnt in XY.
4. Ich möchte lieber XY.
5. Ich denke immer noch oft an XY.
6. XY kommt uns am Wochenende besuchen.
7. Gestern habe ich XY getroffen.
8. Ich heiße XY.
9. Wir haben XY ein lustiges Buch geschenkt.
10. Mein Mann interessiert sich gar nicht für XY.

19 Que perguntas correspondem a estas respostas?

1. *Woher kommen Sie?* – Aus Russland.
2. ______________ – In Moskau.
3. ______________ – Vor zwei Stunden.
4. ______________ – Meinem Kind.
5. ______________ – Auf den Bus.
6. ______________ – Das ist die Brieftasche meines Vaters.
7. ______________ – Der Polizist.
8. ______________ – Im Hotel „Gloria“.

20 Que frases se completam? Combine-as:

1. Ich mag gern Leute,
2. Sie interessiert sich für vieles,
3. Das ist meine Kollegin,
4. Wie heißt der Schriftsteller,
5. Sind das deine Freunde,
6. Ich fahre im Januar nach Andalusien,

a der den „Zauberberg" geschrieben hat?
b mit denen du immer Ski fahren gehst?
c die lustig sind.
d wo auch im Winter meistens die Sonne scheint.
e wofür ich mich auch interessiere.
f die mir sehr geholfen hat.

1	
2	
3	
4	
5	
6	

21 Construa orações:

Elena sucht einen Mann, ...

1. groß – ist – schlank – der – und
   ... der groß und schlank ist.
2. tanzen – dem – sie – oft – gehen – mit – kann
3. sie – den – kann – bewundern
4. Charakter – gefällt – dessen – ihr
5. sie – Spaß – mit – machen – dem – kann – viel
6. gern – macht – der – Sport

22 Preencha com os pronomes relativos:

1. Wer ist der Mann,
   _______ du gestern getroffen hast?
   _______ dort hinten steht?
   _______ du so lange Briefe schreibst?
2. Wer ist die Frau,
   _______ du gestern getroffen hast?
   _______ dort hinten steht?
   _______ du so lange Briefe schreibst?
3. Was sind das für Leute,
   _______ du gestern getroffen hast?
   _______ dort hinten stehen?
   _______ du so lange Briefe schreibst?

23 Explique as palavras:

1. Tennisschuhe (Schuhe, zum Tennisspielen anziehen)
   Das sind Schuhe, die man zum Tennisspielen anzieht.
2. Meerestier (Tier, im Meer leben)
3. Wochenzeitung (Zeitung, einmal pro Woche erscheinen)
4. Sprachschule (Schule, Sprachen lernen)
5. Spielcasino (Haus, Leute spielen Roulette)
6. Kinderbett
7. Student
8. Gästezimmer
9. Skischuhe
10. Heizofen

24 Verbos com preposições em orações relativas: *‚auf das‘* ou *‚worauf‘*?

O pronome relativo diz respeito a um substantivo ou a uma pessoa (também pronomes *jemand, niemand, k/einer*): *von dem, auf den, für die …*

Das Paket, auf das ich schon lange gewartet habe, ist heute endlich angekommen.
Es gibt hier *niemand, auf den* ich mich wirklich verlassen kann.

O pronome relativo diz respeito a toda uma oração ou aos pronomes *vieles, alles, nichts, etwas, einiges …: worauf, wofür, wovon, womit …*

Endlich hat sie uns besucht, worauf wir schon lange gewartet haben.
Ich muss immer *alles* machen, *worum* sie sich nicht kümmert.

Preencha com as formas adequadas. Por vezes existem duas possibilidades.

1. Die Frau, ____________ ich mich im Urlaub so verliebt habe, hat mich gestern angerufen. (sich verlieben in + Akk.)
2. Das ist etwas, ____________ ich mich auch sehr interessiere. (sich interessieren für + Akk.)
3. Die Arbeiter haben eine Lohnerhöhung bekommen, ____________ sie lange gekämpft haben. (kämpfen für + Akk.)
4. Leider hat mich niemand im Krankenhaus besucht, ____________ ich mich sehr geärgert habe. (sich ärgern über + Akk.)
5. Letzte Woche ist meine kranke Nachbarin gestorben, ____________ ich mich in den letzten Monaten viel gekümmert habe. (sich kümmern um + Akk.)
6. Zum Glück hat er die Hausschlüssel mitgenommen, ____________ ich nicht gedacht habe. (denken an + Akk.)
7. Die neue Lektion, ____________ wir heute im Unterricht begonnen haben, ist sehr interessant. (beginnen mit + Dat.)
8. Gibt es denn nichts, ____________ du dich freust? (sich freuen über + Akk.)

25 Genitivo: preencha com os pronomes relativos:

1. Eine Frau/Ein Kind/Ein Mann, …
   … ____________ Namen ich leider vergessen habe, hat gestern angerufen.
2. Ein Freund/Eine Freundin, …
   … ____________ Fahrrad kaputt war, wollte sich meins leihen.
3. Eine Blume/ein Baum/ein Busch, …
   ____________ Blätter plötzlich braun werden, ist krank.

26 Preencha com os pronomes relativos:

1. Ich möchte nur in Wohnungen wohnen,
   _______ einen großen Balkon haben.
   _______ Fußböden aus Holz sind.
   _______ ich Trompete spielen darf.
   _______ im Stadtzentrum liegen.
2. Ich mache einiges,
   _______ mein Chef besser nicht wissen sollte.
   _______ sich meine Eltern ärgern.
   _______ ich mich früher nie interessiert hätte.
   _______ schlecht für meine Gesundheit ist.
3. Rom ist eine Stadt,
   _______ mir sehr gefällt.
   _______ es viele alte Kirchen gibt.
   _______ ich gern mal wieder fahren würde.
   _______ man sehr gut leben kann.
4. Meine Tochter hat ihr Examen bestanden,
   _______ ich nie erwartet hätte.
   _______ ich mich sehr gefreut habe.
   _______ sie viel gelernt hat.
   _______ sie sehr glücklich gemacht hat.
5. Johannes ist jemand,
   _______ immer zu viel Geld ausgibt.
   _______ ich mich oft ärgere.
   _______ man nicht vertrauen kann.
   _______ mit den Frauen spielt.

27 Preencha com os pronomes relativos:

1. Ich möchte in einer Stadt wohnen, ________ es viele gute Cafes gibt.
2. Das ist das Dümmste, ________ ich je gehört habe.
3. Kinder, ________ Eltern berufstätig sind, werden meist früher selbständig.
4. Das ist genau das, ________ ich auch sagen wollte.
5. Ich mag keine Leute, ________ nicht zuhören können.
6. Hier ist ein Foto von Torremolinos, ________ wir immer Urlaub machen.
7. Das ist alles, ________ ich Ihnen zu diesem Thema sagen kann.
8. Wie heißt der Autor, ________ neues Buch du so gut fandest?
9. Gestern hat mich mein Chef im Krankenhaus besucht, ________ ich nie erwartet habe.
10. Hast du Freunde, ________ du dich wirklich verlassen kannst?
11. Paris, ________ ich komme, ist für mich die schönste Stadt der Welt.
12. Ich kann nicht mit Frauen zusammen sein, ________ Parfüm mir nicht gefällt.

28 Onde falta *es*?

1. _Es_ ist mir klar, dass ich noch viel lernen muss.
2. Mir ist ___ klar, dass ich noch viel lernen muss.
3. In diesem Restaurant wird ___ sehr gut gekocht.
4. Komm, wir gehen nach Hause. ___ wird bald dunkel.
5. Wohin hast du mein Buch getan? – Schau doch, dort auf dem Stuhl liegt ___ .
6. Heute Abend wird ___ im Fernsehen ein interessanter Film gezeigt.
7. Wir brauchen noch Stühle. ___ kommen sicher viele Leute.
8. ___ ist wichtig, dass wir uns gesund ernähren.
9. Morgen regnet ___ sicher.
10. Hat er das Paket schon zur Post gebracht? – Ich weiß ___ nicht.
11. Hast du gestern Abend das Fußballspiel gesehen? – Nein, ich konnte ___ leider nicht sehen, weil unser Fernseher kaputt ist.
12. ___ tut mir Leid, dass ich Sie gestört habe.

29 Construa frases com ou sem *es*:

1. notwendig – ist / früh – wir – aufstehen – dass – morgen
   Es ist notwendig, dass wir morgen früh aufstehen.
2. mir – sagen – Sie / passiert – ist – wie
3. gehört – du – hast / geklingelt – hat – ob?
4. spät – ist – schon
5. dem Kranken – gut – wieder – geht – zum Glück
6. er – eilig – immer – hat – leider
7. Rauchen – verboten – ist – hier
8. mir – nicht – gefällt / so viel – wenn – fernsehen – du

3.1 As partículas
As preposições

As preposições estabelecem relações entre os elementos da frase.

Podem aparecer:

antes de um substantivo	Ich fahre *nach Deutschland.*
antes de um pronome	Ich komme später *zu dir.*
antes de um advérbio	Gehen Sie bitte *nach rechts.*

Algumas preposições podem ocupar uma posição anterior e posterior a um substantivo/pronome (*entlang, gegenüber, nach*).

Resumo

Präpositionen mit festem Kasus

com dativo	com acusativo	com genitivo
aus	durch	während*
bei	für	wegen*
mit	gegen	(an)statt*
nach	ohne	trotz*
seit	um	
von		
zu		
ab	entlang	außerhalb
gegenüber	(*depois do substantivo)*	innerhalb

* na linguagem oral geralmente com dativo

Preposições com alternância de caso com dativo ou acusativo

com dativo ou acusativo

an	in	unter
auf	neben	vor
hinter	über	zwischen

Preposições de posição/ de direcção dativo/ acusativo	wo?	→	Dativ
	wohin?	→	Akkusativ
Preposições de tempo dativo	wann?	→	Dativ

Contracções

Algumas preposições quando acompanham o artigo definido – se este não for enfatizado – podem com ele se contrair:

an	+ dem	→	am		Das Rathaus liegt am Marktplatz.
an	+ das	→	ans		Wir fahren ans Meer.
bei	+ dem	→	beim		Ich habe mich beim Skifahren verletzt.
in	+ das	→	ins		Ich gehe jetzt ins Kino.
in	+ dem	→	im		Im letzten Sommer war es hier sehr heiß.
von	+ dem	→	vom		Ich habe das vom Chef gehört.
zu	+ der	→	zur		Ich gehe jetzt zur Schule.
zu	+ dem	→	zum		Ich gehe jetzt zum Supermarkt.

mas: Ich gehe jetzt *in das* Kino, das du mir empfohlen hast.

Aqui existe uma referência a um determinado cinema. Quando o artigo é enfatizado, não forma contração com a preposição.

Preposições de lugar

As preposições de lugar respondem às perguntas:

Woher komme ich? → origem
Wo bin ich? → lugar
Wohin gehe ich? → direcção/destino

	de onde?		onde	para onde?
①	aus	↔	in + *Dat.*	nach
②	aus	↔	in + *Dat.*	in + *Akk.*
③	von		auf + *Dat.*	auf + *Akk.*
④	von		an + *Dat.*	an + *Akk.*
⑤	von		an + *Dat.*	zu
⑥	aus		in	zu
⑦	von		bei	zu
	Origem		Lugar	Direcção
	aus, von		an, auf, in, bei	an, auf, in, nach, zu

Para distinguir *aus* de *von*

- *aus* é usado quando se pode usar também *in*:
  Ich nehme das Buch *aus dem* Regal.
  Ich lege das Buch *ins* Regal.
- *von* é usado quando não se pode usar *in*:
  Ich komme gerade *vom* Strand.
  Ich gehe *an den / zum* Strand.

No esquema seguinte são indicadas algumas regras simples:

an	na margem de algo
nach	só com nomes de cidades e países, continentes
zu	direcção, destino

As preposições de posição e de direcção

	Wo sind Sie?	**Wohin** gehen / fahren Sie?
①	**in** + *Dat.*	**nach**
Cidade	Ich wohne *in* Rom.	Ich fahre *nach* Rom.
País (sem artigo)	Ich wohne *in* Italien.	Ich fahre *nach* Italien.
②	**in** + *Dat.*	**in** + *Akk.*
Edifício	Ich bin gerade *im* Büro.	Ich gehe jetzt *ins* Büro.
Região, Montanhas	Ich wohne *im* Schwarzwald.	Ich fahre *in den* Schwarzwald.
País (com artigo)	Ich wohne *in der* Schweiz.	Ich fahre *in die* Schweiz.
Rua	Ich wohne *in der* Maistraße.	Ich gehe *in die* Maistraße.
③	**auf** + *Dat.*	**auf** + *Akk.*
Lugar	Die Suppe steht *auf* dem Tisch.	Ich stelle die Suppe *auf den* Tisch.
Montanha	Ich war heute *auf* der Zugspitze.	Ich gehe morgen *auf die* Zugspitze.
Arquipélago	Wir waren *auf* den Malediven.	Wir fahren *auf die* Malediven.
Ilhas	Wir waren *auf* Kreta.	Wir fahren *auf/nach* Kreta.
④	**an** + *Dat.*	**an** + *Akk.*
Mar, rio, oceano	Ich mache Urlaub *am* Mittelmeer.	Ich fahre *ans* Mittelmeer.
Praia, margem	Ich war heute lange *am* Strand.	Ich gehe *an den/zum* Strand.
⑤	**an** + *Dat.*	**zu**
Praça (nome)	Ich bin gerade *am* Marktplatz.	Ich gehe jetzt *zum* Marktplatz.
⑥	**in** + *Dat.*	**zu**
Loja	Ich bin gerade *in der* Apotheke.	Ich gehe jetzt *zur* Apotheke.
Banco, correios	Ich bin gerade *in / auf der* Post.	Ich gehe *zur / auf die* Post.
⑦	**bei**	**zu**
Pessoa	Ich war gerade *beim* Chef.	Ich gehe jetzt *zum* Chef.
	Excepção	
	Ich bin gerade *zu* Hause.	Ich gehe jetzt *nach* Hause.

As preposições de lugar com alternância de caso

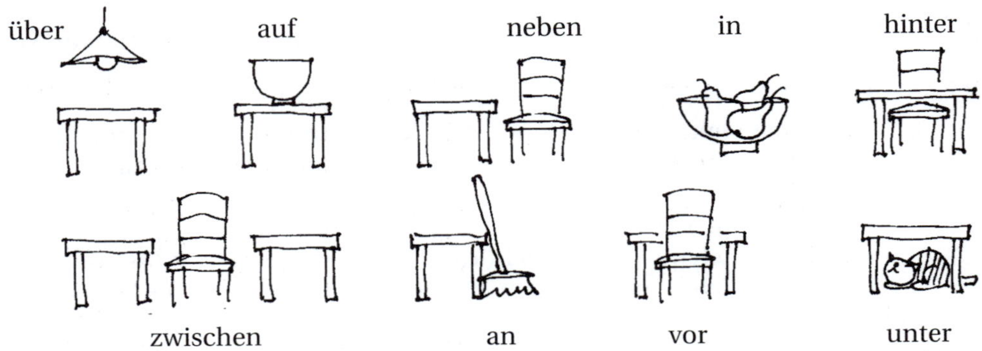

setzen / sitzen – stellen / stehen – legen / liegen – hängen / hängen

As preposições de lugar com alternância de caso estabelecem, frequentemente, relação com um grupo de verbos, que parecem semelhantes, mas que regem casos distintos.

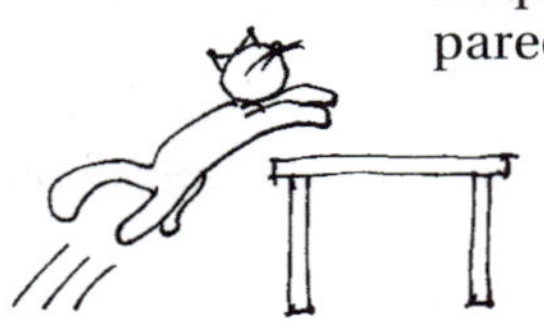

Movimento, mudança de lugar	Resultado de uma acção, estado de repouso
wohin + acusativo	**wo** + dativo
(sich) setzen, setzte, hat gesetzt Ich setze mich *auf das* Sofa.	sitzen, saß, ist / hat gesessen Ich sitze *auf dem* Sofa.
(sich) stellen, stellte, hat gestellt Ich stelle das Glas *auf den* Tisch.	stehen, stand, ist / hat gestanden Das Glas steht *auf dem* Tisch.
(sich) legen, legte, hat gelegt Ich lege mich jetzt *ins* Bett.	liegen, lag, ist / hat gelegen Ich liege schon *im* Bett.
hängen, hängte, hat gehängt Ich hänge die Lampe *über den* Esstisch.	hängen, hing, ist / hat gehangen Die Lampe hängt *über dem* Esstisch.
verbos regulares	verbos irregulares

Todas as preposições de lugar

com dativo

ab	ponto de partida	Ich fliege *ab* Frankfurt mit Lufthansa.
aus	movimento para fora (de um lugar), origem	Sie geht *aus dem* Haus. Sie kommt *aus* Deutschland.
bei	lugar nas proximidades pessoa lugar de trabalho	Wiesbaden liegt *bei* Frankfurt. Ich wohne noch *bei meinen* Eltern. Ich arbeite *bei* Siemens.
gegenüber	lado oposto pessoa (posposição)	*Gegenüber der* Post gibt es ein Café. *Der* Post *gegenüber* gibt es ein Café. *Mir gegenüber* saß ein netter Mann.
nach	nomes de lugares e países sem artigo indicações de direcção	Ich fahre morgen *nach* Hamburg. Ich fahre *nach* Holland / Spanien.* Gehen Sie *nach* unten / links / Osten.
von	ponto de partida substituto do genitivo	Ich komme gerade *vom* Büro / *von meiner* Freundin / *von* unten. Das ist die Kassette *von meinem* Bruder.
zu	destino	Ich fahre jetzt *zu meinem* Freund / *zum* Bahnhof.

*Com nomes de países precedidos de artigo: Ich fahre *in die* Schweiz, *in die* Türkei.

com acusativo

bis	lugar (ponto de chegada) sem artigo	*Bis* Frankfurt am Main sind es mindestens noch 200 km.
bis zu + *Dat.* bis an	lugar (ponto de chegada) com artigo	*Bis zum* Strand sind es 5 Minuten. Geh nicht *bis an den* Rand des Abhangs!
durch	movimento através de algo	Die Katze springt *durch das* Fenster.
entlang	movimento paralelo *(posposição)*	Gehen Sie immer *diese* Straße *entlang*.
gegen	direcção com contacto	Das Auto fuhr *gegen den* Baum.
um (herum)	à volta de um ponto central	Die Kinder sitzen *um den* Weihnachtsbaum. Ich gehe *um das* Haus (herum).

com dativo ou acusativo

an	contacto lateral	wo	Das Bild hängt *an der* Wand.
		wohin	Ich hänge das Bild *an die* Wand.
	margem	wo	Köln liegt *am* Rhein.
		wohin	Wir fahren *ans* Meer.
	lugar	wo	Der Tisch steht *an der* Wand.
		wohin	Ich stelle den Tisch *an die* Wand.
auf	contacto por cima	wo	Die Tasse steht *auf dem* Tisch.
		wohin	Ich stelle die Tasse *auf den* Tisch.
	correios, banco	wo	Er arbeitet *auf der* Post.
		wohin	Ich gehe jetzt *auf die* Bank.
hinter	por detrás, atrás de algo	wo	Das Kind versteckt sich *hinter der* Mutter.
		wohin	Er stellt den Koffer *hinter die* Tür.
in	no interior de algo	wo	Ich liege *im* Bett.
		wohin	Ich lege mich jetzt *ins* Bett.
	espaço delimitado	wo	Die Kinder spielen *im* Garten.
		wohin	Ich gehe jetzt *in den* Garten.
	compare	wo	Wir waren schon *in* Europa.
		wohin	– (vergleiche *nach*)
	países, lugares	wo	Wir waren schon *in* Italien / *in* Rom.
		wohin	– (vergleiche *nach*)
	região, montanhas	wo	Wir waren schon *im* Schwarzwald / *im* Gebirge.
		wohin	Wir fahren *in den* Schwarzwald / *ins* Gebirge.
neben	muito perto, ao lado	wo	Der Schrank steht *neben der* Tür.
		wohin	Wir stellen den Schrank *neben die* Tür.
über	sobre (sem contacto)	wo	Die Lampe hängt *über dem* Tisch.
		wohin	Wir hängen die Lampe *über den* Tisch.
	transversalmente	wo	–
		wohin	Wir gehen schnell *über die* Straße.

	lugar no percurso	wo	–
		wohin	Wir fahren *über* Frankfurt nach München.
unter	debaixo de	wo	Die Katze liegt *unter der* Bank.
		wohin	Die Katze legt sich *unter die* Bank.
	grupo	wo	*Unter den* Zuhörern wird eine Reise verlost.
		wohin	Sie verteilen Flugblätter *unter die* Passanten.
vor	parte anterior, frente	wo	*Vor dem* Haus steht ein alter Baum.
		wohin	Wir stellen das Auto *vor die* Garage.
zwischen	aproximadamenten o meio	wo	Ich sitze *zwischen den* beiden Kindern.
		wohin	Ich setze mich *zwischen die* beiden Kinder.

com genitivo

außerhalb	não no interior	Ich wohne lieber *außerhalb* der Stadt.
innerhalb	no interior	Diese Fahrkarte ist nur *innerhalb* der Stadt gültig.

wohin + acusativo

direcção, movimento

wo + dativo

local, movimento só dentro de um local

▶ Exercícios 1-17

Preposições de tempo

As preposições de tempo respondem à pergunta:

Wann passiert etwas? → momento, duração

Preposições com caso fixo

com dativo	com acusativo	com genitivo
ab	bis	während*
aus	für	innerhalb
bei	gegen	außerhalb
nach	um	
seit		
von (… bis / an)		
zu		

* na linguagem oral geralmente com dativo

preposições com alternância de caso

com dativo	com acusativo
an	über
in	
vor	
zwischen	

preposições com alternância de caso de lugar	wo? → wohin? →	Dativ Akkusativ
preposições com alternância de caso de tempo	wann? → (Excepção: *über*)	Dativ

Momentos no tempo

an + *Dat.*	dia data parte do dia dia festivo	Hoffentlich schneit es *am* Sonntag! J.W. von Goethe ist *am* 28.8.1749 geboren. Ich gehe *am* Nachmittag ins Schwimmbad. Ausnahme: *in der* Nacht Wir kommen *an* Weihnachten.
aus + *Dat.*	origem temporal	Dieses Bild ist *aus dem* 18. Jahrhundert.
gegen + *Akk.*	parte do dia (inexacto) hora (inexacta)	Wir kommen *gegen* Mittag zurück. Wir kommen *gegen* 13 Uhr zurück.
in + *Dat.**	semana mês estação do ano século espaço de tempo futuro	Ich mache das *in der* nächsten Woche. Er besucht mich *im* Mai. Wir fahren *im* Winter nach Teneriffa. Mozart ist *im* 18. Jahrhundert geboren. Ich bin *in* fünf Minuten zurück.
nach + *Dat.*	depois de algo	Kommst du *nach dem* Unterricht zu mir?
um + *Akk.*	hora exacta indicação de tempo (inexacto)	Der Zug kommt *um* 15.34 Uhr an. J.W. von Goethe ist so *um* 1750 geboren.
vor + *Dat.*	antes de algo	Gehen wir *vor dem* Abendessen noch spazieren?

* Os números referentes aos anos aparecem sozinhos ou com ***im Jahre*** *(antiquado):*
J. W. von Goethe ist 1749 geboren. – J. W. von Goethe ist im Jahre 1749 geboren.

Duração no tempo

ab + *Dat.* **von … an** + *Dat.*	início no presente início no futuro	*Ab* heute habe ich Urlaub. *Von* heute *an* habe ich Urlaub. *Ab* nächster Woche habe ich Urlaub. *Von* nächster Woche *an* habe ich Urlaub.
seit + *Dat.*	início no passado	Meine Mutter ist *seit* Montag zu Besuch.
von + *Dat.* **… bis**	início e fim	Ich habe *vom* 15. *bis* 29.5. Urlaub.
zwischen + *Dat.*	início e fim	*Zwischen dem* 2. und 5. April ist das Büro geschlossen.
in + *Dat.*	duração de tempo (inexacto)	*In den* letzten Jahren war ich oft krank.

bis + *Dat.*	ponto final	Ich habe noch *bis* Sonntag Urlaub.
innerhalb + *Gen.*	ponto final	Diese Arbeit muss *innerhalb eines* Monats fertig sein.*
innerhalb von + *Dat.*	ponto final	Diese Arbeit muss *innerhalb von einem* Monat fertig sein.*
außerhalb + *Gen.*	duração de tempo	*Außerhalb der* Bürozeiten können Sie eine Nachricht auf dem Anrufbeantworter hinterlassen.
bei + *Dat.*	ponto no tempo/duração	*Beim* Essen erzählte sie mir von ihrer Reise. (muitas vezes usado com o verbo como substantivo)
während + *Gen./Dat.*	duração de tempo	*Während des* Essens erzählte sie mir von ihrer Reise. *
zu	duração de tempo	*Zu dieser* Zeit war ich in Urlaub.
über + *Akk.*	duração de tempo	Wir fahren *übers* Wochenende weg.
–/… **lang** *(nachgestellt)*	duração de tempo no presente ou passado	Wir waren im Juli drei Wochen in Rom. Wir waren im Juli drei Wochen *lang* in Rom.**
–/**für** …	duração de tempo no futuro	Ich bleibe zwei Jahre in Deutschland. Ich bleibe *für* zwei Jahre in Deutschland.**

* Com genitivo geralmente na linguagem escrita; com dativo geralmente na oral.

** Esta frase pode ser construída com ou sem preposição.

▶ Exercícios 18-25

Preposições com valor modal

As preposições com valor modal respondem às perguntas:

Wie mache ich das? → modo
Wie ist das? → qualidade, característica

Preposições com caso fixo

com dativo	com acusativo
aus	ohne
mit	
nach	
zu	

posposição

com dativo	com acusativo
in	auf

auf + *Akk.*	Dieser Film ist *auf* Deutsch. Er macht alles *auf* seine Art.
aus + *Dat.*	Dieser Pullover ist *aus* Baumwolle.
in + *Dat.*	Ich habe jetzt leider keine Zeit. Ich bin *in* Eile. Ich habe das nur *im* Spaß gesagt.
mit + *Dat.*	Ich fahre *mit dem* Zug nach Dresden. Sie trinkt Tee immer *mit* Milch.
nach + *Dat.* *(nachgestellt)*	Meiner Meinung *nach* wird es heute noch regnen. Bitte der Reihe *nach* anstellen.
ohne + *Akk.*	Er macht nichts *ohne* seine Frau.
zu + *Dat.*	Ich gehe gern noch ein bisschen *zu* Fuß. *Zum* Glück ist sie nicht verletzt.

▶ Exercício 26

Preposições com valor causal

As preposições com valor causal respondem às perguntas:

Warum ist das so? → motivo, causa

Preposições com caso fixo

com dativo	**com genitivo/dativo**
aus bei	wegen

Preposições com alternância de caso

com dativo
vor

aus + *Dat.*	motivo para uma acção	Ich helfe ihr *aus* Mitleid / *aus* Freundschaft. Er ist sehr krank. *Aus diesem* Grund müsst ihr ihm helfen.
bei + *Dat.*	motivo / causa	*Bei diesem* schlechten Wetter gehe ich nicht spazieren.
vor + *Dat.*	efeito sobre uma pessoa	Sie zittert *vor* Angst / *vor* Kälte. Das Kind weint *vor* Schmerzen.
wegen + *Gen.* / *Dat.*	motivo / causa	*Wegen des* schlechten Wetters hat das Fußballspiel nicht stattgefunden. *Wegen dir* sind wir zu spät gekommen!

Os constituintes da oração introduzidos por preposições com valor causal podem ser substituídos por uma oração subordinada com ‚*weil*‘:

Ich helfe ihr *aus* Mitleid.	→	Ich helfe ihr, *weil* ich Mitleid mit ihr habe.
Sie zittert *vor* Angst.	→	Sie zittert, *weil* sie Angst hat.

▶ Exercício 27

1 *in, an, auf, zu* (= wohin?) – *aus, von* (= woher?): Preencha com as preposições e os respectivos artigos. Por vezes existem duas possibilidades:

	Sie geht / fährt …		Sie kommt gerade …	
1.	*zur/in die*	Bäckerei (f.).	*aus der*	Bäckerei.
2.	___________	Büro (n.).	___________	Büro.
3.	___________	Kirchplatz (m.).	___________	Kirchplatz.
4.	___________	Fichtelgebirge (n.).	___________	Fichtelgebirge.
5.	___________	Bank (f.).	___________	Bank.
6.	___________	Supermarkt (m.) zum Einkaufen.	___________	Supermarkt.
7.	___________	See (m.) zum Schwimmen.	___________	See.
8.	___________	Kanarischen Inseln (Pl.).	___________	Kanarischen Inseln.
9.	___________	Blumenstraße (f.).	___________	Blumenstraße.
10.	___________	Oper (f.).	___________	Oper.

2 Escreva as frases do exercício 1 no pretérito:

Wo war sie?

1. *Sie war in der Bäckerei.*

…

3 Dativo (wo?) ou acusativo (wohin?): complete com *in, an, auf* e artigo:

1. ■ Kommst du mit mir heute _______ Stadion (n.) zum Fußballspiel?
   ● Tut mir Leid, aber ich habe keine Zeit. Ich fahre mit meiner Familie _______ See (m.) zum Baden.
2. ■ Wo haben Sie denn diesen tollen Hut gekauft?
   ● _______ Kaufhaus (n.) _______ Marktplatz (m.).
3. ■ Ich muss noch Geld wechseln. Wo kann ich das machen?
   ● _______ Bank (f.).
4. ■ Wir möchten im Sommer _______ Seychellen (Pl.) fliegen. Wissen Sie, wie teuer ein Flug dorthin ist?
   ● Nein, leider nicht. Aber gehen Sie doch _______ Reisebüro (n.) nebenan und fragen Sie dort.
5. ■ Kinder, warum geht ihr denn bei diesem schönen Wetter nicht _______ Park (m.), sondern sitzt den ganzen Tag hier _______ Zimmer (n.)?
   ● Wir waren heute Vormittag schon _______ Park (m.), und jetzt wollen wir hier _______ Wohnung (f.) bleiben und fernsehen.

4 *in* (+acus.) ou *nach:* preencha com as preposições e com os artigos:

Sie fährt …

1. ____________ Schweiz.
2. ____________ London.
3. ____________ Türkei.
4. ____________ Kalifornien.
5. ____________ Asien.
6. ____________ Alpen.
7. ____________ Holland.
8. ____________ USA.

5 *von* ou *aus:* preencha com as preposições e com os artigos:

1. ■ Hallo Ingrid, was machst denn du hier?
   ● Ich komme gerade _______ Büro und bin auf dem Weg nach Hause.
2. ■ Woher wissen Sie das?
   ● _______ Herrn Steffen.
3. ■ Woher kommst du jetzt?
   ● _______ Arzt.
4. ■ Wann kommt denn Ihre Frau _______ Krankenhaus?
   ● Nächste Woche.

6 Complete as frases com os seguintes substantivos e *in, auf* ou *zu*. Por vezes, existem duas possibilidades:

Para distinguir:
in e *zu* para edifícios/lojas/comércio:
zu o destino é realçado; permaneço aí pouco tempo: Ich gehe jetzt *zur* Bäckerei.
in permanência num edifício; permaneço aí mais tempo: Ich gehe heute *ins* Theater.

Com *Post* (correios) e *Bank* (banco) é possível usar *zu* e *auf:*
zu sempre possível: Ich gehe *zur* Bank/Post/Bäckerei.
auf possível unicamente com *Post* e *Bank*: Ich gehe *auf die* Post/Bank.

com praças (Plätze) sempre *zu:* Ich gehe *zum* Marktplatz.

Regra aproximada
Zu pode ser sempre usado com edifícios, excepto quando a permanência nestes locais é de longa duração.

■ Reisebüro (n.)	Apotheke (f.) ■
■ Flughafen (m.)	Kino (n.) ■
■ Metzgerei (f.)	Restaurant (n.) ■
■ Buchhandlung (f.)	Bank (f.) ■

1. Er möchte Fleisch kaufen.
   Er geht ______________________ .
2. Sie möchte sich einen Film ansehen.
   Sie geht ______________________ .
3. Wir müssen Tabletten kaufen.
   Wir gehen ______________________ .
4. Sie wollen eine Reise buchen.
   Sie gehen ______________________ .
5. Ich muss nach Berlin fliegen.
   Ich fahre ______________________ .
6. Sie wollen mit Freunden essen gehen.
   Sie gehen ______________________ .
7. Er will ein Buch kaufen.
   Er geht ______________________ .
8. Sie will Geld wechseln.
   Sie geht ______________________ .

7 Escreva as frases do exercício 6 no pretérito:

1. *Er war …*

…

8 *bei* (wo?) ou *zu* (wohin?): Preencha com as preposições e com os artigos

1. ■ Was haben Sie denn am Wochenende gemacht?
   ● Am Wochenende war ich _______ meiner Freundin in Dresden.
2. ■ Wohin gehst du?
   ● _______ Nachbarin.
3. ■ Wo waren Sie denn? Ich habe Sie überall gesucht!
   ● Ich war nur kurz _______ meinem Kollegen im Nebenzimmer.
4. ■ Du wolltest doch heute noch _______ Frisör gehen.
   ● Eigentlich schon, aber ich habe leider keinen Termin mehr bekommen.

9 Preencha com as preposições e com os artigos:

1. Nächste Woche möchte ich _______ meiner Oma _______ Schweiz fahren. Meine Großeltern haben früher _______ Süddeutschland gewohnt, aber seit ein paar Jahren wohnen sie nun _______ Schweiz. Dort haben sie sich ein Haus _______ einem kleinen See _______ Bergen gekauft.

2. In München war ich _______ Olympiaturm, _______ Olympiastadion, _______ Deutschen Museum, _______ Englischen Garten, _______ Isar (f.), _______ meiner Tante, _______ Leopoldstraße _______ Schwabing, _______ Marienplatz und _______ Biergarten _______ Kleinhesseloher See.

10 Dativo ou acusativo: construa frases e use os artigos nas formas adequadas:

1. tragen – bitte – der Keller – in – das Bier – Sie
   Tragen Sie bitte das Bier in den Keller.
2. der Mantel – die Garderobe – hängen – an – er
3. der Schrank – stehen – in – die Weingläser
4. auf – der Atlas – die Kommode – liegen
5. hängen – über – du – warum – die Lampe – der Fernseher?
6. die Zeitung – er – unter – legen – das Sofa – immer
7. dein Fahrrad – vor – stehen – die Haustür
8. räumen – die Spülmaschine – das Geschirr – er – nie – in

11 Construa diálogos com as preposições dadas e com os verbos *liegen / legen, stellen / stehen, hängen*:

in · an · unter · ~~auf~~
zwischen · in · neben · an

1. Sweatshirt (n.) – Bett (n.)
   - *Mama, wo ist denn mein Sweatshirt?*
   - *Ich habe es auf dein Bett gelegt.*
   - *Es liegt aber nicht mehr auf dem Bett!*
   - *Dann weiß ich auch nicht, wo es ist.*
2. Jacke (f.) – Garderobe (f.)
3. Fußball (m.) – Keller (m.)
4. Schere (f.) – Schublade (f.)
5. Schlüssel (Pl.) – Schlüsselbrett (n.)
6. Schuhe (Pl.) – Bank (f.)
7. Tasche (f.) – Regal (n.) und Schrank (m.)
8. Taschenlampe (f.) – Lexikon (n.)

12 Pergunte e responda:

Das ist Dominiks unordentliches Zimmer. Wo liegen / stehen / hängen seine Sachen?

Wo liegt die Armbanduhr? – Sie liegt unter dem Tisch neben dem Bett. Wo …

13 Pergunte e responda como no exercício 12:

Wohin hat Dominik seine Sachen gelegt / gestellt / gehängt?

Wohin hat er die Armbanduhr gelegt? – Er hat sie unter den Tisch neben seinem Bett gelegt. …

14 Preencha com as preposições e com os artigos. Faça o desenho:

1. ______ dies___ Bild sieht man im Vordergrund einen See.
2. ______ See ist ein kleines Boot.
3. ______ Boot sitzen ein Mann und ein Kind.
4. ______ See herum geht eine Familie mit einem Hund spazieren.
5. ______ See liegt ein Dorf.
6. ______ Mitte des Dorfes gibt es eine Kirche. Links ______ Kirche steht das Rathaus. ______ Rathaus ist ein Restaurant.
7. ______ des Dorfes gibt es einen Fußballplatz.
8. ______ See ______ gibt es eine kleine Straße.
9. ______ dies___ Straße gab es einen Unfall: ein Fahrradfahrer ist ______ einen Baum gefahren.
10. Rechts ______ Dorf ist ein kleiner Berg. _____ Berg steht eine alte Burg.

15 Construa frases. Onde passaram as férias o Sr. e a Sra. Berger?

1. Hotel – Kreta
   In einem Hotel auf Kreta.
2. Pension – Berlin
3. Freunden – Japan
4. Schiff – Mittelmeer (n.)
5. Stadt – Rhein (m.)
6. Insel – Indischer Ozean (m.)
7. Bungalow – Südküste von Spanien
8. Haus – Alpen (Pl.)

16 Preencha com as preposições e com os artigos:

1. Heute Abend bleibe ich __________ Hause.
2. Gestern habe ich __________ Bank meinen Lehrer getroffen.
3. Wir wohnen __________ einem kleinen Haus __________ Stadtrand von Schwerin.
4. Heute Morgen lag sogar Schnee __________ Bergen. Und das im Mai!
5. Frankfurt liegt __________ Main (m.).
6. Andreas ist schon __________ Hause gegangen.
7. Die meisten Deutschen fahren im Urlaub __________ südliche Länder.
8. Die alte Frau ging __________ Park und setzte sich __________ eine Bank.
9. __________ dieser Firma möchte ich nicht mehr arbeiten.
10. Warum könnt ihr nicht länger __________ uns bleiben?
11. Wohin fahren Sie am liebsten in Urlaub? __________ Meer oder __________ Berge?
12. Wenn wir noch nicht __________ Hause sein sollten, dann gehen Sie einfach __________ Haus herum und setzen sich __________ Terrasse.

17 Preencha com as preposições dadas e com os artigos:

in (8x)	aus	zwischen
nach (3x)	zu	an (3x)
um	neben	entlang
gegenüber	hinter	über

Liebe Großeltern,

wie geht es euch? Seid ihr gesund? Wann kommt ihr mich endlich mal besuchen? Seit einer Woche bin ich nun __________ wunderschönen Stadt Freiburg __________ Breisgau*. __________ meinem Studentenheim habe ich schon ein paar nette Leute kennengelernt. __________ Zimmer __________ mir wohnt zum Beispiel eine Studentin __________ Schweden, mit der ich viel Zeit verbringe, und __________ Zimmer __________ wohnt eine deutsche Studentin, die mich schon einmal __________ ihren Eltern eingeladen hat. Hier __________ Freiburg gibt es auch viele gemütliche Kneipen und kleine Bistros, Kinos, Theater etc. Es wird mir nie langweilig.

Aber auch die Gegend __________ Stadt herum ist sehr, sehr schön. Freiburg liegt __________ westlichen Rand des Schwarzwaldes __________ Südwesten von Deutschland. Wenn man den Rhein __________ __________ Süden fährt, kommt man nach ca. 80 km __________ Schweizer Grenze. Gleich __________ der Grenze liegt die Stadt Basel. Das ist eine sehr interessante Stadt.

Wenn man von Freiburg aus __________ Westen __________ Rhein fährt (der Rhein ist die Grenze __________ Deutschland und Frankreich), kommt man __________ Colmar**.

Nächste Woche habe ich meine Sprachprüfung __________ Universität. Deshalb muss ich jetzt viel lernen und jeden Tag __________ Mediothek gehen, um noch mehr zu üben.

Ich schreibe euch bald wieder und grüße euch ganz herzlich

Elke

* Região nas imediações de Freiburg

** Cidade no Leste da França

18 *in*, –, *vor* (=ponto no tempo), *seit* (=duração): preencha com as preposições e os artigos:

1. ■ Wo ist denn Ihr Sohn? Ich habe ihn schon lange nicht mehr gesehen.
   ● Er lebt __________ einem Jahr in Brasilien.
2. ■ Wo ist denn Anja?
   ● Sie ist __________ einer halben Stunde weggegangen.
   ■ Und wann kommt sie wieder zurück?
   ● Ich weiß es nicht genau, aber spätestens __________ einer Stunde.
3. ■ __________ wann arbeiten Sie in Leipzig?
   ● Schon __________ zwei Jahren.
4. ■ Wann sind Sie geboren?
   ● __________ 1968.
5. ■ Warte zu Hause. Ich hole dich __________ zehn Minuten ab.
   ● Das ist sehr nett von dir.
6. ■ Wann haben Sie geheiratet?
   ● __________ 1988. Also schon __________ vielen Jahren.
7. ■ Wie lange lernen Sie schon Deutsch?
   ● __________ einem halben Jahr. Ich habe __________ September mit dem Sprachkurs begonnen.
8. ■ Wie lange müssen wir denn noch laufen? Wir sind nun schon __________ einer Stunde unterwegs!
   ● Nicht mehr lange. Wir sind spätestens __________ einer halben Stunde da.

19 *an* ou *in*: preencha com as preposições e os artigos:

Wir kommen …

1. ________ zehn Tagen.
2. ________ Ostern.
3. ________ Sommer.
4. ________ April.
5. ________ Nachmittag.
6. ________ Nacht.
7. ________ 31.3.
8. ________ Sonntagabend.

20 *in* ou *nach:* preencha com as preposições e os artigos:

1. Es war eine große Operation. Aber __________ einigen Tagen ist er schon aufgestanden.
2. Ich gehe schnell zur Apotheke. __________ spätestens zehn Minuten bin ich wieder da.
3. __________ zwei Monaten habe ich mein Examen.
4. __________ dem Examen mache ich erst einmal Urlaub.
5. Unser neuer Angestellter hat schon __________ einem Monat die Firma wieder verlassen.
6. Gehen wir __________ dem Konzert noch ein Glas Wein trinken?

21 *um* ou *gegen*: preencha com as preposições e os artigos:

1. Der Zug ist ________ 23.44 Uhr angekommen.
2. Ich besuche dich morgen ________ Abend. Ist dir das recht?
3. Pablo Picasso hat das Bild „Guernica" so (=ungefähr) ________ 1935 gemalt.
4. Der Direktor kommt so ________ (= ungefähr) 13 Uhr zurück.
5. Wir fahren mit dem Auto und werden so ________ Mittag bei euch sein.
6. Die Konferenz beginnt ________ 16.00 Uhr.

23 Indique a resposta certa:

1. Wie lange wohnen Sie schon in Lübeck?
   Vor – Seit – Während einem Jahr.
2. Wann kommen Sie vom Urlaub zurück?
   In – Nach – Bis drei Wochen.
3. Wann ist das Geschäft geschlossen?
   Zwischen – Während – Ab Weihnachten und Neujahr.
4. Wann hast du dir denn in den Finger geschnitten?
   Am – Um – Beim Kochen.
5. Wann ist denn Ihre Sekretärin in Urlaub?
   Von nächster Woche an. – Aus nächster Woche. – Nach nächster Woche.
6. Wie lange waren Sie denn in Berlin?
   Seit zwei Wochen. – Gegen zwei Wochen. – Zwei Wochen lang.

22 Preencha com as formas adequadas:

1. ■ Gehen wir heute Abend ins Kino oder nicht?
   ● Ja, natürlich, ich habe die Eintrittskarten schon reserviert. Wann treffen wir uns?
2. ■ So ________ halb acht. Ist dir das recht?
   ● Wann beginnt denn der Film?
3. ■ ________ 20.30 Uhr. Ich dachte, dass wir uns ein bisschen früher treffen und ________ dem Film noch etwas trinken gehen könnten.
   ● Das können wir machen. Oder wir gehen ________ dem Film in das neue Bistro, das ich dir schon ________ langem zeigen will.
4. ■ Machen wir doch beides! Ich hole dich ________ einer Stunde mit dem Auto ab.
   ● Das ist aber nett von dir. Also, ich warte ________ 19 Uhr unten vor dem Haus auf dich. Dann brauchst du nicht extra einen Parkplatz zu suchen.
5. ■ Gut, ich bin dann ________ 19 Uhr und 19.15 Uhr bei dir. ________ später!

24 Preencha com as formas adequadas:

Hans möchte mit Petra ausgehen. Aber Petra scheint nie Zeit zu haben.

1. ■ Also, Petra, wie wäre es _________ Freitag? Hast du da Zeit?
   ● Das ist ein bisschen schwierig. _________ Nachmittag möchte ich meine Tante besuchen, die schon _________ einer Woche im Krankenhaus liegt. Ja, und _________ Abend gehe ich zum Sport, und _________ dem Sport bin ich sicher zu müde. _________ Wochenende fahre ich dann zu meinen Eltern.
2. ■ Schade. Wie sieht es denn bei dir _______ der nächsten Woche aus?
   ● _________ Montag _________ Mittwoch muss ich für meine Firma nach Düsseldorf. _________ Donnerstag bin ich dann wieder hier. Wir könnten uns doch gleich _________ Donnerstagabend treffen?
3. ■ Das ist leider der einzige Abend _________ der nächsten Woche, an dem ich keine Zeit habe. Vielleicht _________ Freitag?
   ● Ja, aber da kann ich nur _________ 22 Uhr, weil ich _________ 22.30 Uhr ins Kino gehen und „Casablanca" sehen möchte. Darauf freue ich mich schon _________ langem! Geh doch einfach mit!
4. ■ Ja, gern, also dann _________ Freitag! Ich hole dich so _________ 20 Uhr zu Hause ab.
   ● Vielen Dank!

25 Preencha com as formas adequadas:

1. _________ meinem letzten Besuch hattest du dieses neue Sofa aber noch nicht.
2. Thomas arbeitet wirklich sehr diszipliniert. Er hat _________ vier Jahren sein Studium beendet.
3. Dieser Kurs dauert _________ Januar _________ März.
4. Sie ist schon _________ einer Woche angekommen und bleibt noch _________ nächsten Sonntag.
5. Wir bleiben _________ drei Monate in den USA.
6. Ich habe _________ 1985 das Abitur gemacht.
7. Frau Biller hat _________ einer Stunde angerufen.
8. Es ist unhöflich, _________ des Essens Zeitung zu lesen.
9. Kannst du mir dieses Buch _________ Montag leihen?
10. Wir fahren _________ die Feiertage ans Meer.
11. _________ 1. März arbeite ich bei der Firma Jäger.
12. Er hat gleich _________ dem Abitur seinen Führerschein gemacht.

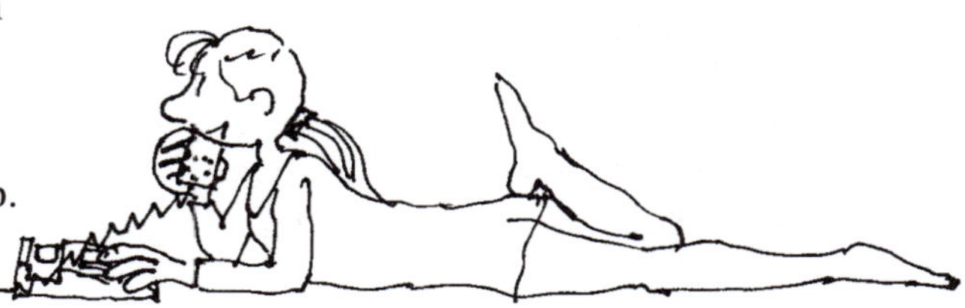

26 Valor modal: preencha com as preposições e os artigos:

1. Am Freitag fahre ich nur mit meinem Mann, _________ die Kinder, übers Wochenende nach Wien. Endlich sind wir mal wieder nur zu zweit!
2. Diese Bluse ist _________ indischer Seide.
3. Meinen Informationen _________ beginnt die Veranstaltung erst um 19 Uhr.
4. Wenn Sie nach Köln kommen, müssen Sie mich _________ jeden Fall besuchen!
5. Seit ein paar Jahren kann ich leider nur noch _________ Brille lesen.
6. Wir haben dieses Problem _________ allen Einzelheiten besprochen.
7. Meiner Meinung _________ gibt es an dieser Stelle einen Fehler in der Übersetzung.
8. Sie haben die Aufgaben leider nur _________ Teil richtig gelöst.
9. Wir heizen unsere Wohnung _________ Gas.
10. _________ Fremdsprachenkenntnisse findest du heutzutage keinen guten Job als Sekretärin.
11. Könnten Sie mir bitte diesen Text _________ Englisch übersetzen?
12. Wir hätten gern ein Zimmer _________ Blick aufs Meer.
13. _________ Gegensatz zu mir hat er sehr schnell Ski fahren gelernt.
14. _________ Glück habe ich endlich eine Wohnung gefunden.

27 Valor modal: preencha com as preposições e os artigos:

1. _________ einer technischen Störung in der U-Bahn sind wir leider viel zu spät gekommen.
2. _________ Angst vor einer Strafe hat er nicht die Wahrheit gesagt.
3. _________ dieser Kälte muss man ja krank werden!
4. Es tut uns Leid, aber _________ eines Fehlers in unserem Telefonsystem können wir heute keine Gespräche vermitteln.
5. Am Tag ihrer Hochzeit strahlte die Braut _________ Glück.
6. Ich mache das nur _________ Liebe zu dir.
7. _________ des starken Nebels sind gestern abend viele Flüge ausgefallen.
8. _________ dieser Hitze müssen Sie viel trinken.
9. Er weinte _________ Glück, als sein erstes Kind geboren war.
10. _________ einer starken Grippe konnte sie leider nicht kommen.

3.2 As partículas
Os advérbios

Os advérbios possuem as seguintes características:

- não se declinam, não são variáveis (as excepções só se aprendem no nível intermédio).
- só se relacionam com verbos (Ich komme *morgen.*) ou adjectivos (Das war eine *sehr* schöne Party.)
- os advérbios funcionam geralmente como complementos circunstanciais da frase. Ocupam, assim, uma posição intermédia.

▶ *te-ka-mo-lo* págs. 198-199

Os advérbios podem ser subdivididos em grupos semânticos, tal como as preposições e as conjunções:

▶ *Preposições* págs. 160-172
▶ *Conjunções* págs. 210-217

- advérbios de lugar
- advérbios de tempo
- advérbios de modo
- advérbios de causa, de concessão, de consequência

Advérbios de lugar

wohin (direcção)

abwärts – aufwärts	Von dort führt der Weg *abwärts* ins Tal.
vorwärts – rückwärts	Passen Sie auf, wenn Sie *rückwärts* fahren!
her – hin	Wo kommst denn du *her*, Toni, du bist ja ganz schmutzig! Wo gehst du *hin*?
(hier)her – dorthin*	Komm bitte *hierher*! Geh bitte *dorthin*!
heraus – hinaus → raus**	Kinder, kommt/geht doch *raus*. Das Wetter ist so schön!
herein – hinein → rein**	Kinder, kommt/geht bitte *rein*. Das Essen ist fertig.
herauf – hinauf → rauf**	Kinder, kommt/geht bitte *rauf*. Ihr müsst ins Bett.

herunter – hinunter → runter**	Kinder, kommt/geht bitte von der Mauer *runter*!
herüber – hinüber → rüber**	Kinder, geht mal bitte zur Nachbarin *rüber* und bittet sie um etwas Zucker. Wir haben keinen mehr.
nach links/rechts	Gehen Sie bitte *nach links/rechts.*
nach oben/unten	Gehen Sie bitte *nach oben/unten.*
nach vorn/hinten	Gehen Sie bitte *nach vorn/hinten.*
nach draußen/drinnen	Gehen Sie bitte *nach draußen/drinnen.*
irgendwohin – nirgendwohin	Ich fahre am Wochenende *irgendwohin* in die Natur. Ich weiß aber noch nicht genau wohin.
überallhin	Mit dir fahre ich *überallhin.*

* *(hier)her* + kommen → woher? / *(dort)hin* + gehen, fahren … → wohin?

** Na linguagem escrita são geralmente usadas as formas *heraus/hinaus …*
Aqui é válida a regra de *hierher/dorthin,* ou seja, a posição do falante relativamente ao ouvinte é da maior importância. Na linguagem oral é geralmente usada a forma reduzida *raus …*, que é a mesma para *heraus* e *hinaus.*

wo (lugar)

links – rechts	Wo ist denn meine Brille? – Dort *links* auf dem Tisch.
oben – unten	Ich bin *oben.* Komm doch auch rauf!
vorn – hinten	Bitte im Bus nur *vorn* einsteigen!
draußen – drinnen	Kommt doch rein. Es ist schon so kalt *draußen.*
irgendwo – nirgendwo (= nirgends)	Wo ist denn meine Brille? Sie muss *irgendwo* hier sein. – Ich habe sie leider *nirgends* gesehen.
hier – da / dort	Das Haus *da/dort/hier* meine ich. Das gefällt mir.
drüben	Mir gefällt das Haus dort *drüben.*
mitten	Musst du immer *mitten* auf dem Sofa sitzen?
überall	Gestern hat es *überall* in Deutschland geregnet.

woher (origem)

von links – rechts	Wir kommen *von links / rechts.*
von oben – unten	Wir kommen *von oben / unten.*
von vorn – hinten	Wir kommen *von vorn / hinten.*
von draußen – drinnen	Wir kommen *von draußen / drinnen.*
von irgendwoher – nirgendwoher	Woher kommt er? – Ich weiß es nicht, *von irgendwoher* aus Europa.
von überallher	Zu der Hochzeit des Prinzen kamen die Gäste *von überallher* angereist.

Destino

fort – weg	Geh bitte nicht *fort / weg* von mir!
irgendwohin – nirgendwohin	Wohin gehst du? – Ich gehe *nirgendwohin.* Ich ziehe mir nur eine Jacke an, weil mir kalt ist.

Para distinguir:

Woher kommen Sie?		**Wo sind Sie?**		**Wohin gehen Sie?**	
Ich komme	von oben	Ich bin	oben	Ich gehe	nach oben
	von drinnen		drinnen		nach drinnen
	von links		links		nach links
	von …		…		nach …
	von überallher		überall		überallhin
	von n/irgendwoher		n/irgendwo		

Advérbios de tempo

wann (momento)	Passado	Presente	Futuro
	(vor)gestern	heute	(über)morgen
	vorhin	jetzt, nun	bald
	vorher	gerade	nachher
	früher	sofort, gleich	hinterher
	(ein)mal	bisher	(ein)mal
	neulich		später
	damals		

Passado

(vor)gestern	Wir sind *gestern* Abend angekommen.
vorhin	Nein danke, ich habe jetzt keinen Hunger. Ich habe *vorhin* erst etwas gegessen.
vorher	Ich komme nach der Arbeit zu dir. Aber *vorher* muß ich noch kurz nach Hause.
früher	„*Früher* war alles besser", sagt meine Großmutter.
(ein)mal	Dies war *(ein)mal* ein gutes Restaurant. Heute ist es leider nicht mehr so gut.
neulich	Hast du Maria mal wieder gesehen? – Ja, wir haben uns *neulich* getroffen.
damals	Vor 15 Jahren war ich schon einmal an diesem See. *Damals* gab es hier noch keine so großen Hotels.

Presente

heute	Was machst du *heute* Abend?
jetzt – nun	Das war der letzte Bus. Was machen wir *nun*?
gerade	Was machst du *gerade*? – Ich esse.
sofort – gleich	Warten Sie bitte. Ich komme *gleich.*
bisher	*Bisher* hatte ich keine Probleme mit dem Chef.

Futuro

(über)morgen	Heute habe ich leider keine Zeit, aber *morgen* oder *übermorgen* kann ich Ihnen gern helfen.
bald	Hoffentlich ist dieser Regen *bald* vorbei!
nachher	Ich möchte jetzt zum Mittagessen gehen. Kann ich den Brief auch *nachher* schreiben?
hinterher	*Hinterher* wissen wir immer alles besser.
(ein)mal	Kommst du mich *(ein)mal* in München besuchen?
später	Karl hat angerufen. Er kommt heute abend ein bisschen *später.*

Com que frequência

100 % → 0 %

jedesmal / immer	fast immer	meistens	oft / häufig	öfters	manchmal / ab und zu	selten	fast nie	niemals / nie

immer	Sie ist *immer* fröhlich.
jedesmal	Wenn ich in Paris bin, gehe ich *jedesmal* ins Centre Pompidou.
meistens*	Am Morgen trinke ich *meistens* Kaffee.
oft – häufig	Ihr streitet euch aber *oft*!
öfters	Das ist ein gutes Geschäft. Wir haben schon *öfters* hier eingekauft.
manchmal – ab und zu	Besuchst du deine Eltern oft? – Nein, nur *ab und zu* am Sonntag.
selten	Ich war *selten* so glücklich wie an diesem Tag!
nie – niemals	Ich war noch *nie* in China.

* Atenção:

meistens (= com muita frequência)	Am Morgen trinke ich *meistens* Kaffee.
am meisten (= superlativo de *viel*)	Peter verdient von uns allen *am meisten.*

Ordem de sequência

zuerst	Am Sonntag haben wir *zuerst* geduscht.
dann	*Dann* haben wir gemütlich gefrühstückt.
danach	*Danach* haben wir eine Wanderung um den See gemacht.
schließlich	*Schließlich* waren wir zu müde zum Kochen und sind essen gegangen.
zuletzt	*Zuletzt* haben wir noch einen Espresso in einer kleinen Bar getrunken und sind ins Bett gegangen.

▶ **Outros advérbios de tempo** (*montags, abends …*): **pág. 133**

Os advérbios de modo

anders	Ich hätte *anders* reagiert.
beinahe – fast	Mein Gott, *beinahe* wäre mir die Schüssel runtergefallen!
besonders	Dieses Hotel hat uns *besonders* gut gefallen.
bestimmt	Er wollte dir *bestimmt* nicht weh tun!
etwas	Ich habe mittags *etwas* geschlafen.
ebenso wie – genauso wie	Sie kocht *genauso* gut *wie* ihre Mutter.
gar nicht – überhaupt nicht	Ich weiß *überhaupt nicht,* wie ich das alles schaffen soll.
gern	Vielen Dank für die Einladung. Wir kommen sehr *gern.*
höchstens	Leider können wir *höchstens* drei Tage hier bleiben.
irgendwie	Vielleicht werde ich krank. Ich fühle mich heute *irgendwie* nicht wohl.
kaum	Letzte Nacht habe ich *kaum* geschlafen, weil ich so starke Zahnschmerzen hatte.

leider	Er weiß es *leider* auch nicht.
mindestens	Jetzt geht es mir gut. Ich habe letzte Nacht *mindestens* zehn Stunden geschlafen.
sehr	Das Essen war wirklich *sehr* gut!
so	Schau her und mach es *so* wie ich.
umsonst	Wir sind *umsonst* zum Bahnhof gefahren. Sie ist nicht gekommen.
wenigstens	Du könntest *wenigstens* beim Geschirrspülen helfen, wenn du schon sonst nichts machst.
ziemlich	Es ist *ziemlich* kalt geworden.

Os advérbios de causa, de concessão, de consequência

causa

deshalb – deswegen – daher – darum	In zehn Minuten fährt der Zug. *Deshalb* sollten wir uns beeilen!
nämlich *(antes do verbo!)*	Ich muss das heute noch fertigmachen, ab morgen bin ich *nämlich* in Urlaub.

concessão

trotzdem – dennoch	Ich habe es verboten. Er hat es *trotzdem* getan.

consequência

also	Sein Auto steht vor der Tür. Er ist *also* zu Hause.

▶ Exercícios 1-7

1 *hierher, dorthin, her, hin, rauf, runter, raus, rein, rüber*: Preencha adequadamente:

Estes advérbios (*her, hin, rauf, runter, raus, rein, rüber*) podem aparecer sozinhos ou com verbos de movimento (*kommen, gehen* ...):

Sie müssen diese Treppe hinaufgehen / raufgehen.
Können Sie bitte mal herkommen?

1. ■ Was machen Sie denn da oben?
   ● Von hier hat man einen wunderschönen Ausblick. Ich möchte ein paar Fotos machen. Kommen Sie doch auch __________ ! Es lohnt sich wirklich.
2. ■ Kommen Sie nur __________ . Die Tür ist offen.
   ● Danke.
   ■ Setzen Sie sich doch bitte __________ . Ich komme auch gleich.
3. ■ Kommt doch mal __________ auf die Terrasse, ich muss euch etwas zeigen.
   ● Was ist denn los?
4. ■ Du, wir sind gerade im „Tivoli“, komm doch auch __________ .
   ● Nein danke, ich habe heute keine Lust mehr auszugehen.
5. ■ Möchten Sie nicht auf ein Glas Wein zu uns __________kommen? Dann können wir auf eine gute Nachbarschaft trinken.
   ● Ja gern, das ist sehr nett von Ihnen.
6. ■ Mama, wo bist du?
   ● Ich bin hier unten im Keller.
   ■ Komm mal bitte __________ . Ich muss dich was fragen.
   ● Ich kann jetzt nicht. Komm du doch __________ .
7. ■ Thomas ist draußen. Geh doch auch __________ und spiel mit ihm.
   ● Wenn er mit mir spielen will, kann er auch __________kommen.
8. ■ Herr Dr. Schneider, könnten Sie bitte einen Moment __________kommen?
   ● Natürlich, was gibt es?
9. ■ Kommt doch auch __________ und setzt euch zu uns!
   ● Danke schön.
10. ■ Gehen Sie bitte __________ . Das Sekretariat ist im 1. Stock.
    ● Wir waren gerade oben. Es ist aber niemand da.

2 Qual é o oposto?

1. hinaus (raus) ______________
2. irgendwo ______________
3. hier ______________
4. links ______________
5. von vorn ______________
6. nach draußen ______________
7. nirgendwohin ______________
8. hinunter (runter) ______________
9. abwärts ______________
10. rückwärts ______________

3 Preencha com os advérbios adequados:

1. Haben Sie schon unsere Dachterrasse gesehen? Kommen Sie bitte mit mir *nach oben* . — oben / aufwärts / nach oben
2. Wir sind schon fast __________ gereist, nur nicht nach Südostasien. — überallhin / irgendwohin / überall
3. Mein Vater ist draußen im Garten. Gehen Sie bitte __________ zu ihm. — weg / rüber / hinaus
4. Morgen fahren wir auf den Olympiaturm. __________ dort __________ hat man einen herrlichen Blick über München und bis zu den Alpen. — von … oben / nach … oben
5. Ich habe mein neues Fahrrad immer __________ im Keller. Dort steht es sicherer als im Hof. — runter / nach unten / unten
6. Bitte schau __________ , wenn du Auto fährst, und dreh dich nicht immer zu den Kindern um. — vorwärts / hierher / nach vorn
7. Hier gefällt es mir so gut, dass ich gar nicht mehr __________ möchte. — irgendwohin / fort / überallhin
8. Kommen Sie bitte __________ . — hierher / rechts / dorthin

4 Preencha com as formas adequadas. Por vezes existem várias possibilidades:

1. ■ Claudia, wo bleibst du denn? Wir warten alle auf dich!
   ● Keine Panik! Ich komme *sofort/gleich.*
2. ■ Hast du schon deine Hausaufgaben gemacht?
   ● Nein, die mache ich ___________ .
3. ■ Wo ist denn mein Geldbeutel?
   ● Ich weiß es nicht, aber ___________ lag er noch hier auf dem Tisch.
4. ■ Oma, wo warst du denn auf Hochzeitsreise?
   ● Ach Kind, ___________ gab es so etwas noch nicht. Wir hatten kein Geld für Reisen.
5. ■ Warum hast du mich denn nicht ___________ gefragt? Ich hätte dir gern geholfen.
   ● Ja, das war dumm von mir. Aber ___________ ist man immer schlauer.
6. ■ Wie gefällt dir denn dein neuer Job?
   ● ___________ macht mir die Arbeit sehr viel Spaß. Ich hoffe, es bleibt so.
7. ■ Jetzt machen wir erst mal eine Pause. Wir können ___________ weitermachen.
   ● Gute Idee!
8. ■ Wo ist denn Frau Kirchner?
   ● Ich weiß es nicht. Sie war doch ___________ noch hier.

5 Responda:

1. Wie häufig gehen Sie in die Oper?
   Nie.
2. Wie oft bringen Sie Ihrer Freundin/Frau Blumen mit?
   ____
3. Wie oft sind Sie unpünktlich?
   ____
4. Wie häufig sagen Sie nicht die Wahrheit?
   ____
5. Wie oft essen Sie Fleisch pro Woche?
   ____
6. Wie oft sind Sie in Ihrem Leben schon umgezogen?
   ____
7. Wie häufig treiben Sie Sport?
   ____
8. Wie oft essen Sie im Restaurant?
   ____
9. Wie oft frühstücken Sie im Bett?
   ____
10. Wie häufig sehen Sie fern?
   ____

6 Preencha com os seguintes advérbios:

fast	bestimmt	wenigstens	~~sehr~~	
kaum	genauso	irgendwie	umsonst	
sehr	höchstens	ziemlich	fast	

1. Gute Nacht, ich gehe jetzt ins Bett, ich bin _sehr_______ müde.
2. Warum hast du nicht ____________ angerufen, wenn du schon so spät kommst?
3. Sie ist ____________ hübsch wie ihre Mutter!
4. Leider haben wir den Auftrag nicht bekommen. So war unsere ganze Arbeit ____________ .
5. Sie können sich auf mich verlassen. Was ich verspreche, mache ich auch ganz ____________ .
6. Er hat so leise gesprochen, dass ich ____________ etwas verstanden habe.
7. Ich habe im Moment auch keine Idee, aber ____________ müssen wir dieses Problem lösen.
8. Meine Großmutter ist sehr krank. Sie isst ____________ nichts mehr und hat ____________ viel abgenommen. Jetzt wiegt sie ____________ noch 54 kg.
9. Ich muss jetzt unbedingt etwas essen. Ich habe heute den ganzen Tag noch ____________ nichts gegessen.
10. Ich bin sehr müde, denn die Bergtour war ____________ anstrengend.

7 Preencha com os advérbios de causa, de concessão ou de consequência.

1. Meine Kollegin ist sehr erkältet. ____________ kommt sie ins Büro.
2. Ich habe den Bus verpasst. ____________ bin ich leider zu spät gekommen.
3. Ich habe nichts bestellt, ____________ muss ich auch nichts zahlen.
4. Morgen muss ich früh aufstehen, ____________ gehe ich jetzt schlafen.
5. Es gibt zu wenig Schnee, ____________ können wir am Wochenende nicht Ski fahren.
6. Er lernt erst seit zwei Monaten Französisch. ____________ spricht er schon ziemlich gut.

▶ Outros exercícios com advérbios de causa, de concessão ou de consequência: pág. 208

4.1 A frase
A valência do verbo

Uma frase é composta por vários elementos: sujeito, verbo, complementos, adjuntos etc., que estão organizados numa determinada ordem. Esta ordem é, na sintaxe do alemão, determinada pelo verbo.

O verbo é o elemento mais importante da frase. É ele que determina os outros elementos (sujeito/complementos) que são obrigatórios e qual o seu caso gramatical. A isto se chama a valência do verbo.

Atenção: Numa frase existem elementos obrigatórios (sujeito/complementos) que dependem do verbo, e outros que não dependem do verbo e são facultativos (complementos circunstanciais de tempo ou de lugar, ...)

Verbo + nominativo

Alguns verbos só precisam de um elemento no nominativo (= sujeito) para formar uma frase.

Ich	schlafe.
Das Kind	spielt.
Es	regnet.
...	

Verbo + nominativo + acusativo

Em alemão, a maioria dos verbos necessita não só de um sujeito (= nominativo), mas também de um complemento (= acusativo ou dativo). Se o verbo exige um só complemento, para que a frase fique completa, este fica geralmente no acusativo.

Das Kind	malt	ein Bild.
Ich	schreibe	ein Buch.
Ich	bestelle	ein Mineralwasser.
...		

Verbo + nominativo + dativo

Existem poucos verbos, cujo único complemento esteja no caso dativo (= Dativobjekt). Estes verbos deveriam ser memorizados. Frequentemente, são verbos que expressam uma relação pessoal.

Ich	helfe	dir.
Euer Haus	gefällt	mir.
Diese Jacke	gehört	meiner Freundin.
…		

Igualmente antworten, begegnen, danken, fehlen, folgen, gelingen, glauben, gratulieren, nützen, raten, schmecken, vertrauen, widersprechen, zuhören, zuschauen

Verbo + nominativo + dativo + acusativo

Alguns verbos exigem a presença de dois complementos.
A regra é:
coisa (complemento directo) no acusativo
pessoa (complemento indirecto) no dativo

Zu dieser Gruppe gehören besonders Verben des Gebens/Nehmens und des Sagens/Verschweigens.

Ich	schenke	meiner Tochter	ein Fahrrad.
Er	erzählt	seinem Kind	eine Geschichte.
Sie	bringt	ihrer Freundin	eine Tasse Tee.
…			

Igualmente anbieten, beantworten, beweisen, empfehlen, erklären, erlauben, geben, glauben, leihen, mitteilen, sagen, schicken, verbieten, versprechen, vorschlagen, wegnehmen, wünschen, zeigen

▶ Exercício 4

▶ Outros exercícios para praticar o acusativo e o dativo, pág. 53

Verbo + nominativo + nominativo

Os verbos *sein* e *werden* exigem frequentemente dois elementos no nominativo.

Sie	ist	eine schöne Frau.
Sie	wird	Ärztin.

▶ Exercícios para praticar *sein* e *werden*, pág. 18

Verbo + nominativo + complemento no dativo/acusativo com preposição

Os verbos com preposição exigem sempre um complemento preposicionado. Se este complemento rege acusativo ou dativo, depende da preposição.

▶ Verbos com preposição, págs. 79-84

Wir	beginnen	mit dem Unterricht.
Ich	denke	gern an meine Kindheit.
Wir	freuen	uns auf die Ferien.
…		

Além destes, existem verbos que nem sempre exigem um complemento preposicionado, mas que vêm acompanhados de um adjunto precedido de preposição.

Ich	fahre	nach Berlin.
Ich	gehe	ins Kino.
Sie	bleibt	im Haus.
…		

▶ Exercícios para praticar os verbos com preposição, págs. 85-90

4.2 A frase
O verbo em segunda posição

A posição do verbo

Numa oração principal o verbo pode ocupar dois lugares: o segundo lugar ou – se o verbo é composto de duas partes – a segunda posição e a última. A parte conjugada do verbo (a forma pessoal) ocupa sempre a segunda posição.

	2ª posição		posição final
Heute	beginnt	der Film schon um 20 Uhr.	
Heute	fängt	der Film schon um 20 Uhr	an*.
Gestern	hat	der Film schon um 20 Uhr	begonnen.
Gestern	hat	der Film schon um 20 Uhr	angefangen*.
Heute	muss	der Film schon um 20 Uhr	beginnen.
Heute	muss	der Film schon um 20 Uhr	anfangen*.
Wann	beginnt	der Film heute?	
Wann	fängt	der Film heute	an*?

* ▶ *Verbos separáveis,* págs, 46 - 47

A primeira posição na frase

Na linguagem escrita, quase todos os constituintes da frase podem ocupar a primeira posição. A primeira posição, nesta circunstância, tem a função de estabelecer a ligação com o texto precedente.
Importante: muitos elementos são pronunciados com ênfase, quando colocados na primeira posição.

No uso corrente, os seguintes elementos costumam ocupar a primeira posição: substantivos ①, pronomes ②, advérbios ③, complementos circunstanciais de tempo ④, complementos circunstanciais de lugar que respondem à pergunta *wo*? (onde?) ⑤, complementos preposicionados ⑥, orações subordinadas ⑦.

	1ª posição	2ª posição		posição final
①	Meine Freundin	ist	heute um 6.32 Uhr	angekommen.
②	Sie	ist	heute um 6.32 Uhr	angekommen.
③	Heute	ist	meine Freundin	angekommen.
④	Um 6.32 Uhr	ist	sie	angekommen.
⑤	In München	würde	ich auch gern	studieren.
⑥	Durch meine Krankheit	bin	ich immer noch sehr	geschwächt.
⑦	Wenn du willst,	kannst	du mich auch	besuchen.

O campo médio da frase

É designado *campo médio* a parte da frase que está entre as duas partes do verbo (2ª posição e posição final da frase). Dado que na primeira posição só pode haver um elemento, é no campo médio da frase que se encontram todos os outros.

Regra para a ordem de ocorrência no campo médio: o elemento mais curto tem prioridade sobre o mais extenso. Isto quer dizer:

A pronomes antes de substantivos

B ordem dos substantivos: nominativo, dativo, acusativo, genitivo

C ordem dos pronomes: nominativo, acusativo, dativo

D complementos de dativo ou de acusativo antes dos complementos preposicionados

E ordem dos complementos circunstanciais (na maioria das situações): **te**mpo (quando? - *wann*?), **ca**usa (por que? / porquê? - *warum*?), **mo**do (como? - *wie*?), **lu**gar (onde? para onde? – *wo*? wohin?) → **te** - **ca** - **mo** - **lu**

F informação conhecida (com artigo definido) antes de informação nova (com artigo indefinido)

G os circunstanciais vão frequentemente entre os complementos directo e indirecto

		2ª posição		posição final
B	Peter nom.	hat	heute seiner Frau Blumen dat. acus.	mitgebracht.
B	Heute	hat	Peter seiner Frau Blumen nom. dat. acus.	mitgebracht.
A	Er	hat	ihr heute Blumen	mitgebracht.
A + C	Heute	hat	er ihr Blumen	mitgebracht.
C	Heute	hat	er sie ihr	mitgebracht.
A	Sie	hat	sich gerade die Hände	gewaschen.
A + C	Gerade	hat	sie sich die Hände	gewaschen.
D + B	Er	hat	seiner Frau eine Bluse aus Seide	mitgebracht.
D	Gestern	hat	sie einen Brief an ihren Freund	geschrieben.
E	Gestern	bin	ich um 6.32 Uhr in Frankfurt tempo lokal	angekommen.
E	Gestern	bin	ich wegen des Schnees mit dem Zug causa modo	gefahren.
F	Ich	habe	dem Sohn meines Freundes ein Buch conhecido desconhecido	geliehen.
G	Ich	danke	dir herzlich für die Blumen. compl. c. circ. c. prep.	
G	Bei der Kälte	muss	ich mir unbedingt einen Anorak suj. compl. c. circ. compl.	kaufen.

Os complementos no acusativo e no dativo permanecem normalmente no campo médio da frase (posição interior). Só poderão ocupar a primeira posição se lhes quisermos dar muita ênfase:

Ich habe es mir schon gedacht.	*es*	=	pronome pessoal no acusativo, sem ênfase
Das habe ich mir schon gedacht!	*das*	=	pronome demonstrativo no acusativo, enfatizado

A Negação

Em alemão distinguimos a negação total (entendida como negação de toda a frase) da negação parcial (ou negação de partes da frase).

negação total

	2ª posição		posição final
Ich	kaufe	dir dieses Buch *nicht.*	
Ich	habe	ihn *nicht*	angerufen.
Ich	habe	ihn *nicht* sofort	angerufen.
Ich	kann	*nicht* Auto	fahren.
Ich	interessiere	mich *nicht* für Technik.	
Ich	esse	*kein* Fleisch.	

negação parcial

	2ª posição		posição final
Nicht ich	habe	meiner Mutter einen Brief	geschrieben.

Mein Bruder war es.

Ich	habe	*nicht meiner Mutter* einen Brief	geschrieben.

Ich habe meinem Vater geschrieben.

A posição final na frase

Em posição final podem ocorrer orações comparativas (A) e complementos preposicionados (B).

		2. Pos.		Ende	
A	Der Film	ist	interessanter	gewesen	als ich gedacht habe.
A	Der Film	ist	nicht so interessant	gewesen	wie ich gedacht habe.
B	Ich	habe	mich sehr über deinen Besuch	gefreut.	
B	Ich	habe	mich sehr	gefreut	über deinen Besuch.

▶ *Orações comparativas,* pág. 215

A frase interrogativa com pronome interrogativo

	2ª posição		posição final
Wie	heißen	Sie?	
Wann	fängt	der Film	an?

Conjunções: oração principal + oração coordenada

Há conjunções que ligam uma oração principal e uma oração subordinada *(als, wenn, weil...)* e conjunções que ligam uma oração principal e uma coordenada. Estas conjunções têm lugar entre a oração principal e a coordenada, ou no início de uma nova coordenada. São como um elo de ligação, isto é, depois da conjunção vem a 1ª posição.

▶ *als, wenn, weil ...*, págs. 210-217

und	enumeração	Ich fahre am Wochenende nach Paris *und* schaue mir den Louvre an.
sowohl ... als auch	enumeração	Ich schaue mir *sowohl* den Louvre, *als auch* das Centre Pompidou an.
weder ... noch	exclusão	Mich interessieren *weder* die Museen *noch* die Kirchen.
aber	restrição/ contraste	Ich fahre am Wochenende nach Paris, *aber* diesmal gehe ich in kein Museum.
zwar ... aber	restrição/ contraste	Ich liebe meine Kinder *zwar* sehr, *aber* ich bin auch gern mal einen Tag allein.
sondern	precedido de frase negativa	Ich fahre nicht weg, *sondern* bleibe lieber zu Hause.
oder	alternativa	Ich fahre am Wochende nach Paris, *oder* vielleicht bleibe ich auch zu Hause.
entweder ... oder	alternativa	Ich fahre *entweder* nach Paris *oder* nach London.
denn	razão / causa	Ich fahre am Wochenende nach Paris, *denn* im Frühling ist es dort sehr schön.

Advérbios conjuncionais

A ligação entre oração principal e coordenada também pode ser assegurada por advérbios. Ocupam geralmente a primeira posição ou a posição logo a seguir à parte conjugada do verbo (3ª posição).

deshalb, deswegen, darum, daher	causa (causal)	Mein Auto ist kaputt, *deshalb* fahre ich heute mit dem Zug zur Arbeit.
zuerst, dann, danach, schließlich, zuletzt, gleichzeitig, vorher, nachher	tempo (temporal)	Ich frühstücke jetzt, *danach* fahre ich zur Arbeit. *Dann …*
trotzdem, dennoch	contra as expectativas (concessivo)	Ich habe ein Auto, *trotzdem* fahre ich oft mit dem Fahrrad zur Arbeit.
also	consequência (consecutivo)	Ich bin krank, *also* bleibe ich heute zu Hause.
jedoch	restrição, contraste (adversativo)	Ich besuche dich morgen, *jedoch* habe ich erst am Nachmittag Zeit.

Todos estes advérbios conjuncionais podem também ocupar a terceira posição. Neste caso, porém, é melhor formar duas orações principais.

Mein Auto ist kaputt. Ich fahre deshalb heute mit dem Zug zur Arbeit.

Com estes advérbios e conjunções é possível unir os conteúdos das orações e estabelecer relações dentro de um texto. Por isso, é importante conhecer estes advérbios, quando se escrevem textos (redacções, relatos, cartas …)

Quadro

	oração principal posição 0	**oração principal 1/3ª posição**	**oração subordinada**
causal **causa**	denn	deshalb, deswegen, daher, darum	weil, da
temporal **tempo**		zuerst, dann, danach, schließlich, zuletzt …	wenn, als, seit(dem), bevor/ehe, nachdem, sobald, während, bis
condicional **condição**			wenn, falls
concessivo **contra as expectativas**		trotzdem, dennoch	obwohl
konsekutiv Folge		also	so dass, ohne dass, ohne zu
final **intenção**			um zu + Inf., damit
adversativo **restrição**	aber, sondern	jedoch	(an)statt dass, (an)statt zu

▶ Exercícios 1-13

1 Coloque os verbos na posição adequada:

1. Gestern – ich – um 8 Uhr – bin aufgestanden
   Gestern bin ich um 8 Uhr aufgestanden.
2. Wir – gern – eine neue Wohnung – würden mieten
3. Er – immer – zu spät – kommt
4. Sie – gestern – noch einmal – wurde operiert
5. Morgen früh – ich – wieder – wegfahren
6. Dieses Jahr – unser Sohn – nicht mit uns – in Urlaub – möchte fahren
7. Wir – gern – noch – ein bisschen länger – wären geblieben
8. Nächste Woche – dich – ich – besuche – sicher

2 Que elementos se podem normalmente colocar na primeira posição? Há uma (1), duas (2) ou, no máximo, três (3) possibilidades:

1. die Wälder – sehr geschädigt – in den letzten Jahren – durch sauren Regen – wurden (3)
   Die Wälder wurden in den letzten Jahren durch sauren Regen sehr geschädigt.
   In den letzten Jahren wurden die Wälder durch sauren Regen sehr geschädigt.
   Durch sauren Regen wurden die Wälder in den letzten Jahren sehr geschädigt.
2. schenkte – einen großen Blumenstrauß – ihr – zum Geburtstag – er (2)
3. ihm – zum Abschied – sie – gab – einen Kuss (2)
4. haben – wir – gekündigt – unsere Wohnung (1)
5. mache – ab morgen – eine Diät – ich (2)
6. hat – den ganzen Morgen – gelesen – Zeitung – er (2)
7. hat – uns – das Hotel – gefallen – sehr gut (1)
8. die Geschäfte – in Deutschland – um 20.00 Uhr – schließen (3)

3 Coloque o elemento da frase em itálico na primeira posição:

1. Er hat uns diese Geschichte *gestern* doch ganz anders erzählt!
   Gestern hat er uns diese Geschichte doch ganz anders erzählt!
2. Ich habe heute meinen Lehrer *zufällig* auf der Straße getroffen.
3. Ich würde sehr gern mal *in Paris* arbeiten.
4. Ich habe ihn leider *seit drei Monaten* nicht mehr gesehen.
5. Er hat mir *zum Geburtstag* einen sehr schönen Ring geschenkt.
6. Es hat *in der Nacht* mindestens vier Stunden lang geregnet.
7. Sie hat mir mein Buch *leider* noch nicht zurückgegeben.
8. Wir haben für ihn *zum Abschied* eine Party organisiert.

4 Responda. Preste atenção à ordem adequada de substantivos e pronomes. ▶ *Pronomes*: pág. 138

1. ■ Hat der Kellner Ihnen auch das Menü empfohlen?
   ● Ja, er *hat es uns auch empfohlen.*
   ____

2. ■ Haben Sie den Bewerbern die Briefe schon zugeschickt?
   ● Ja, ich ______________________________
   ______________________________ .

3. ■ Hat der Nachbar den Kindern den Ball weggenommen?
   ● Ja, er ______________________________
   ______________________________ .

4. ■ Hast du den Gästen schon unseren neuen Sherry angeboten?
   ● Ja, ich ______________________________
   ______________________________ .

5. ■ Hat der Küchenchef den Gästen schon das Menü vorgestellt?
   ● Ja, er ______________________________
   ______________________________ .

6. ■ Haben Sie Herrn Berger schon den Kaffee gebracht?
   ● Ja, ich ______________________________
   ______________________________ .

7. ■ Hast du deinem Vater schon dein Zeugnis gezeigt?
   ● Ja, ich ______________________________
   ______________________________ .

8. ■ Haben Sie Ihren Studenten schon den Konjunktiv erklärt?
   ● Ja, ich ______________________________
   ______________________________ .

5 Coloque os complementos circunstanciais nas frases:

1. Wir möchten Sie gern einladen. (mit Ihrer Frau – am Samstagabend – zum Essen)
   Wir möchten Sie gern am Samstagabend mit Ihrer Frau zum Essen einladen.
2. Wir gehen ins Schwimmbad. (mit den Kindern – heute Nachmittag)
3. Wir waren in Urlaub. (in den USA – mit dem Wohnmobil – letzten Sommer)
4. Ich würde gern spazieren gehen. (am Fluss – mit dir – abends)
5. Sie geht zum Tanzen. (mit ihrem neuen Freund – jeden Abend – in dieselbe Disco)
6. Ich fahre nach Berlin. (wegen der Hochzeit meines Bruders – nächsten Sonntag)
7. Ich räume die Küche auf. (heute Abend – ganz bestimmt)
8. Er hat sich erkältet. (beim Skifahren – in der Schweiz – letzte Woche)

6 Dê destaque na frase ao elemento em itálico:

1. Wir möchten *darüber* lieber nicht mehr sprechen.
   Darüber möchten wir lieber nicht mehr sprechen.
2. Ich will nichts mehr *mit ihm* zu tun haben.
3. Natürlich hat *mir* wieder keiner was gesagt!
4. Ich weiß *davon* leider nichts.
5. Du kannst dich ganz bestimmt *auf mich* verlassen.
6. Niemand hat mir *das* gesagt.
7. Es ist ihm bei dem Unfall *glücklicherweise* nichts passiert.
8. Ich möchte auch gern einmal *dorthin* fahren.

7 Nas frases seguintes, a ordem das palavras está errada. Corrija-a:

1. Ich fahre mit dem Zug heute nach Hause.
   Ich fahre heute mit dem Zug nach Hause.
2. Ich habe beim Chef mich schon entschuldigt.
3. Er musste vor dem Theater lange auf mich gestern warten.
4. Ich kann nach Hause dich gern fahren.
5. Er hat das Buch ihr schon gebracht.
6. Ich habe wegen der Kälte einen warmen Anorak mir gekauft.
7. Sie hat nichts mir gesagt.
8. Wir sind in die Berge am Sonntag zum Wandern gefahren.

8 Acrescente a palavra ‚*nicht*':

1. Das ist sehr teuer.
   Das ist nicht sehr teuer.
2. Seine Bilder haben mir gut gefallen.
3. Ihre Mutter wird operiert.
4. Er hat sich an mich erinnert.
5. Ich habe das gewusst.
6. Ich kann Tennis spielen.
7. Ich bleibe hier.
8. Du sollst das machen.

9 Preencha com ‚*kein*' ou ‚*nicht*':

1. Ich mag *keine*_____ langweiligen Menschen.
2. Es ist __________ kalt hier.
3. Warum hast du __________ Hunger?
4. Sie hat __________ Glück in der Liebe.
5. Ich habe jetzt __________ Lust spazieren zu gehen.
6. Er kann leider __________ gut Englisch.
7. Ich habe __________ Stift dabei. Könntest du mir __________ kurz deinen leihen?
8. Wir suchen __________ Wohnung, sondern ein Haus.
9. Entschuldigung, sprechen Sie bitte langsamer. Ich verstehe __________ viel Deutsch.
10. Tut mir leid, ich kenne __________ guten Mechaniker, der dir bei der Reparatur helfen könnte.

10 Faça a negativa da parte da frase em itálico ou de toda a frase:

1. Sie sind *immer* pünktlich.
   Sie sind nicht immer pünktlich.
2. *Ich kenne sie.*
3. Wir gehen *heute* ins Konzert, (sondern morgen).
4. *Alle* lieben diese Sängerin.
5. *Er kann Ski fahren.*
6. Ich gehe *mit jedem* aus.
7. *Ich weiß es.*
8. Das versteht *jeder.*

11 Preencha com *und* (2x), *sowohl … als auch, weder … noch, aber, zwar … aber, sondern, oder, entweder … oder, denn* (2x):

1. ■ Könnten Sie mir bitte kurz Ihr Wörterbuch leihen, denn ______ ich finde meins nicht?

2. ■ Gehst du heute Abend mit uns ins „Papillon“?
   ● Ich komme gern mit, __________ nicht lange, __________ ich möchte heute früh ins Bett gehen.

3. ■ Welche Opern mögen Sie lieber, die von Verdi oder Mozart?
   ● Ich liebe __________ die Opern von Verdi __________ die von Mozart. Meine Lieblingsoper ist übrigens „La Traviata“.

4. ■ Ist Tante Emma schon da?
   ● Nein, sie wollte nun doch nicht heute kommen, __________ lieber morgen.

5. ■ Mögen Sie keinen Champagner?
   ● Doch, sehr. Ich darf __________ keinen Alkohol trinken, __________ heute mache ich mal eine Ausnahme.

6. ■ Was machst du denn nach dem Unterricht?
   ● Ich weiß es noch nicht. __________ gehe ich nach Hause __________ mache einen Mittagsschlaf __________ ich gehe ins Zentrum zum Einkaufen.

7. ■ Sprechen Sie Spanisch oder Italienisch?
   ● __________ __________, aber ich kann sehr gut Englisch und Französisch.

8. ■ Was machen Sie heute Abend?
   ● Ich weiß es noch nicht genau. Vielleicht gehe ich ins Kino, __________ ich bleibe zu Hause __________ sehe fern.

12 Combine as frases para formar um texto. Se possível, coloque um dos advérbios ou outro elemento da frase – e já não o sujeito – em primeira posição.

Não esqueça a regra: na primeira posição de uma frase há um elemento que une esta frase à parte do texto que a precede.

trotzdem · schließlich · gestern · deshalb · in diesem Moment · deswegen · sofort · leider · daraufhin · zum Glück · aber · plötzlich · also · dann · vielleicht · gleich · und

1. Ich bin nach der Schule nach Hause gegangen.
2. Ich habe vor der Haustür bemerkt, dass ich meinen Schlüssel vergessen habe.
3. Unsere Nachbarin hat auch einen Schlüssel von unserer Wohnung.
4. Ich habe bei ihr geklingelt.
5. Sie war nicht zu Hause.
6. Ich habe überlegt, was ich tun kann.
7. Ich hatte eine Idee.
8. Ich rief den Schlüsselnotdienst an.
9. Der Schlüsselnotdienst kam.
10. Der Mann öffnete mir die Tür.
11. Meine Mutter kam früher von der Arbeit zurück.
12. Ich musste 140,– EUR bezahlen.
13. Ich habe das Geld umsonst bezahlt.

13 Escreva de novo as frases usando os advérbios indicados. Algumas frases precisam de ser totalmente modificadas. Preste atenção à ordem das mesmas.

1. Bevor wir nach Berlin umgezogen sind, lebten wir am Land in Oberbayern. (früher/jetzt)
2. Da ich in Bayern meine Kindheit verbracht habe, liebe ich die Berge. (deshalb)
3. Obwohl das Leben in einer Großstadt wie Berlin eine große Umstellung für mich bedeutet hat, habe ich mich schnell daran gewöhnt. (trotzdem)
4. In Berlin verwenden die Leute zum Beispiel das Wort „Semmel“ nicht. Sie sagen „Schrippen“. (hier)
5. Vor ein paar Tagen hat mir jemand gesagt, als ich ihn mit „Grüß Gott“ begrüßt habe: „Du kommst wohl aus Bayern!“, weil man hier „Guten Tag“ sagt. (neulich – denn)
6. So sage ich jetzt auch immer „Guten Tag“, wenn ich jemanden grüße. (also)

4.3 A frase
O verbo na primeira posição

Imperativo

1ª posição		posição final
Komm	bitte hierher!	
Macht	doch bitte die Tür	zu!
Nehmen	Sie doch noch etwas zu essen!	

▶*Imperativo*: pág. 57-60

Frase interrogativa de resposta sim/não

1ª posição		posição final
Gehst	du heute Abend mit ins Kino?	
Könntet	ihr bitte das Fenster	öffnen?
Hören	Sie gern Musik?	

4.4 A frase
O verbo na posição final

As orações subordinadas completam uma oração principal ou coordenada e estão ligadas a estas.

Regra Na oração subordinada o verbo ocupa sempre a posição final.

A ordem dos outros elementos da oração segue as mesmas regras que valem para o campo médio da oração principal.

▶ Campo médio da oração principal, págs. 198-199

oração principal				**oração subordinada**	
	2ª pos.		pos. final		verbo no fim
Ich	lerne	Deutsch,		weil ich in Deutschland	arbeite.
Ich	lerne	Deutsch,		weil ich in Deutschland	arbeiten möchte.
Ich	habe	Deutsch	gelernt,	als ich in Deutschland	gearbeitet habe.

oração subordinada	**oração principal**		
= 1ª pos.	2ª pos.		pos. final
Als ich in Deutschland gearbeitet habe,	habe	ich Deutsch	gelernt.

Orações subordinadas temporais (período de tempo)

simultaneidade	**não-simultaneidade**
als	bevor/ehe
wenn	nachdem
während	sobald
bis	
seit/seitdem	

▶ *Tempos*, págs. 24-30

Simultaneidade

als
pergunta: quando?

■ Wann hast du eigentlich in Paris gelebt?
● *Als* ich noch Student war. Weißt du das nicht mehr?

no passado: acção/situação única

wenn
pergunta: quando?

■ *Wenn* ich das nächste Mal nach Paris fahre, bring' ich dir einen besonders guten Rotwein mit.
● Oh, das wäre sehr nett.

no presente e futuro: acção única

■ Hast du denn noch Freunde in Paris?
● Ja klar. Jedesmal *wenn* ich nach Paris gefahren bin, habe ich sie besucht.

no passado: acção repetida
(geralmente com ‚jedesmal' ou ‚immer')

während
pergunta: quando?

■ Kann ich dir irgend etwas helfen?
● Ja, das wäre sehr nett. *Während* ich das Essen warm mache, könntest du vielleicht schon den Tisch decken.

no presente, passado e futuro: duas acções simultâneas; o mesmo tempo na oração principal e subordinada

bis
pergunta:
até quando?
quanto tempo?

■ Mama, darf ich mitkommen?
● Nein, du wartest im Auto, *bis* ich zurückkomme. Ich bin gleich wieder da.

fim temporal de uma acção

seit/seitdem
pergunta:
desde quando?

■ Wie geht es Ihnen?
● Danke, gut. *Seitdem* ich nicht mehr soviel arbeite, geht es mir viel besser.

oração subordinada: início de um período

Não-simultaneidade

bevor / ehe
pergunta: quando?

- Also, um wie viel Uhr kommst du morgen?
- Ich weiß es noch nicht genau. Aber ich kann dich ja kurz anrufen, *bevor* ich zu Hause losfahre.

a acção da oração principal é anterior à da oração subordinada; apesar disso, o tempo usado em ambas é geralmente o mesmo.

nachdem
pergunta: quando?

- Warum bist du denn gestern Abend nicht mehr zu uns gekommen?
- Ich war einfach zu müde. *Nachdem* ich den ganzen Tag am Computer gearbeitet hatte, taten mir die Augen weh, und ich wollte nur noch ins Bett.

passado: mais-que-perfeito (oração subordinada) + pretérito (oração principal); na linguagem coloquial é geralmente usado o perfeito em vez do pretérito.

- Kannst du dich denn schon auf Deutsch unterhalten?
- Ein bisschen. *Nachdem* ich diesen Sprachkurs beendet habe, kann ich hoffentlich genug Deutsch, um mich mit Deutschen zu unterhalten.

Perfeito (subordinada) + presente (principal)

sobald
pergunta: quando?

- Kommst du nicht mit uns?
- Doch, aber ich muss noch auf meine Tochter warten. *Sobald* sie da ist, kommen wir nach.

imediatamente depois; tempo como com ‚nachdem' ou o mesmo tempo na oração principal e na subordinada.

▶ Exercícios 1-16

Orações subordinadas causais (causa, razão)

weil

- ■ Warum kommst du denn nicht mit ins Kino?
- ● *Weil* ich keine Zeit habe. Ich muss noch arbeiten.

respondem à pergunta: porquê? por que?

da

- ■ Was haben Sie am Wochenende gemacht?
- ● Nichts Besonderes. *Da* das Wetter schlecht war, bin ich fast die ganze Zeit zu Hause geblieben und habe gelesen oder ferngesehen.

referência a algo já conhecido; estilisticamente é melhor o uso de ‚da' no princípio da frase.

▶ Exercícios 17-21

Orações subordinadas condicionais (condição)

wenn

- ■ Kommst du am Samstag mit zum Europapokal-Endspiel?
- ● Ja gern, *wenn* es noch Karten gibt.

condição

falls

- ■ *Falls* du heute Abend doch noch kommst, bring bitte eine Flasche Wein mit.
- ● Ja, mach' ich.

condição; ainda incerto

▶ Exercícios 22-25

Orações subordinadas concessivas (contra as expectativas)

obwohl

■ Er ist zur Arbeit gegangen, *obwohl* er krank ist.

algo acontece contra o que era esperado

Esta mesma noção também pode ser expressa por uma oração principal e uma coordenada ligadas por ‚*trotzdem*'.

■ Er ist krank. Trotzdem geht er zur Arbeit.

▶ Exercícios 26-29

▶ págs. 189, 202-203

Orações subordinadas finais (objectivo, intenção)

damit / um … zu

■ Musst du denn jetzt noch telefonieren?
Unser Zug fährt doch gleich!
● Ich muss schnell meine Eltern anrufen,
damit sie uns vom Bahnhof abholen.

(objectivo, intenção)

■ Warum bist du in Deutschland?
● *Damit* ich ein Praktikum mache.
melhor:
● *Um* ein Praktikum *zu* machen.

A pessoa que actua na oração principal é a mesma da subordinada.

Ich bin in Deutschland, *um* ein Praktikum *zu* machen.
→ *um … zu* + infinitivo

▶ Exercícios 30-33

Orações subordinadas consecutivas (consequência)

so dass

- Du wolltest doch gestern noch schwimmen gehen?
- Ja, eigentlich schon. Aber am Abend wurde es ziemlich kalt, *so dass* ich keine Lust mehr hatte.

consequência

so … dass

- Du wolltest doch gestern noch schwimmen gehen?
- Ja, eigentlich schon. Aber am Abend wurde es *so* kalt, *dass* ich keine Lust mehr hatte.

consequência (o adjectivo é enfatizado)

ohne dass/
ohne … zu

- Warum ist Ilse denn so traurig?
- Ihr Freund ist weggefahren, *ohne dass* er sich von ihr verabschiedet hat.

melhor:

- Ihr Freund ist weggefahren, *ohne* sich von ihr *zu* verabschieden.

consequência (com negação)

▶ Exercícios 34-35

Orações subordinadas modais (modo)

wie
pergunta: como?

- Wie war euer Urlaub in Portugal?
- Sehr schön. Alles war genau *so, wie* wir es erwartet hatten.

‚so … wie'; concordância entre a situação e o que era esperado

als

- Wie war denn euer Urlaub in Portugal?
- Wunderbar. Es war noch *schöner, als* wir es erwartet hatten.

comparativo + ‚als'; diferença entre a situação e o que era esperado

je ... desto/umso

- *Je schneller* ich mit dem Auto fahre, *desto mehr* Benzin verbraucht es.

oração subordinada: ‚je' + comparativo; oração principal: ‚desto/umso' + comparativo

‚*Wie*' e ‚*als*' podem ligar não só orações principais e subordinadas como também palavras e elementos de orações.

Ich bin *so* groß *wie* du.
Ich bin *größer als* du.

▶ Exercícios 36-39

▶ *Comparativo*, págs. 116-117

Orações subordinadas adversativas (diferente do esperado)

(an)statt dass/ (an)statt ... zu

- Kannst du mir bitte ein bisschen helfen, *anstatt dass* du den ganzen Tag nur fernsiehst?

melhor:

- Kannst du mir bitte ein bisschen helfen, *anstatt* den ganzen Tag nur fern*zu*sehen?

alguém se comporta de um modo diferente do que esperado

▶ Exercícios 40–41

dass – ob

'*Dass*' e '*ob*' são conjunções sem significado próprio. Servem só para unir uma oração principal e uma subordinada.

'*Ob*' só se usa para responder a uma interrogativa de resposta sim/não.

dass

■ Ich wusste nicht,	*dass* du heute Geburtstag hast.
oração principal	*oração subordinada*

ob

■ Kommst du heute Abend mit ins Kino?

● Ich weiß noch nicht,	*ob* ich Zeit habe.
oração principal	*oração subordinada*

▶ Exercícios 42-47

1 Quais são as frases que se completam? Combine-as:

1. Als ich in Deutschland war,
2. Bevor man in Deutschland studieren kann,
3. Jedesmal wenn wir in Paris waren,
4. Seitdem sie in Italien lebt,
5. Nachdem ich eine Stunde gewartet hatte,
6. Dieser faule Typ! Während ich Ski fahre,
7. Warte hier,

1	2	3	4	5	6	7

a liegt er im Bett und liest.
b ist sie viel glücklicher.
c hat es nie geregnet.
d bis ich zurückkomme.
e haben wir unsere Verwandten besucht.
f ging ich schließlich nach Hause.
g muss man eine Sprachprüfung bestehen.

2 Comece com a oração subordinada:

1. Ich hatte noch kein Fahrrad, als ich so alt war wie du.
   Als ich so alt war wie du, hatte ich noch kein Fahrrad.
2. Ich muss noch schnell die Wohnung aufräumen, bevor meine Eltern kommen.
3. Du könntest doch schon mit dem Geschirrspülen anfangen, während ich das Bad putze.
4. Du bist schrecklich nervös, seitdem sie angerufen haben.
5. Ich habe mir erst einmal ein Glas Wein geholt, nachdem sie angerufen hatten.
6. Ich habe nie geglaubt, dass sie mich wirklich besuchen wollen, bis ihr Anruf am Samstagabend kam.
7. Sie haben mich nie besucht, als ich in London gelebt habe.
8. Wir haben immer im selben Hotel gewohnt, wenn wir in Paris waren.

3 Preencha com ‚*als*' ou ‚*wenn*':

________ wir letztes Jahr im Urlaub in Schweden waren, hatten wir großes Glück mit dem Wetter. (1) ________ die Sonne schien, machten wir immer lange Wanderungen, und ________ es regnete, blieben wir zu Hause. (2) Eines Tages, ________ schon morgens die Sonne schien, gingen wir ohne Regenjacken los. Nachdem wir circa drei Stunden gewandert waren, bewölkte sich der Himmel immer mehr, so dass wir zurückgingen. (3) Wir beeilten uns sehr, aber ________ wir kurz vor dem Hotel waren, fing es fürchterlich an zu regnen. (4) Es ist doch immer wieder dasselbe: ________ wir unsere Regenjacken mitnehmen, scheint garantiert den ganzen Tag die Sonne, aber ________ wir sie einmal zu Hause lassen, regnet es mit Sicherheit! (5) So war es auch, ________ wir vor zwei Jahren in Island waren. (6)

4 Construa frases com *‚als‘* ou *‚wenn‘* (+‚immer/jedesmal‘) no pretérito. Em algumas frases é possível usar tanto *‚als‘* como *‚wenn‘*. Repare na mudança de significado das frases.

1. Kind sein – Lokomotivführer werden wollen
   Als ich ein Kind war, wollte ich Lokomotivführer werden.
2. noch kein Auto haben – viel zu Fuß gehen
3. krank sein – Mutter mir viele Bücher vorlesen
4. im Krankenhaus liegen – viel mit den anderen Kindern spielen
5. Großmutter zu Besuch kommen – uns Schokolade mitbringen
6. zur Schule gehen – nie Hausaufgaben machen wollen
7. in Urlaub sein – Vater viel mit mir spielen
8. in Italien sein – viel Eis essen

5 Construa frases imaginadas com *‚als‘* ou *‚wenn‘* no passado:

zur Schule gehen | in Urlaub sein | auf einem Baum sitzen | Auto fahren | ~~ein Kind~~ sein | in der Badewanne liegen | Ski fahren

Humphrey Bogart treffen | ~~Motorrad~~ fahren | Klavier spielen | eine Symphonie komponieren | Zeitung lesen | Opernarien singen | auf den Händen gehen

Als ich ein Kind war, bin ich viel Motorrad gefahren.
…

6 Complete a oração principal:

1. Als ich 10 Jahre alt war, *ging ich aufs Gymnasium.*
2. Als meine Großmutter noch lebte, ______________________.
3. Als ich noch nicht verheiratet war, ______________________.
4. Als ich 18 Jahre alt war, ______________________.
5. Als ich noch keinen Computer hatte, ______________________.
6. Als ich zur Schule ging, ______________________.
7. Als ich das erste Mal verliebt war, ______________________.
8. Als ich dich noch nicht kannte, ______________________.

7 Construa orações com ‚*während*'. Use ‚*können*' na oração principal:

1. Koffer packen – auf der Bank Geld wechseln
   Während ich die Koffer packe, könntest du schon auf der Bank Geld wechseln.
2. tanken – Autofenster waschen
3. Reiseproviant vorbereiten – Küche aufräumen
4. Hotel suchen – auf das Gepäck aufpassen
5. duschen – die Koffer ausräumen
6. einen Parkplatz suchen – schon ins Restaurant gehen

9 Construa orações com ‚*bis*' ou ‚*seitdem*':

1. gut Deutsch können – noch viel lernen
   Bis ich gut Deutsch kann, muss ich noch viel lernen.
2. in Deutschland leben – Sprachschule besuchen
3. mit der Arbeit beginnen – noch Deutsch lernen müssen
4. einen neuen Lehrer haben – gar nichts mehr verstehen
5. mit diesem Buch lernen – besser die Grammatik verstehen
6. gut Deutsch können – verrückt werden
7. eine neue Wohnung haben – glücklicher sein
8. ich sie kennen – Leben viel schöner sein

8 Construa orações com ‚*während*':

Was machen die Personen?

1. Während der Vater ______________________
   ____

2. ______________________
   ____

3. ______________________
   ____

4. ______________________
   ____

10 Construa diálogos breves com ‚*sobald*‘:

■	*Kind*	ins Schwimmbad gehen	■	*Vater*	Schuhe ausziehen ■
■		Rad fahren	■		etwas essen ■
■		mit mir spielen	■		Hände waschen ■
■		Eis essen gehen	■		Zeitung lesen ■
■		malen	■		Schreibtisch aufräumen ■
■		in den Park gehen	■		Mittagsschlaf machen ■

■ *Papa, wann spielst du denn endlich mit mir?*
● *Sobald ich die Zeitung gelesen habe.*
...

11 Preencha com ‚*als*‘ ou ‚*nachdem*‘:

1. ■ Waren Sie am Samstag in der Oper?
   ● Leider nicht, __________ wir eine Stunde an der Kasse gewartet hatten, hat der Mann vor uns die letzten zwei Karten gekauft, und wir mussten nach Hause gehen.
2. ■ Wie alt warst du, __________ du das erste Mal ohne deine Eltern in Urlaub gefahren bist?
   ● Da war ich ungefähr 16.
3. ■ Hallo, da seid ihr ja endlich! Warum habt ihr so lange gebraucht?
   ● Wir haben uns total verfahren. Aber __________ wir uns schließlich einen Stadtplan gekauft hatten, haben wir den richtigen Weg schnell gefunden.
4. ■ Wie hast du dich gefühlt, __________ du endlich wieder zu Hause warst?
   ● Einfach wunderbar!
5. ■ Wo haben Sie so gut Deutsch gelernt?
   ● Eigentlich in der Schule. Aber wirklich gut sprechen konnte ich erst, __________ ich sechs Monate in Hamburg gelebt hatte.
6. ■ Woher kennt ihr euch eigentlich?
   ● __________ wir Kinder waren, haben wir im selben Dorf gewohnt.

12 Responda:

1. ■ Mama, wann hast du schwimmen gelernt?
   ● *Als ich 6 Jahre alt war.*
2. ■ Mama, wann darf ich zu meinen Freunden zum Spielen gehen?
   ● Sobald …
3. ■ Mama, wann bekomme ich endlich mehr Taschengeld?
   ● Wenn …
4. ■ Mama, wann kommt Papa nach Hause?
   ● Sobald …
5. ■ Mama, wann darf ich heute fernsehen?
   ● Bevor …
6. ■ Mama, wann hilfst du mir bei den Hausaufgaben?
   ● Wenn …
7. ■ Mama, wann hast du alle diese Bücher gelesen?
   ● Als …
8. ■ Mama, wann spielst du endlich mit mir?
   ● Sobald …

13 Complete as frases:

Interview mit Herrn Weise, Musiker, 66 Jahre alt.

1. ■ Herr Weise, wann waren Sie am glücklichsten in Ihrem Leben? (Kind sein)
   ● *Am glücklichsten war ich, als ich noch ein Kind war.*
2. ■ Was haben Sie nach dem Abitur gemacht? (zum Militär müssen)
   ● Ja also, nachdem …
3. ■ Und wann haben Sie dann mit dem Musikstudium begonnen? (26 Jahre alt)
   ● Als …
4. ■ Das ist doch ungewöhnlich spät. Wie kam das? (Arzt werden wollen)
   ● Ja wissen Sie, bevor ich mit dem Musikstudium …
5. ■ Seit wann spielen Sie überhaupt Klavier? (zur Schule gehen)
   ● Seit …
6. ■ Und wann haben Sie Ihre Frau kennengelernt? (aus USA zurückkehren)
   ● Nachdem ich …, besuchte ich einen alten Schulfreund. Sie ist seine jüngere Schwester.
7. ■ Waren Sie auch manchmal nervös bei Ihren Konzerten? (auf die Bühne gehen)
   ● Oh ja, jedesmal wenn …, war ich schrecklich nervös.
8. ■ Wann haben Sie aufgehört, Konzerte zu geben? (den zweiten Herzinfarkt haben)
   ● Nachdem …

14 Complete as orações subordinadas:

1. Er fing erst an Sport zu treiben, *nachdem er mit dem Rauchen aufgehört hatte.*
2. Er trank so viel Bier, bis …
3. Seine Freundin verließ ihn, nachdem …
4. Seine Eltern schrieben ihm einen bösen Brief, als …
5. Er wanderte drei Monate allein durch die Berge, nachdem …
6. Er drehte sich um und ging weg, sobald …
7. Sie trank noch einen Kaffee, bevor …
8. Sie wollten nicht heiraten, bis …
9. Sie weinte den ganzen Abend, nachdem …
10. Sie haben ihr Haus verkauft, als …
11. Er wollte noch einmal mit ihr sprechen, bevor …
12. Ich spiele Trompete, seit …
13. Er sah fern, während …
14. Wir haben eine Flasche Champagner aufgemacht, nachdem …
15. Du kannst bei uns bleiben, bis …
16. Ich kann nicht mehr schlafen, seitdem …
17. Wir fahren los, sobald …
18. Ich war total überrascht, als …
19. Wir machen noch eine Pause, bevor …
20. Kommst du nach, sobald …

15 Escreva um pequeno texto sobre um acontecimento no último fim de semana. Utilize o maior número possível de conjunções temporais:

~~am Sonntag~~	schönes Wetter	alle Restaurants voll
Auto kaputt	Ausflug	…
Zug verpassen	Bahnhof	eine Stunde warten

Als ich am Sonntag aufstand, stellte ich zu meiner großen Freude fest, dass endlich die Sonne schien und der Regen aufgehört hatte. …

16 Preencha com *als* (2x), *wenn, während, nachdem, bevor, sobald, bis, seitdem*:

Warten

Seit Montag wartete er auf diesen Moment. Alles war vorbereitet. __________ er noch einmal mit prüfendem Blick durch die Zimmer ging, überlegte er, ob er Musik auflegen sollte. Klassische Musik vielleicht. Zum Glück bin ich mit allem rechtzeitig fertig geworden, dachte er, __________ er zum wiederholten Mal an diesem Abend auf die Uhr geschaut hatte. Er erwartete sie um 20 Uhr, also in fünf Minuten. Das Warten erschien ihm unerträglich. __________ er unten auf der Straße ein Auto vorfahren hörte, wurde er unruhig. Es blieb stehen. __________ der Fahrer den Motor abgestellt hatte, hörte er laute Stimmen. Zwei oder drei Personen sprachen fast zur gleichen Zeit, so dass er nur einen Teil des Dialogs verstehen konnte. „Warum hast du das nicht gesagt, __________ wir losgefahren sind", sagte eine Frau ärgerlich. Und der Mann antwortete: „Das habe ich ja, aber immer __________ ich mit diesem Thema beginne, läufst du weg und hörst mir nicht mehr zu". Mit diesen Worten betraten sie das Wohnhaus nebenan. Bis jetzt war er noch ruhig geblieben, aber langsam wurde er nervös. Es war bereits nach 20 Uhr. Warten, warten … Wie lange musste er das noch ertragen, __________ er sie endlich sehen würde. Solange er nicht wusste, wie dieser Abend sich entwickeln würde, konnte er unmöglich ruhig und gelassen sein. __________ das Telegramm am Montag ihre Ankunft angekündigt hatte, konnte er sich auf nichts mehr richtig konzentrieren. Nur während der Arbeitszeit gelang es ihm, die Erinnerungen kurze Zeit hinter sich zu lassen, aber am Abend zu Hause dachte er nur an die alten Zeiten.
Wieder bog ein Auto um die Ecke und hielt vor dem Haus. Er lauschte. Einen Moment lang hoffte er, dass es jemand anderes wäre. Auf einmal hatte er Angst, Angst vor dem langersehnten Augenblick. __________ er sie dann sah …

17 Combine as frases seguintes com *‚weil'*:

1. Ich gehe jetzt nach Hause. Ich bin müde.
   Ich gehe jetzt nach Hause, weil ich müde bin.
2. Der Film hat mir nicht gefallen. Er war so brutal.
3. In dieses Restaurant gehe ich nicht mehr. Es ist zu teuer.
4. Nein danke, ich trinke keinen Wein mehr. Ich muss noch Auto fahren.
5. Ich gehe jetzt ins Bett. Ich muss morgen früh aufstehen.
6. Wir essen kein Fleisch. Es schmeckt uns nicht.

18 Construa frases:

1. ihre – Frau Bauer – weil – ist – unglücklich – weggelaufen – Katze – ist
2. freut – hat – Toni – sich – Prüfung – weil – bestanden – er – die
3. kauft ein – da – Supermarkt – dort – am billigsten – alles – im – sie – ist
4. Bett – sie – müde – weil – Anna – ins – geht – ist
5. am Wochenende – krank – weil – ich – nicht – ich – bin – mitgekommen – war
6. es – Olivenöl – weil – wir – am besten – nur – ist – nehmen – zum Kochen

19 Construa frases:

- den Menschen helfen können
- schöner Beruf sein
- in vielen Ländern arbeiten können
- viel Neues lernen können
- abwechslungsreiche Arbeit haben
- interessanter Beruf sein
- ...

Arzt	Lehrer	Musiker
Ärztin	Maler	Lehrerin
Musikerin	Malerin	...

20 Responda:

1. ■ Papa, warum liest du immer so lange Zeitung?
   ● Weil ______________________
2. ■ Papa, warum kannst du jetzt nicht mit mir spielen?
   ● Weil ______________________
3. ■ Papa, warum musst du immer so viel arbeiten?
   ● Weil ______________________
4. ■ Papa, warum ist das Wasser im Meer salzig?
   ● Weil ______________________
5. ■ Papa, warum fällt der Mond nicht vom Himmel runter?
   ● Weil ______________________

21 Complete com uma oração subordinada usando ‚*weil/da*':

1. Ich gehe nicht auf dem Mond spazieren, *weil ich nicht Neil Armstrong bin.*
2. Sie schläft mit den Füßen auf dem Kopfkissen, ________________.
3. Er wäscht seine Haare mit rohen Eiern, ________________.
4. Wir sitzen im Unterricht auf Stühlen, ________________.
5. ________________, will ich nicht Prinz Charles heiraten.
6. Sie zieht nur rote Hosen an, ________________.
7. ________________, möchte ich nicht mit dir verreisen.
8. ________________, will ich Cowboy werden.

22 Combine as frases:

1. Gehen Sie jetzt spazieren? Dann sollten Sie einen Regenschirm mitnehmen.
   Wenn Sie jetzt spazieren gehen, sollten Sie einen Regenschirm mitnehmen.
2. Kauft Hans sich schon wieder einen Ferrari? Dann hat er aber sehr viel Geld.
3. Streitet ihr schon wieder? Dann geht ihr sofort ins Bett.
4. Brauchst du noch Geld? Dann ruf mich einfach an.
5. Haben Sie noch etwas Zeit? Dann schreiben Sie bitte noch schnell diesen Brief.
6. Haben Sie immer noch Schmerzen? Dann nehmen Sie eine Tablette mehr pro Tag.

23 Responda:

1. ■ Kommst du mit ins Schwimmbad?
   ● Ja gern, wenn *ich mit der Hausaufgabe fertig bin.*
2. ■ Fahren Sie nächstes Jahr im Urlaub wieder nach Brasilien?
   ● Ja, wenn … genug Geld haben
3. ■ Schmeckt Ihnen bayerisches Essen?
   ● Ja, wenn … nicht so fett sein
4. ■ Suchst du dir wieder einen Job als Babysitter?
   ● Ja, wenn … keine andere Arbeit finden
5. ■ Mama, darf ich noch zu Anna zum Spielen gehen?
   ● Ja, wenn … nicht zu spät nach Hause kommen
6. ■ Kommst du am Samstag mit zum Fußballspiel ins Olympiastadion?
   ● Ja, wenn … noch Karten bekommen
7. ■ Singst du gern?
   ● Ja, besonders wenn … in der Badewanne liegen

24 Complete as frases:

1. Wenn _du mich besuchst_ , koche ich dir etwas Gutes.
2. Falls ____________________ , komm doch noch zu uns.
3. Ich leihe Ihnen gern mein Auto, wenn ____________________ .
4. Wenn ____________________ , bin ich immer am glücklichsten.
5. Wir würden uns sehr freuen, wenn ____________________ .
6. ____________________ , falls ihr keine anderen Pläne habt.
7. Falls Sie nächstes Jahr wieder nach Europa kommen, ____________________ .
8. ____________________ , falls du heute noch einkaufen gehst?

25 Responda:

1. ■ Gehen Sie morgen Abend mit mir ins Theater?
   ● Ja gern, falls _die Karten nicht zu teuer sind._
2. ■ Möchten Sie etwas zu essen?
   ● Ja gern, falls …
3. ■ Fahren wir am Wochenende in die Berge?
   ● Ja gern, wenn …
4. ■ Möchtest du gern Chinesisch lernen?
   ● Ja, sehr gern, wenn …
5. ■ Könntet ihr mir am Samstag beim Umzug helfen?
   ● Ja gern, falls …
6. ■ Darf ich Sie zu einem Glas Wein einladen?
   ● Ja, sehr gern, wenn …

26 Que frases se completam? Combine-as.

1	2	3	4	5	6

1. Frau Mutig geht allein in den Wald,
2. Er kauft sich ein neues Fahrrad,
3. Sie geht nicht zum Arzt,
4. Sie isst nie Obst,
5. Sie haben nur eine kleine Wohnung,
6. Er geht mit seiner Frau ins Theater,

a obwohl es so gesund ist.
b obwohl er lieber ins Kino gehen würde.
c obwohl sie fünf Kinder haben.
d obwohl es schon dunkel ist.
e obwohl sie krank ist.
f obwohl sein altes noch in Ordnung ist.

27 Troque a ordem das orações do exercício 26:

1. *Obwohl es schon dunkel ist, geht Frau Mutig allein in den Wald.*

...

28 Faça perguntas:

Fußball spielen	~~spazieren~~ gehen
schon nach Hause gehen	
allein nach New York fliegen	
fernsehen	Auto kaufen
schönes Wetter	gefährlich
~~es regnet~~	nicht spät
kein Geld haben	es schneit

Willst du wirklich spazieren gehen, obwohl es so stark regnet?

...

29 Construa cinco frases:

Ich finde Deutschland toll,

- *weil das Bier überall gut schmeckt.*
- *obwohl es dort so kalt ist.*

...

30 Responda:

1. Warum lernst du Deutsch?
   in Deutschland studieren können
   Ich lerne Deutsch, um in Deutschland studieren zu können.
2. Wozu brauchen Sie denn alle diese Werkzeuge? Auto reparieren
3. Wozu brauchst du denn einen Computer? damit spielen
4. Warum warst du am Wochenende schon wieder in Wien?
   Freundin besuchen
5. Warum stellst du nur immer so viele Fragen? dich ärgern
6. Warum machst du so viele Übungen in diesem Buch? Grammatik üben

31 Combine as seguintes frases através de *‚damit‘* ou *‚um...zu‘*:

1. Er spart sein Taschengeld. Er möchte sich ein Videospiel kaufen.
   Er spart sein Taschengeld, um sich ein Videospiel zu kaufen.
2. Die Firma vergrößert ihren Werbeetat. Sie möchte den Verkauf ihrer Produkte erhöhen.
3. Die Banken erhöhen die Zinsen. Die Bürger müssen mehr sparen.
4. Die Regierung beschließt, die Staatsschulden zu verringern. Sie will die Inflation bekämpfen.
5. Die Eltern bauen ihr Haus um. Ihr Sohn kann darin eine eigene Wohnung haben.
6. Er geht ganz leise ins Schlafzimmer. Seine Frau soll nicht aufwachen.
7. Ich habe in mein Auto einen Katalysator einbauen lassen. Ich kann mit bleifreiem Benzin fahren.
8. Er lernt eine Fremdsprache. Er möchte eine bessere Arbeit finden.

32 Complete com uma oração subordinada, usando *‚damit‘* ou *‚um … zu‘*:

Frau wieder in ihrer Heimat sein — ~~Deutsch lernen~~ — Praktikum machen — gutes Bier trinken — viel Geld verdienen — Kinder hier zur Schule gehen — etwas Neues erleben

Herr Makopulos ist in Deutschland, *um Deutsch zu lernen.*
…

33 Responda. Por que é que você está na Alemanha? Por que gostaria de ir um dia à Alemanha?

Ich bin in Deutschland, …
…

34 Combine as frases através de *‚so dass‘* ou *‚so…dass‘*:

An Weihnachten

1. Die Kinder waren sehr aufgeregt. Sie konnten gar nicht mehr ruhig sitzen.
   Die Kinder waren so aufgeregt, dass sie gar nicht mehr ruhig sitzen konnten.
2. Die Kinder haben gebastelt. Sie hatten für jeden in der Familie ein kleines Geschenk.
3. Die Kinder haben ihrer Mutter beim Backen geholfen. Sie konnten schon die Plätzchen probieren.
4. Der Vater hat vorher viel gearbeitet. Er konnte nach Weihnachten ein paar Tage frei nehmen.
5. Die Großmutter kam zu Besuch. Sie musste die Feiertage nicht allein verbringen.
6. Der Weihnachtsbaum war groß. Sie brauchten zum Schmücken eine Leiter.

35 Combine as frases através de *‚ohne … zu‘*:

1. wegfahren – sich nicht verabschieden
   Er fuhr weg, ohne sich zu verabschieden.
2. später kommen – nicht vorher anrufen
3. jemandem weh tun – sich nicht entschuldigen
4. laute Musik hören – nicht an Nachbarn denken
5. jemanden beleidigen – es nicht merken
6. mein Fahrrad nehmen – nicht vorher fragen
7. vorbeigehen – nicht grüßen
8. aus dem Haus gehen – die Schlüssel nicht mitnehmen

36 Estabeleça as correspondências e una as orações através de *‚wie‘* ou *‚als‘*:

1. Das Ergebnis der Verhandlung war besser,
2. Am Oktoberfest wurde so viel getrunken,
3. Dieser Computer ist nicht so gut,
4. Er kocht besser,
5. Wir mussten für die Reise weniger zahlen,
6. Sie schwimmt schneller,

a ich gedacht habe.
b im Allgemeinen angenommen wird.
c ihre Konkurrenten befürchtet haben.
d wir erwartet hatten.
e im vergangenen Jahr.
f im Prospekt stand.

Das Ergebnis der Verhandlung war besser, als wir erwartet hatten.
…

37 Responda:

- wie / als ich gedacht hatte
- wie / als ich angenommen hatte
- wie / als ich geglaubt hatte
- wie / als ich gehofft hatte
- wie / als ich erwartet hatte
- wie / als ich vermutet hatte
- wie / als ich befürchtet hatte

1. War das Fußballspiel gut?
   Es war besser, als ich gehofft hatte.
   Es war nicht so gut, wie ich gehofft hatte.
2. Waren die Eintrittskarten schnell verkauft?
3. Ist das Buch spannend?
4. War der Film interessant?
5. Waren viele Leute bei der Veranstaltung?
6. Hast du viele Kollegen auf der Party getroffen?
7. War das japanische Essen gut?
8. War die Bergtour anstrengend?

38 Construa frases com *‚je…desto/umso‘*:

- Sport machen
- wenig essen
- Künstler berühmt werden
- Chef nett sein
- alt werden
- lange in England leben
- Kaffee stark sein
- schönes Wetter sein
- häufig spazieren gehen
- viel verdienen
- gern arbeiten
- eine gute Figur bekommen
- schlecht schlafen
- tolerant werden
- gut Englisch sprechen
- schlecht gelaunt sein

Je länger ich in England lebe, desto besser spreche ich Englisch.
…

39 Complete as frases:

1. Je leiser du sprichst, *desto schlechter verstehe ich dich.*
2. Je weniger du anderen Leuten hilfst, ____________________
3. Je schlechter die Wirtschaftslage ist, ____________________
4. Je besser das Lehrbuch ist, ____________________
5. Je lustiger der Lehrer ist, ____________________
6. Je schöner ein Mann ist, ____________________

40 Construa frases com ‚*anstatt … zu*‘:

mit dem Hund spielen	so lange telefonieren
~~zum Fenster hinausschauen~~	die schöne Frau beobachten
Musik hören	eine halbe Stunde duschen

Kannst du mir bitte ein bisschen helfen, anstatt den ganzen Tag zum Fenster hinauszuschauen?

…

41 Construa frases com ‚*anstatt … zu*‘:

mit meiner Freundin spazieren gehen	Hausaufgaben machen
Fenster putzen	Geschirr spülen
in den Biergarten gehen	~~mit dir ausgehen~~
Schokolade essen	eine Diät machen
~~zu Hause bleiben~~	arbeiten
in der Sonne liegen	Klavier üben
…	eine Prüfung machen
	alte Kirchen besichtigen
	…

Ich bleibe lieber zu Hause, anstatt mit dir auszugehen.

…

42 Preencha:

da	als	als	als	als	da	so dass
so dass	(so) … dass	nachdem	nachdem			
obwohl	ohne	während	wie	bevor		

___________ wir vor zwanzig Jahren nach Berlin zogen, mieteten wir eine kleine, aber billige Wohnung in einem sehr alten Haus. (1)

___________ wir wussten, dass diese Wohnung mit unseren vier heranwachsenden Kindern bald zu klein werden würde, konnten wir uns keine andere leisten, ___________ mein Mann zu dieser Zeit nicht viel verdiente. (2)

__________ wir mit der Renovierung begannen, besprachen wir mit unseren Kindern alles und fragten sie, ___________ sie ihr Kinderzimmer am liebsten hätten. (3)

Dann machten wir uns mit viel Elan an die Arbeit. ___________ mein Mann und ich die Wände strichen, mussten die zwei größeren Kinder auf ihre kleinen Geschwister aufpassen. (4)

___________ wir mit viel Mühe und Zeit alle Zimmer renoviert hatten, gefiel uns unsere Wohnung sehr gut, ___________ wir eine Zeit lang gar nicht mehr daran dachten umzuziehen. (5)

Erst ___________ die Kinder dann so groß waren, ___________ sie nicht mehr alle zusammen in einem Zimmer wohnen wollten, dachten wir darüber nach, eine neue Wohnung zu suchen. (6)

Jedoch waren nach der Wiedervereinigung Deutschlands die Wohnungsmieten in Berlin sehr gestiegen, ___________ wir uns keine größere Wohnung in Berlin mehr leisten konnten. (7)

Deshalb überlegten wir, ob wir vielleicht aufs Land ziehen sollten, besonders ___________ die Umgebung von Berlin sehr schön ist und es dort eventuell noch billigere Wohnungen gab. (8)

___________ wir uns eines Tages wieder eine Wohnung in einem Dorf anschauten, entdeckten wir durch Zufall ein kleines, sehr altes Haus, das leer stand. (9)

Wir waren alle begeistert davon, und den Kindern gefiel besonders der verwilderte, große Garten.

__________ wir herausgefunden hatten, wem es gehörte, schrieben wir gleich einen Brief an den Besitzer und fragten, ob es zu vermieten sei. (10)

Nach einer Woche erhielten wir seine Antwort. Wir waren alle ein bisschen nervös, ___________ mein Mann den Brief öffnete. (11)

Aber wir hatten Glück. Die Miete war nicht sehr hoch, und der Besitzer war froh, neue Mieter gefunden zu haben, ___________ eine Anzeige in der Zeitung aufgeben zu müssen. (12)

43 Complete as frases seguintes como desejar:

1. Ich suche eine neue Wohnung,
   weil die alte zu klein ist.
2. Ich habe schon viel erlebt, seitdem …
3. Obwohl sie noch sehr jung ist, …
4. Ich war sehr überrascht, als …
5. Wir werden dich besuchen, sobald …
6. Da ich kein Geld bei mir hatte, …
7. Warum warten Sie nicht, bis …
8. Nachdem der Zug angekommen war, …
9. Ich weiß nicht, ob …
10. Könntest du nicht ein bisschen mehr lernen, anstatt …
11. Es hat so geschneit, dass …
12. Nehmen Sie eine von diesen Tabletten, wenn …
13. Gehen sie nicht weg, bevor …
14. Das Buch ist nicht so interessant, wie …
15. Ich werde es Ihnen erklären, falls …
16. Ich hätte gern Ihre Adresse, damit …
17. Anstatt sein Geld zu sparen, …
18. Je mehr ich schlafe, desto …
19. Es geht mir viel besser, seit …
20. Während ich putze, …
21. Ich möchte jetzt nichts essen, weil …
22. Falls mein Chef anruft, …
23. Obwohl er krank war, …
24. Können Sie mir bitte sagen, ob …
25. Nimm nie mehr mein Auto, ohne …
26. Diese Übung ist leichter, als …

44 Preencha com as conjunções:

Meine Großmutter erzählte uns Kindern Geschichten, …

1. __________ wir noch klein waren.
2. __________ uns zu unterhalten.
3. __________ wir Zähne geputzt hatten und im Bett lagen.
4. nie __________ etwas Neues zu erfinden.
5. __________ das Wetter schlecht war und wir nicht draußen spielen konnten.
6. __________ wir uns nicht langweilten.
7. __________ uns das so gut gefiel.
8. __________ sie immer viel Arbeit hatte.
9. __________ sie Essen kochte.
10. __________ wir abends ins Bett gingen.

45 Complete com uma oração subordinada. Por vezes, existem várias possibilidades:

1. Er kam nicht zum Unterricht, …
   … weil er den Zug verpasst hatte.
   … obwohl er es mir versprochen hatte.
2. Mein Vater gibt mir nicht mehr Geld, …
3. Er ging weg, …
4. Ich habe meine Arbeitstelle gekündigt, …
5. Morgen kommt meine Freundin, …
6. Sie erkundigte sich nach einem Flug in die Türkei, …
7. Die Arbeiter haben den Streik beendet, …
8. Österreich gefällt mir sehr, …

46 Construa uma história com a ajuda das seguintes conjunções. Deve utilizar todas as conjunções. A ordem é arbitrária.

als	obwohl	damit	ohne … zu	nachdem	weil	wenn
um … zu	da	während	sobald	bevor	ob	dass

47 Faça as palavras cruzadas (só maiúsculas – Ä = AE):

1. Ich bin heute sehr müde, _____ ich letzte Nacht zu wenig geschlafen habe.
2. Kommen Sie mich doch mal besuchen, _____ Sie Zeit haben!
3. _____ ich einen Mittagsschlaf gemacht habe, ist er spazieren gegangen.
4. _____ sie reich sind, leben sie sehr bescheiden.
5. Warte bitte hier, _____ ich fertig bin.
6. _____ sie weggefahren war, war er sehr traurig.
7. Er ging weg, _____ sich noch einmal umzudrehen.

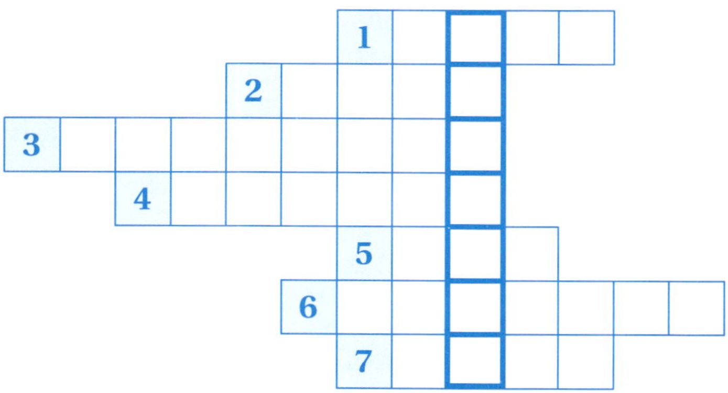

Índice remissivo

Schlüssel

Verb

Nomen

Partikeln

Satz

1.1 Grundverben

Übung 1

1. hat
2. waren
3. wirst
4. wart
5. haben
6. ist
7. war
8. wurdet
9. sind
10. wurde
11. hattet
12. wird

Übung 2

1. ist
2. bist
3. bin, werde
4. hat
5. hast
6. werden
7. seid
8. ist
9. werde
10. Haben

Übung 3

1. war
2. warst, hatte
3. war, hatten
4. ist … geworden
5. wart, hatten
6. war, Hattet, wurde, wurde

Übung 4

1. will/wollte
2. muss/musste
3. sollt/solltet
4. will/wollte
5. möchten/wollten
6. darf/durfte
7. kannst/konntest
8. müssen/mussten
9. darf/durfte
10. können/konnten
11. muss/musste
12. sollst/solltest
13. will/wollte
14. möchte/wollte

Übung 5

1. Sie wollte heute nicht länger arbeiten.
2. Der Patient musste viel spazieren gehen.
3. Sie durfte gestern Abend nicht ins Kino gehen.
4. Er konnte den Bericht gestern nicht mehr beenden.
5. Sie wollten nicht mitkommen.
6. Wir mussten das noch schnell fertig machen.
7. Aber du solltest doch die Karten kaufen!
8. Er konnte mir nicht helfen.

Übung 6

1. musst
2. soll
3. muss
4. sollen
5. soll
6. muss
7. sollen, muss
8. müssen

Übung 7

1. darf
2. Kannst
3. darf
4. Darf
5. können
6. könnt
7. dürfen
8. kann

Übung 8
1. Hier darf man nicht rauchen.
2. Hier kann man telefonieren.
3. Hier darf man nicht überholen.
4. Hier muss man leise sein.
5. Hier darf man nicht parken.
6. Hier kann man Informationen bekommen.
7. Hier darf man nicht Motorrad fahren.
8. Hier kann/darf man parken.

Übung 9
1. möchten
2. konnte
3. sollen
4. wollten
5. Darf
6. musst

Übung 10
1. mussten
2. mussten, durften
3. konnten
4. mussten
5. durfte
6. mussten
7. durften
8. mussten

Übung 11
1. Musst, kannst, muss, können
2. Können, will/möchte
3. darfst, darf, muss
4. Kann/Darf, möchte
5. müssen, können
6. können, möchte

Übung 12
1. braucht
2. lasst
3. habe … gelassen
4. brauchst
5. hat … lassen
6. brauchen

Übung 13
1. brauchen
2. lassen
3. lässt
4. brauche
5. lassen
6. brauche

Übung 14
1. Nein, du kannst es nehmen.
2. Dann solltest du zum Tierarzt gehen und ihn untersuchen lassen.
3. Ach lass ihn doch seine Musik hören. Das stört uns gar nicht.
4. Nein, nein, das brauchen Sie heute nicht mehr zu tun. Sie können gern nach Hause gehen.
5. Sie will/möchte Rechtsanwältin werden und hofft, dass sie gleich einen Studienplatz bekommt.
6. Ja, ja, alles wird/ist teurer.
7. Ich habe schon alles programmiert. Sie brauchen ihn nur noch anzumachen.
8. Ja, ich werde auch langsam unruhig. Normalerweise ist sie immer pünktlich.
9. Morgen. Ich werde ihn wahrscheinlich am Flughafen abholen.
10. Ja gern, ich kann aber nicht segeln.

1.2 Tempora

Übung 1

1. geht
2. schreibt
3. telefoniert
4. reden
5. machst
6. fragt
7. spiele
8. liebst
9. studieren
10. schlafen

Übung 2

1. arbeitest
2. wartet
3. finde
4. fährst
5. weiß
6. bittet/bitten
7. grüßt
8. heiratet
9. heißt
10. Gibst

Übung 3

1. Was empfiehlst du mir?
2. Wohin fährst du?
3. Wem hilfst du gern?
4. Wie lange wartest du hier schon?
5. Warum vergisst du das immer wieder?
6. Warum antwortest du nicht?
7. Warum nimmst du mir die Zigaretten weg?
8. Weißt du den Namen?
9. Warum wirst du gleich so böse?
10. Welche Zeitung liest du da?
11. Bist du heute Abend zu Hause?
12. Wen lädst du sonst noch ein?

Übung 4

Waagrecht

1. ANTWORTEST
2. BIST
3. MAGST
4. TRINKEN
5. DENKE
6. TREFFEN

Senkrecht

7. WARTET
8. PASST
9. MACHT
10. ARBEITE
11. DARF
12. FINDEST

Übung 5

1. sind, sprechen/können, geht
2. ist, fährt, bringe/fahre, ist
3. heiße, heißt, kommst, bist/lebst
4. hilfst, weißt, weiß, fragst, sagt

Übung 6

1. ausgemacht
2. gewesen
3. gegessen
4. angekommen
5. geschrieben
6. gesagt
7. angerufen
8. empfohlen

Übung 7

1. ge ▬ en: gelaufen, geschlossen, gesungen, geliehen
2. ge ▬ t: geschenkt, gesagt, gesucht, geholt, gekauft, gehabt, gewohnt
3. ▬ en: vergessen, geschehen, verstanden, empfohlen, entschieden, gefallen
4. ▬ t: erzählt, bezahlt, probiert, studiert

Übung 8

1. bist, habe
2. haben, bin
3. Habt, hat, haben
4. bist, bin, bin, habe
5. Sind, haben
6. sind, haben

Übung 9

1. rennen
2. fließen
3. scheinen
4. hängen
5. treffen
6. raten
7. liegen
8. wissen
9. kennen
10. schneiden
11. wegnehmen
12. streiten
13. steigen
14. beginnen
15. abbrechen
16. gelingen
17. heben
18. schweigen
19. vergleichen
20. stehlen
21. wiegen
22. betrügen
23. fangen
24. überweisen
25. verzeihen

Übung 10

1. Ich habe lange geschlafen.
2. Ich habe gemütlich gefrühstückt.
3. Ich habe in Ruhe Zeitung gelesen.
4. Ich habe einen Brief geschrieben.
5. Ich habe einen Mittagsschlaf gemacht.
6. Ich bin spazieren gegangen.
7. Ich bin zum Abendessen mit Freunden ins Restaurant gegangen.
8. Ich habe einen Film im Fernsehen gesehen.

Übung 11

1. Haben Sie heute viel gearbeitet?
2. Sind Sie heute früh aufgestanden?
3. Sind Sie mit dem Auto gefahren?
4. Haben Sie etwas Schönes gemacht?
5. Haben Sie Zeitung gelesen?
6. Haben Sie Radio gehört?
7. Haben Sie jemandem geholfen?
8. Sind Sie spazieren gegangen?
9. Haben Sie Essen gekocht?
10. Sind Sie geschwommen?
11. Haben Sie eine Liebeserklärung gemacht?
12. Sind Sie Fahrrad gefahren?

Übung 12

1. hat … beworben
2. hat … begonnen
3. bin … erschrocken
4. hat … geheißen, getroffen habe
5. hat … gelitten
6. hat … gewonnen
7. hast … gefunden
8. hast … getrunken
9. bin/habe … gesessen
10. ist … gestorben
11. ist … geworden
12. haben … angerufen

Übung 13

1. machte
2. fragtest
3. stellte
4. liebte
5. arbeitete
6. wartetet
7. redeten
8. hofften
9. lachtest
10. regnete
11. zahlten
12. kauftet
13. holten
14. legten
15. reiste
16. hängte/hing
17. grüßtest
18. kochten

Übung 14

1. er bot *(m. V.)*
2. er antwortete *(o. V.)*
3. er blieb *(m. V.)*
4. er stellte *(o. V.)*
5. er stand *(m. V.)*
6. er hing/hängte *(m./o. V.)*
7. er machte *(o. V.)*
8. er wusste *(m. V.)*
9. er nannte *(m. V.)*
10. er zählte *(o. V.)*
11. er erschrak/erschreckte *(m./o. V.)*
12. er hob *(m. V.)*

Übung 15

1. fing an
2. brachte
3. verband
4. zog sich um
5. fraß
6. hielt
7. lud … ein
8. lief
9. kam
10. schrie
11. trieb
12. verzieh

Übung 16

1. stehlen
2. vergleichen
3. riechen
4. senden
5. zwingen
6. werfen
7. betrügen
8. nehmen
9. schweigen
10. frieren

Übung 17

1. kam … an
2. suchte
3. kannte, ging
4. empfahl
5. nahm, fuhr
6. packte … aus, duschte
7. ging, aß, hatte
8. war, ging

Übung 18

1. Weil ich meinen Pass vergessen hatte.
2. Weil ich den Schlüssel nicht mitgenommen hatte.
3. Weil meine Eltern es verboten hatten.
4. Weil der Chef mich darum gebeten hatte.
5. Weil die Geschäfte schon geschlossen hatten.
6. Weil ich plötzlich müde geworden war.

Übung 19

1. hatten … gegessen
2. war … abgefahren
3. hatte … gespült
4. hatte … eingeladen
5. hatte … aufgehört, war … geworden
6. waren … heimgegangen
7. hatte … beendet
8. vergessen hatte

Übung 20

1. Fährst du immer mit dem Bus ins Büro? – Normalerweise ja, aber heute bin ich mit dem Auto gefahren.
2. Stehst du immer um 7.00 Uhr auf? – Normalerweise ja, aber heute bin ich um 8.30 Uhr aufgestanden.

3. Fängst du immer um 8.30 Uhr mit der Arbeit an? – Normalerweise ja, aber heute habe ich um 10.00 Uhr angefangen.
4. Isst du immer mittags in der Kantine? – Normalerweise ja, aber heute habe ich ein Sandwich im Büro gegessen.
5. Fährst du immer um 17.00 Uhr nach Hause? – Normalerweise ja, aber heute bin ich um 19.00 Uhr gefahren.
6. Kaufst du immer auf dem Rückweg vom Büro ein? – Normalerweise ja, aber heute bin ich direkt nach Hause gefahren.
7. Triffst du immer abends Freunde? – Normalerweise ja, aber heute bin ich allein zu Hause geblieben.
8. Gehst du immer um 23.00 Uhr ins Bett? – Normalerweise ja, aber heute bin ich um 22.00 Uhr ins Bett gegangen.

Übung 21

Zeilen 1–10:
war, wusch, zog … an, ging … spazieren, war, traf, grüßte, war, antwortete, sagte, machst, gehe spazieren, sagte, lachte, ärgerte, sagte, Glaubst

Zeilen 11–21:
kannst, antwortete, schlug … vor, ist, rief, können, bekommt, fangen … an, sagte, muss, bin, ankam, rief, sagte, habe … gewettet, kann

Zeilen 22–30:
bist, sagte, machen, läuft, laufe, fangen … an, ankommt, rufst, bin, ging, Fangen … an, zählte

Zeilen 31–42:
rannte, machte, blieb, ankam, rief, bin, war, rief, rannte, ankam, rief, bin, schrie, rannte, lief, hörte, bin, blieb, nahm, rief, gingen, gestorben sind, leben

Übung 22

1. geschlafen habe
2. gesehen hatte
3. war … abgefahren
4. habe … gegessen
5. Haben … abgeschickt
6. hatten … vorbereitet

Übung 23

1. Was machst du am Wochenende?
2. Gehst du heute Abend mit mir ins Kino?
3. Wie lange machst du im Sommer Urlaub?
4. Wann besuchen Sie mich?
5. Gehen wir morgen spazieren?
6. Gehen wir am Sonntag schwimmen?
7. Fliegen Sie nächstes Jahr wieder in die USA?
8. Gehen wir nach der Arbeit noch ins Café?

1.4 Trennbare und untrennbare Verben

Übung 1

trennbar: er schaut … zurück, er geht … weg, er arbeitet … mit, er fällt … aus, er stellt … vor, er läuft … weg, er gibt … zurück, er fliegt … ab, er schließt … ein

untrennbar: er erlaubt, er bezahlt, er bestellt, er misstraut, er entwickelt, er versucht, er vergleicht, es gelingt

Übung 2

1. Sie zieht das Baby an.
2. Sie bereitet das Frühstück vor.
3. Sie räumt den Tisch ab.
4. Sie spült und trocknet das Geschirr ab.
5. Sie kauft Lebensmittel ein.
6. Sie hängt die Wäsche auf.
7. Sie holt die Tochter vom Kindergarten ab.
8. Sie räumt die Wohnung auf.

Übung 3

1. Sie hat das Baby angezogen.
2. Sie hat das Frühstück vorbereitet.
3. Sie hat den Tisch abgeräumt.
4. Sie hat das Geschirr gespült und abgetrocknet.
5. Sie hat Lebensmittel eingekauft.
6. Sie hat die Wäsche aufgehängt.
7. Sie hat die Tochter vom Kindergarten abgeholt.
8. Sie hat die Wohnung aufgeräumt.

Übung 4

freie Übung

Übung 5

freie Übung

Übung 6

1. Er hat die Haustür nicht abgeschlossen.
2. Der Arzt hat mir das Rauchen verboten.
3. Wann bist du heute aufgestanden?
4. Habt ihr die unregelmäßigen Verben wiederholt?
5. Sie hat ihr ganzes Geld im Schlafzimmer versteckt.
6. Warum hast du dich noch nicht umgezogen?
7. Nach zwei Stunden hat der Direktor die Diskussion beendet.
8. Meine kleine Tochter hat leider dieses schöne Glas zerbrochen.
9. Papa hat noch nicht angerufen.
10. Wann hat der Film angefangen?

Übung 7

1. Drehen Sie das Steak nach drei Minuten um.
2. Er versteht keinen Spaß.
3. Bitte beginnen Sie doch schon mit dem Essen.
4. Wer von euch räumt mit mir nachher die Wohnung auf?
5. Bestell dir doch eine Pizza beim Pizza-Service.
6. Warum rufst du sie nicht an?
7. Er erzählt immer so lustige Geschichten.
8. Sie entscheidet sich immer erst in letzter Minute.

1.5 Reflexive Verben

Übung 1

1. mich
2. sich
3. mich
4. uns
5. euch
6. sich
7. dich
8. sich
9. uns
10. mich
11. dich
12. euch

Übung 2

1. mir
2. dir
3. mir
4. dir
5. uns
6. euch
7. dir
8. mir

Übung 3

1. dir
2. mir
3. dich, mir
4. mir, dir
5. mich, sich
6. sich

1.6 Infinitiv

Übung 1

1.	–	8.	–
2.	zu	9.	–
3.	zu	10.	zu
4.	–	11.	–
5.	–	12.	–
6.	–	13.	zu
7.	zu	14.	–

Übung 2

1. Ich nehme mir vor, pünktlich zu kommen.
2. Wir haben nächste Woche Zeit, unsere Freunde zu besuchen.
3. Er will nicht mitkommen.
4. Wir hoffen, ihn noch dazu zu überreden.
5. Leider hat er fast nie Lust zu reisen.
6. Er würde am liebsten immer zu Hause bleiben.
7. Aber wir gehen gern in Paris Kleidung einkaufen.
8. Ich höre das Baby weinen.

Übung 3

freie Übung

1.7 Imperativ

Übung 1

1. Lies/Lest den Text vor!
2. Sei/Seid leise!
3. Mach/Macht das Fenster zu!
4. Schreib/Schreibt die Regel auf!
5. Sprich/Sprecht lauter!
6. Schlag/Schlagt das Buch auf!
7. Sieh/Seht im Wörterbuch nach!
8. Komm/Kommt an die Tafel!

Übung 2

1. Komm
2. Habt
3. Seid
4. Sprich
5. Öffnet
6. Gib
7. Sei
8. Vergesst
9. Nimm
10. Antworte

Übung 3

1. Mach … zu
2. Pass … auf
3. Schlaf … ein
4. Fang … an
5. Trockne … ab
6. Komm … mit
7. Räum … auf
8. Lad … ein
9. Hol … ab
10. Nimm … mit

Übung 4

1. Beeilt euch
2. Erkundigen Sie sich
3. Entscheide dich
4. Freut euch
5. Bemühen Sie sich
6. Beklag dich

Übung 5

1. Lass deine/Lasst eure Probleme zu Hause!
2. Lieg/Liegt nie lange ohne Sonnenschutz in der Sonne!
3. Nimm/Nehmt nicht viel Geld mit an den Strand!
4. Vergiss deine/Vergesst eure Arbeit!
5. Schlaf/Schlaft viel!
6. Erhol dich/Erholt euch gut!

1.8 Passiv

Übung 1
1. wird
2. wurden
3. bin … worden
4. wird
5. werdet
6. wurde
7. werde
8. wurde
9. ist … worden

Übung 2
1. Die Natur wird geschädigt.
2. Die Flüsse werden durch Chemikalien vergiftet.
3. Die Landschaft wird mit Häusern vollgebaut.
4. Es wird zu viel Müll produziert.
5. Die Wälder werden zerstört.
6. Die Rohstoffe werden verschwendet.

Übung 3
1. Die Natur soll nicht noch mehr geschädigt werden.
2. Die Flüsse sollen nicht noch mehr durch Chemikalien vergiftet werden.
3. Die Landschaft soll nicht noch mehr mit Häusern vollgebaut werden.
4. Es soll nicht noch mehr Müll produziert werden.
5. Die Wälder sollen nicht noch mehr zerstört werden.
6. Die Rohstoffe sollen nicht noch mehr verschwendet werden.

Übung 4
1. Meine Wohnung musste aufgeräumt werden.
2. Die Fehler mussten korrigiert werden.
3. Die Rechnung musste bezahlt werden.
4. Meine Großeltern mussten abgeholt werden.
5. Der Fahrradfahrer musste ins Krankenhaus gebracht werden.
6. Mein Fernsehapparat musste repariert werden.
7. Die Papiere mussten geordnet werden.
8. Das ganze Geschirr musste gespült werden.

Übung 5
war … verletzt worden, eingeliefert werden musste, wurde … untersucht, [wurde] festgestellt, operiert werden muss, behandelt worden war, konnte … entlassen werden, wurde … versorgt

Übung 6
1. Die Baustelle darf nicht betreten werden.
2. Hier darf nicht fotografiert werden.
3. Hier darf nicht gebadet werden.
4. Hier muss der Motor abgestellt werden.
5. Hier muss gestoppt/angehalten werden.
6. Hier darf geraucht werden.

Übung 7

1. … die Baustelle nicht betreten werden darf.
2. … hier nicht fotografiert werden darf.
3. … hier nicht gebadet werden darf.
4. … hier der Motor abgestellt werden muss.
5. … hier gestoppt/angehalten werden muss.
6. … hier geraucht werden darf.

Übung 8

1. … in Bayern so viel Schweinefleisch gegessen wird.
2. … den Kindern Kriegsspielzeug geschenkt wird.
3. … die militärische Aufrüstung nicht beendet werden kann.
4. … die Kinder nicht zu mehr Toleranz erzogen werden.
5. … die Rechte der Minderheiten nicht geachtet werden.
6. … bei Smog das Auto nicht zu Hause gelassen werden muss.

Übung 9

1. von
2. Durch
3. von
4. durch
5. von
6. durch

Übung 10

1. Bei einem Unfall auf der Autobahn sind 8 Menschen schwer verletzt worden.
2. Bei einem Sturm sind 4 Autos von umgefallenen Bäumen beschädigt worden.
3. Ein Ferrari ist nachts im Zentrum gestohlen worden.
4. Das neue Schwimmbad ist vom Bürgermeister eröffnet worden.
5. Die Bank in der Kantstraße ist überfallen worden.
6. Das entführte Kind ist gefunden worden.

1.9 Konjunktiv II

Übung 1

1. hattest, hättest
2. konnte, könnte
3. musstet, müsstet
4. sollten, sollten *(!)*
5. wurde, würde
6. durften, dürften
7. wollte, wollte *(!)*
8. waren, wären
9. mochte, möchte
10. ging, ginge
11. ließ, ließe
12. gab, gäbe
13. brauchtest, brauchtest (bräuchtest)
14. wussten, wüssten
15. kam, käme

Übung 2

1. … wenn er sich mehr Zeit nehmen würde.
2. … wenn sie mehr Geduld hätten.
3. … wenn du mich in Ruhe ließest/lassen würdest.
4. … wenn er mit mir mehr Abende verbringen würde.
5. … wenn ich nicht so viel arbeiten müsste.
6. … wenn du abends früher nach Hause kämest/kommen würdest.
7. … wenn wir häufiger ins Theater gingen/gehen würden.
8. … wenn ihr noch etwas länger bleiben würdet.

Übung 3

1. gekommen wäre
2. hätte … getan
3. wären … mitgekommen
4. hätte(n) … besucht
5. hättet … gefunden
6. wären … geflogen
7. wäre … spazieren gegangen
8. hätte … erzählt

Übung 4

Sehr geehrte Frau Müller,

wie geht es Ihnen? Wie ist denn Ihre neue Arbeitsstelle? Haben Sie nette Kollegen?

Ich hätte eine große Bitte. Sie wissen doch, ich bin im Juli und August in Berlin. Ich möchte dort einen Sprachkurs besuchen. Leider weiß ich noch nicht, an welcher Schule, und ich habe noch keine Wohnmöglichkeit. Würden Sie mir helfen?

Vielleicht könnten Sie mal Ihre Freunde und Bekannten fragen, ob jemand in dieser Zeit ein Zimmer vermietet. Und würden Sie bitte an einigen Sprachschulen in Berlin nach den Preisen und Kursdaten fragen? Könnten Sie mir vielleicht vorher einige Prospekte schicken? Dann könnte ich mich nämlich rechtzeitig an einer Schule anmelden.

Dürfte ich Sie zum Schluss noch um einen anderen Gefallen bitten? Sie wissen ja, ich war noch nie in Berlin und komme mit viel Gepäck. Würden Sie mich bitte am Flughafen abholen? Dafür koche ich für Sie in Berlin ein typisch brasilianisches Essen.

Vielen Dank für Ihre Hilfe. Ich freue mich auf unser Wiedersehen in Deutschland.

Viele Grüße

Übung 5
1. Würdest/Könntest du mir bitte Feuer geben?
2. Dürfte ich mir Ihren Bleistift leihen?
3. Würden/Könnten Sie bitte einen Moment meinen Mantel halten?
4. Würden/Könnten Sie mir sagen, wie ich zum Bahnhof komme?
5. Könnte ich Sie schnell etwas fragen?
6. Würden/Könnten Sie mir ein Glas Wasser geben?
7. Würdest/Könntest du bitte das Fenster zumachen?
8. Dürfte ich Sie bitten, das Radio leiser zu stellen?

Übung 6
1. e
2. d
3. f
4. a
5. b
6. c

Übung 7
1. Ich wäre froh, wenn ich so gut Deutsch sprechen könnte wie du.
2. Ich wäre froh, wenn ich eine so große Wohnung hätte wie ihr.
3. Ich wäre froh, wenn ich Goethe auf Deutsch lesen könnte.
4. Ich wäre froh, wenn ich jedes Jahr drei Monate Urlaub machen könnte.
5. Ich wäre froh, wenn ich länger bleiben dürfte.
6. Ich wäre froh, wenn ich zu Fuß zur Arbeit gehen könnte.
7. Ich wäre froh, wenn ich nicht jeden Tag mit dem Auto fahren müsste.
8. Ich wäre froh, wenn ich so viel Geduld hätte wie Sie.

Übung 8
wäre, könnte … schlafen, würde … spielen, brauchte (bräuchte), hätte, würde … fahren, müsste, hätte, dürfte, wäre, dürfte, müsste, wäre

Übung 9
freie Übung

Übung 10
freie Übung

Übung 11
1. … aber er wäre gern Rennfahrer.
2. … aber er würde gern mehr verdienen.
3. … aber er würde gern in Hamburg wohnen.
4. … aber er würde gern lange schlafen.
5. … aber er hätte gern einen Ferrari.
6. … aber er würde gern in einer großen Firma arbeiten.

Übung 12
freie Übung

Übung 13

1. Wäre ich doch mit der U-Bahn gefahren!/Wenn ich doch mit der U-Bahn gefahren wäre!
2. Hätte ich doch nie geheiratet!/ Wenn ich doch nie geheiratet hätte!
3. Hätte ich doch ein besseres Hotel gebucht!/Wenn ich doch ein besseres Hotel gebucht hätte!
4. Hätte ich mich doch wärmer angezogen!/Wenn ich mich doch wärmer angezogen hätte!
5. Wäre ich doch früher aufgestanden!/Wenn ich doch früher aufgestanden wäre!
6. Hätte ich doch einen Regenschirm mitgenommen!/Wenn ich doch einen Regenschirm mitgenommen hätte!

Übung 14

Vorschläge:

1. Du müsstest mal zu einem besseren Frisör gehen.
2. Vielleicht solltest du ein bisschen Schmuck tragen.
3. Du könntest doch mal einen Minirock anziehen.
4. An deiner Stelle würde ich lebendigere Farben tragen.
5. Außerdem solltest du modischere Schuhe anziehen.
6. Du könntest doch auch ein bisschen Make-up benutzen.

Übung 15

freie Übung

Übung 16

freie Übung

Übung 17

1. Aber er tut so, als ob er viel Geld hätte.
2. Aber er tut so, als ob er kochen könnte.
3. Aber er tut so, als ob er mutig/nicht ängstlich wäre.
4. Aber er tut so, als ob er besonders/ sehr intelligent wäre.
5. Aber er tut so, als ob er (sehr/immer) höflich wäre.
6. Aber er tut so, als ob er viele Freunde hätte.

Übung 18

1. ... als ob es bald regnen würde.
2. ... als ob du die ganze Nacht nicht geschlafen hättest.
3. ... als ob wir die Grammatik wiederholen müssten.
4. ... als ob sie abgenommen hätte.
5. ... als ob sie krank wäre.
6. ... als ob du müde wärest.

Übung 19

1. Würden	5. hätte, Würden
2. Hätten, würde	6. hättest, hätte
3. wäre, würden	7. wäre
4. wäre	8. Würdet

Übung 20

1. hätte	6. wäre, würden
2. würde	7. wäre, hätte
3. hast	8. ist
4. Hätte	9. würdest, wärest
5. hätten/hätte	10. hätte

Übung 21

1. d	5. c
2. e	6. h
3. g	7. a
4. f	8. b

1.11 Verben mit Präpositionen

Übung 1
1. d
2. a
3. e
4. b
5. f
6. c

Übung 2
1. Ich habe gestern einen Brief an meine Eltern geschrieben.
2. Anna hat an einem Skikurs teilgenommen.
3. Sie sorgt sehr gut für ihre Kinder.
4. Ich verstehe leider nichts von Physik.
5. Er ist noch finanziell abhängig von seinen Eltern.
6. Er hat sich sehr über seine Arbeit aufgeregt.

Übung 3
1. mit dem
2. auf
3. zum
4. über
5. von
6. an die

Übung 4
1. nach
2. dazu
3. an
4. mit
5. darauf
6. an
7. für
8. Wovon
9. daran
10. aus

Übung 5
1. um
2. auf
3. um
4. gegen
5. vor *(gegen + Akk. = gegen eine Erkältung)*
6. an
7. mit
8. bei, für

Übung 6
1. Mit Sport und Lesen.
2. Über …
3. Mit …
4. An …
5. Von …
6. Über …
7. Über …
8. Mit …

Übung 7
1. über *(= Gegenwart/Vergangenheit)*, auf *(= Zukunft)*
2. bei *(= Person)*, für *(= Sache)*
3. an *(= Krankheit)*, unter *(= alles andere)*
4. über *(= Thema)*, um *(= Sache)*
5. mit *(= Person)*, über *(= Thema)*
6. über *(= Meinung)*, an *(= Person)*

Übung 8

1. Über wen/Worüber
2. Auf
3. Wonach
4. Worüber/Worum
5. An wen
6. Mit wem
7. Worauf
8. Worüber
9. Wovon
10. Wofür
11. Wofür
12. Wovon

Übung 9

1. um, darauf/auf sie, auf, zu
2. über, mit, über, davon
3. Worüber, an, in, an
4. Worauf, Auf, Darauf
5. Wovon, an, dazu, unter
6. daran, bei, für, Dafür, darüber, auf, darüber

Übung 10

an, an, Dafür, bei, bei, darum, um, für, mit, zum, mit, an, darüber, darüber, davon, an

Übung 11

1. Worüber, darüber
2. Worüber, darüber
3. Worüber, darüber
4. Worüber, darüber
5. Wofür, dafür
6. Worüber, darüber

Übung 12

1. Worauf freust du dich denn so?
2. An wen schreibst du?
3. Worüber diskutiert ihr?
4. Woran kannst du dich nicht gewöhnen?
5. Worüber denkst du nach?
6. Wofür entschuldigst du dich?
7. An wen denkst du?
8. Wovon hast du geträumt?
9. Auf wen kannst du dich verlassen?
10. Worauf wartest du?

Übung 13

1. daran, über
2. bei, deinem neuen, danach, an welchem
3. auf meine
4. darauf, um unsere neuen
5. daran, nach
6. vom
7. mit deinem, über deine
8. auf die
9. darüber, in einen anderen
10. von Ihrem letzten

Übung 14

1. HAETTEST
2. BRAUCHEN
3. KONNTE
4. MIR
5. AUF
6. WARST
7. MACHEN
8. LASS
9. AN
10. NACH

Lösungswort: THOMAS MANN

2.1 Deklination

Übung 1

der: Elefant, Nachmittag, Cognac, Freund, Busfahrer, Morgen, Norden, Bauer, Februar, Frühling, Freitag, Wein, Schnee

die: Frau, Chefin, Schülerin, Asiatin, Münchnerin, Lehrerin, Schrift, Rose, Mutter

Übung 2

die Stunde, der Koffer, die Bäckerei, die Einsamkeit, der Terror, der Reaktor, das Zentrum, der Kommunismus, die Schwierigkeit, das Argument, die Situation, die Religion, das Dokument, der Direktor, das Mädchen, die Dose, die Bücherei, die Mehrheit, der Fremdling, die Achtung, die Gesellschaft, das Tischlein, die Figur, das Monument

Übung 3

die Gartenbank, die Kaffeetasse, das Telefonbuch, die Einbahnstraße, der Regenschirm, die Brieftasche, das Kinderbett, die Autowerkstatt, die Jugendliebe

Übung 4

der: Baum, Mann, Nordpol, Liter, Regen, Name, Ehering, Garten

die: Frau, Uhr, Ruhe, Einsamkeit, Traube, Eigenschaft

das: Kind, Dorf, Fest, Theater, Ringlein, Nest, Tor, Rad

Übung 5

1. der Sozialismus
2. die Natur
3. das Bier
4. die Schönheit
5. der Abend
6. die Wissenschaft

Übung 6

1. der
2. die
3. der
4. das
5. der
6. der
7. die
8. die

Übung 7

freie Übung

Übung 8

1. die Häuser
2. die Ergebnisse
3. die Studentinnen
4. die Ausdrücke
5. die Lehrer
6. die Firmen
7. die Schlösser
8. die Anfänge
9. die Türen
10. die Gymnasien
11. die Situationen
12. die Äste

Übung 9
1. Positionen
2. Mäuse
3. Freunde
4. Veränderungen
5. Berge
6. Fotos
7. Direktorinnen
8. Priester
9. Bäume
10. Rahmen
11. Sofas
12. Physiker
13. Blumen
14. Mädchen

Übung 10
1. Kindern
2. Flaschen
3. Studenten, Studentinnen
4. Plätze
5. Prüfungen
6. Flugzeugen
7. Dörfern
8. Autos
9. Menschen
10. Sekretärinnen

Übung 11
freie Übung

Übung 12
Damen, Herren, Kundinnen, Kunden, Sonderangebote
Damen, Röcke, Blusen, Jacken, Schuhe
Herren, Krawatten, Seidenhemden, Ledergürtel, Pullover
Kleinen, Hosen, T-Shirts, Badeanzüge, Sommerhüte

Übung 13
1. -en
2. –
3. -en
4. –
5. -n
6. -n

Übung 14
1. –
2. -innen
3. -s
4. –
5. -n
6. –

Übung 15
Beethovens Symphonien habe ich alle auf CD.
Marias Mann arbeitet bei Siemens.
Dr. Müllers Büro ist im 2. Stock.
Deutschlands bester Pianist heißt …
Thomas' Motorrad war teuer.
Mozarts Geburtshaus steht in Salzburg.
Frankreichs Hauptstadt ist Paris.
Angelas Freundin ist sehr hübsch.

Übung 16
1. -n
2. –
3. -en
4. -en
5. –
6. –
7. -en
8. -en, -en
9. -n, -n
10. –
11. –, -n
12. -e

Übung 17
Engländer, –/Engländerin, -nen
Grieche, -n/Griechin, -nen
Europäer, –/Europäerin, -nen
Türke, -n/Türkin, -nen
Österreicher, –/Österreicherin, -nen
Ire, -n/Irin, -nen
Spanier, –/Spanierin, -nen
Russe, -n/Russin, -nen
Rumäne, -n/Rumänin, -nen
Norweger, –/Norwegerin, -nen
Däne, -n/Dänin, -nen
Schotte, -n/Schottin, -nen
Asiate, -n/Asiatin, -nen
Holländer, –/Holländerin, -nen
Portugiese, -n/Portugiesin, -nen
Amerikaner, –/Amerikanerin, -nen
Pole, -n/Polin, -nen
Finne, -n/Finnin, -nen
Franzose, -n/Französin, -nen
Schweizer, –/Schweizerin, -nen
Italiener, –/Italienerin, -nen

2.2 Artikelwörter

Übung 1

1. -e
2. -en
3. –
4. -e
5. -e
6. -er, -en
7. -en
8. -e
9. -e, -en
10. -en
11. -em, -e
12. -e
13. -e
14. -e
15. –
16. -en

Übung 2

Nomen ist maskulin oder neutrum Singular → ihr/sein/ihr *(Plural)*:
Fußball, Sofa, Taschenmesser, Auto, Computer, Regenschirm, Halstuch, Fernseher, Poster, Haus, Teppich

Nomen ist feminin Singular oder Plural → ihre/seine/ihre *(Plural)*:
Haarbürste, Handtasche, Kassette, Stühle, Katzen, Vasen

Übung 3

1. ihre
2. seinen
3. euer
4. Unser
5. deine
6. ihre
7. Mein
8. Seine
9. eure, unsere
10. meine

Übung 4

freie Übung

Übung 5

1. der
2. einen, –, dem
3. –
4. –, –
5. –
6. –, das
7. –
8. –, ein
9. –
10. –, –, eine, ein

Übung 6

1. –, –, –/ein, –, eine, –, eine, –, –, ein, –, das
2. –, –, einem, die
3. einem, einer/der, –, das
4. –, die/eine
5. ein, –, ein, –

Übung 7

1. Manche
2. jeden
3. Diese
4. den/diesen
5. den/diesen, manche
6. die, die
7. eine, diese, keinen
8. alle, dieser/der
9. Jeder
10. keinen
11. alle/diese/keine
12. Diesen/Den
13. keinen
14. Den/Diesen

2.3 Adjektive

Übung 1

1. Welches Kleid gefällt Ihnen besser, das rote oder das schwarze?
2. Welche Hose gefällt Ihnen besser, die schwarze oder die blaue?
3. Welche Schuhe gefallen Ihnen besser, die braunen oder die weißen?
4. Welcher Pullover gefällt Ihnen besser, der bunte oder der einfarbige?
5. Welches Hemd gefällt Ihnen besser, das karierte oder das gestreifte?
6. Welcher Mantel gefällt Ihnen besser, der dicke oder der dünne?
7. Welche Taschen gefallen Ihnen besser, die großen oder die kleinen?
8. Welche Jacke gefällt Ihnen besser, die blaue oder die grüne?

Übung 2

1.	-e	7.	-en
2.	-e	8.	-e
3.	-e	9.	-en
4.	-e	10.	-e
5.	-en	11.	-en
6.	-en	12.	-en

Übung 3

1.	-er	5.	-e
2.	-e	6.	-es
3.	-es	7.	-es
4.	-e	8.	-e

Übung 4

1. Ich schenke ihm ein interessantes Buch.
2. Ich schenke ihm eine neue Uhr.
3. Ich schenke ihm einen blauen Pullover.
4. Ich schenke ihm ein deutsches Wörterbuch.
5. Ich schenke ihm einen kleinen Hund.
6. Ich schenke ihm eine große Torte.
7. Ich schenke ihm ein buntes Hemd.
8. Ich schenke ihm eine moderne Krawatte.

Übung 5

freie Übung

Übung 6

1.	-e, -en	4.	-en, -en
2.	-en	5.	-en, -en
3.	-es	6.	-en

Übung 7

1. französisches, deutsches
2. laute, klassische
3. neue, guten
4. warmen, neuen
5. guten
6. frisches

Übung 8

Hübsche, junge, blonde Frau sucht einen reichen, schwarzhaarigen Akademiker aus guter Familie mit schnellem Auto und dickem Bankkonto.

Attraktiver, jugendlicher Mann, Anfang 50, sucht liebevolle, sportliche Frau (20–30 Jahre alt), die gut kocht und sehr häuslich ist.

Suche ältere, aktive und interessierte Frauen und Männer für gemeinsame Ausflüge, lange Spaziergänge und gemütliche Abende.

Älteres Ehepaar mit drei großen Hunden sucht für ruhiges, möbliertes Zimmer mit eigenem Bad in schönem Haus eine zuverlässige Mieterin.

Übung 9

Zeilen 1–10: -es, -en, -en, -en, -en, -es, –, -en
Zeilen 11–20: -e, –, -en, -en, -e, -en, –
Zeilen 21–30: -en, -en, -e, –, -e, -es, -en, -e
Zeilen 31–40: -en, -en, -e, -en, -en, -en
Zeilen 41–50: -en, -en, -es, -e, -er, -e
Zeilen 51–60: –, -en, -e, -e
Zeilen 61–70: -e, -e, -e, -en, -e
Zeilen 71–80: -en, -e, -en, -e, -e, -e, -en
Zeilen 81–91: -en, -en, -en, -e, -en, -en, -en, -en, –

Übung 10

Zeilen 1–10: -e, -en, -en, -e, -en, -en, -es, -en, -en
Zeilen 11–20: -e, -es, -en, -en, -es, -en, -en, -en
Zeilen 21–30: -en, -e, -en, -e, -es, -en
Zeilen 31–40: -en, -en, -e, -e, -e, -en
Zeilen 41–53: -en, -e, -e, -e, -e, -en, -e, -e, -en, -en

Übung 11

Zeilen 1–10: -en, -e, -en, -en, -en, -en, -e, -e
Zeilen 11–20: -e, -en, -en, -e, -e, -en, -en, -er, -er, -es
Zeilen 21–30: -en, -en, -en, -en, -e, -er, -en
Zeilen 31–41: -er, -e, -e, -en, -e, -e, -em

Übung 12

Zeilen 1–10: -e, -e, -en, -e, -e, -e, -e
Zeilen 11–20: -en, -en, -en, -es, -en
Zeilen 21–30: -er, -e
Zeilen 31–40: -e, -e, -es, -er, -en, -en
Zeilen 41–48: -e, -e, -e, -er

Übung 13

regelmäßig:
reicher/am reichsten, kleiner/am kleinsten, schneller/am schnellsten, glücklicher/am glücklichsten, schwieriger/am schwierigsten

unregelmäßig:
ärmer/am ärmsten, leichter/am leichtesten, früher/am frühesten, klüger/am klügsten, dunkler/am dunkelsten, teurer/am teuersten, lieber/am liebsten, hübscher/am hübschesten, älter/am ältesten, mehr/am meisten, netter/am nettesten, höher/am höchsten, besser/am besten, lauter/am lautesten, stärker/am stärksten

Übung 14
1. Bitte sprechen Sie lauter!
2. Sei/Seien Sie doch geduldiger!
3. Sei bitte höflicher zur Nachbarin!
4. Geh bitte schneller!
5. Fahr/Fahren Sie bitte langsamer!
6. Helft bitte eurer Mutter!
7. Geh/Gehen Sie doch früher ins Bett!
8. Mach das Radio bitte leiser!

Übung 15
1. ... er möchte ein noch größeres Haus.
2. ... er möchte eine noch interessantere Arbeit.
3. ... er möchte noch mehr Geld.
4. ... er möchte eine noch bessere Sekretärin.
5. ... er möchte noch wertvollere Möbel.
6. ... er möchte noch mehr Kinder.
7. ... er möchte einen noch schöneren Garten.
8. ... er möchte noch mehr Freizeit.

Übung 16
1. billigeres
2. leichtere
3. dickeren/wärmeren
4. kürzeren
5. interessanteren
6. besseres
7. weicheres/frischeres
8. besseren

Übung 17
1. am schnellsten
2. wichtigste
3. teuersten, elegantesten
4. neuesten, am liebsten
5. reichste
6. jüngste

Übung 18
1. kürzeste
2. besten
3. älteste(n)
4. meisten
5. schwierigste
6. jüngste
7. höchste
8. längste

Übung 19
freie Übung

Übung 20
1. Das Empire State Building ist höher als der Eiffelturm.
2. Ein Elefant ist dicker als eine Giraffe.
3. Die Wohnungen in München sind ungefähr so teuer wie die Wohnungen in Hamburg.
4. Der ICE in Deutschland fährt so schnell wie der TGV in Frankreich.
5. Das Eis in Italien schmeckt besser als das Eis in Deutschland.
6. Eine Katze ist größer als eine Maus.
7. Paris gefällt mir genauso gut wie Rom./Paris gefällt mir besser als Rom./Rom gefällt mir besser als Paris.
8. Eva schwimmt so schnell wie Angela./ Eva schwimmt schneller als Angela.

Übung 21

1. Betrunkene
2. Arbeitslosen
3. Fremde
4. Schlimmste
5. Angestellten
6. Rothaarige
7. Gefangener
8. Schönste
9. Deutschen
10. Anwesenden

Übung 22

Verliebter, Verliebte
Arbeitslose/n, Arbeitslosen
Neugierige, Neugierigen
Intellektuelle/n, Intellektuellen
Verwandte, Verwandte
Blinde/n, Blinde
Anwesender, Anwesende
Böse, Bösen
Bekannter, Bekannte

Übung 23

freie Übung

2.4 Zahlen

Übung 1

1. neununddreißig Euro neunzig
2. neunundneunzig Euro dreißig
3. (ein)hundertneunzehn (Schweizer) Franken
4. sechshundertachtzig Euro
5. drei Euro fünfzehn
6. vier Franken zehn
7. neunundzwanzig Euro achtzig
8. fünf Euro zwanzig
9. vier Franken achtzig
10. neununddreißig Euro zwanzig

Übung 2

1. Es ist dreiundzwanzig Uhr zehn./ Es ist zehn nach elf.
2. Es ist acht Uhr dreißig./Es ist halb neun.
3. Es ist fünfzehn Uhr fünfundvierzig./ Es ist Viertel vor vier.
4. Es ist einundzwanzig Uhr fünf./ Es ist fünf nach neun.
5. Es ist sechs Uhr vierzig./Es ist zwanzig vor sieben.
6. Es ist neun Uhr fünfzehn./Es ist Viertel nach neun.
7. Es ist elf Uhr zwanzig./Es ist zwanzig nach elf.
8. Es ist ein Uhr fünfzehn./Es ist Viertel nach eins.
9. Es ist sieben Uhr fünfundfünfzig./Es ist fünf vor acht.
10. Es ist zweiundzwanzig Uhr zehn./Es ist zehn nach zehn.

Übung 3

1. Am achtundzwanzigsten Achten siebzehnhundertneunundvierzig.
2. Am einundzwanzigsten Dritten sechzehnhundertfünfundachtzig.
3. Am siebzehnten Zwölften siebzehnhundertsiebzig.
4. Am fünften Neunten siebzehnhundertvierundsiebzig.
5. Am ersten Vierten achtzehnhundertfünfzehn.
6. Am sechsten Sechsten achtzehnhundertfünfundsiebzig.
7. Am achten Zweiten achtzehnhundertachtzig.
8. Am zehnten Zweiten achtzehnhundertachtundneunzig.

Übung 4

1. einundzwanzigsten Dritten neunzehnhundertachtundachtzig
2. einunddreißigsten Zwölften
3. dreißigsten Siebten
4. zweiundzwanzigsten Zweiten neunzehnhundertfünfundsechzig
5. neunzehnhundertsechsundneunzig
6. Vierte
7. Zwölften
8. ersten Achten … vierundzwanzigsten Achten

Übung 5

1. zwei Kilo, ein Pfund
2. zwei Meter, ein Meter zwanzig
3. Montags
4. doppelt
5. vier Mal
6. sechs Prozent
7. minus zehn Grad
8. drei Liter
9. Morgens, nachmittags
10. jahrelang
11. dritter
12. ein Drittel

2.5 Pronomen

Übung 1

1. Er
2. Sie
3. Sie
4. Es
5. ich
6. Wir
7. Du, sie
8. ihr

Übung 2

1. Wo ist denn meine Brille? Ich finde sie nicht.
2. Wo ist denn meine Tasche? Ich finde sie nicht.
3. Wo ist denn mein Geld? Ich finde es nicht.
4. Wo sind denn meine Schuhe? Ich finde sie nicht.
5. Wo ist denn mein Mantel? Ich finde ihn nicht.
6. Wo ist denn mein Kalender? Ich finde ihn nicht.
7. Wo ist denn mein Buch? Ich finde es nicht.
8. Wo sind denn meine Schlüssel? Ich finde sie nicht.
9. Wo ist denn mein Adressbuch? Ich finde es nicht.
10. Wo sind denn meine Hunde? Ich finde sie nicht.
11. Wo ist denn Antonia? Ich finde sie nicht.

Übung 3

1. mir
2. uns
3. euch
4. mir, dir
5. Ihnen
6. ihm
7. ihr
8. dir

Übung 4

1. sie
2. ihn
3. es
4. sie
5. es
6. ihn

Übung 5

Ihnen, Sie, mir, Sie
Sie, Ihnen
Mir, Ich, Sie

Übung 6

Liebe Monika, lieber Heinrich,

wie geht es euch? Wohin seid ihr nach eurem Besuch bei mir noch gefahren? Hattet ihr noch eine schöne Zeit in Portugal?

Ich habe mich sehr gefreut, euch nach so langer Zeit wiederzusehen und ein paar Tage mit euch in unserem Haus am Meer zu verbringen. Es war eine sehr schöne Zeit, und ich denke noch oft daran.

Mir geht es gut. Ich bin nach dem Urlaub wieder nach Lissabon zurückgekehrt und habe leider zurzeit viel Arbeit. Aber ich hoffe sehr, dass ich bald einmal Zeit habe, euch in Düsseldorf zu besuchen.

Herzliche Grüße

Übung 7
1. einen Badeanzug, diesen, den, den, der
2. einen Sonnenhut, diesen, den, den, der
3. eine Sonnenbrille, diese, die, die, die
4. Sandalen, diese, die, die, die
5. ein T-Shirt, dieses, das, das, das
6. Badehandtücher, diese, die, die, die
7. eine Tasche, diese, die, die, die
8. einen Minirock, diesen, den, den, der

Übung 8
1. diesen Schrank, den, der
2. dieses Bett, das, das
3. dieses Sofa, das, das
4. diese Kommode, die, die
5. diese Wanduhr, die, die
6. diesen Teppich, den, der
7. diesen Tisch, den, der

Übung 9
1. ein Hotel, eins/keins
2. ein Gasthaus, eins/keins
3. einen Bahnhof, einen/keinen
4. eine Bäckerei, eine/keine
5. ein Kino, eins/keins
6. einen Kinderspielplatz, einen/keinen
7. eine Bank, eine/keine
8. eine Kirche, eine/keine
9. einen Strand, einen/keinen
10. einen Arzt, einen/keinen

Übung 10
1. seine
2. meiner
3. unseres
4. seine
5. meine
6. meins
7. meiner
8. ihres

Übung 11
1. einer
2. keins, eins
3. eins, welche
4. einen, einen, welche
5. keine, keine

Übung 12
1. niemand(em)
2. jedem
3. irgendeiner/einer
4. Wer, man
5. Man
6. jemand
7. niemand, irgendeiner
8. jeder, wer
9. jemand
10. einen

Übung 13
1. dieser, meiner, jede, jedes, alle, unserem, Einige
2. Dieser, der, beide, dieser
3. Manche, alle, Diese
4. allen, einige
5. diese, keine, eine, deiner

Übung 14
1. wenig
2. alles
3. viel/alles
4. viele
5. wenig
6. nichts
7. wenig
8. alles
9. viel/alles
10. alles, viel

Übung 15
1. d
2. e
3. a
4. f
5. g
6. c
7. b

Übung 16

1. Wann
2. Warum
3. Wen
4. Wo
5. Wie
6. Welche
7. Wem
8. Wer

Übung 17

1. Was für ein
2. Welches
3. Welche
4. Was für einen

Übung 18

1. Wohin fahren Sie morgen?
2. Um wie viel Uhr/Wann kommen die Gäste?
3. Wo wohnt Ihre/deine Freundin?
4. Was möchten Sie/möchtest du lieber?
5. An wen denken Sie/denkst du noch oft?
6. Wer kommt Sie/euch am Wochenende besuchen?
7. Wen haben Sie/hast du gestern getroffen?
8. Wie heißen Sie/heißt du?
9. Wem haben Sie/habt ihr ein lustiges Buch geschenkt?
10. Wofür/Für wen interessiert sich Ihr/dein Mann gar nicht?

Übung 19

1. Woher kommen Sie?
2. Wo wohnen Sie?
3. Wann sind Sie angekommen?
4. Mit wem/Wem ...?
5. Worauf warten Sie hier?
6. Was ist das?/Wem gehört diese Brieftasche?
7. Wer hat ...?
8. Wo wohnen Sie?/In welchem Hotel wohnen Sie?

Übung 20

1. c
2. e
3. f
4. a
5. b
6. d

Übung 21

1. ... der groß und schlank ist.
2. ... mit dem sie oft tanzen gehen kann.
3. ... den sie bewundern kann.
4. ... dessen Charakter ihr gefällt.
5. ... mit dem sie viel Spaß machen kann.
6. ... der gern Sport macht.

Übung 22

1. den, der, dem
2. die, die, der
3. die, die, denen

Übung 23

1. Das sind Schuhe, die man zum Tennisspielen anzieht.
2. Das ist ein Tier, das im Meer lebt.
3. Das ist eine Zeitung, die einmal pro Woche erscheint.
4. Das ist eine Schule, in der man Sprachen lernt/lernen kann.
5. Das ist ein Haus, in dem die Leute Roulette spielen.
6. Das ist ein Bett, in dem Kinder schlafen.
7. Das ist ein Mensch, der an der Universität studiert.
8. Das ist ein Zimmer, in dem Gäste wohnen.
9. Das sind Schuhe, die man zum Skifahren anzieht.
10. Das ist ein Ofen, mit dem man heizen kann.

Übung 24
1. in die
2. wofür
3. für die/wofür
4. worüber
5. um die
6. an die/woran
7. mit der
8. worüber

Übung 25
1. deren, dessen, dessen
2. dessen, deren
3. deren, dessen, dessen

Übung 26
1. die, deren, in denen, die
2. was, worüber, wofür, was
3. die, in der, wohin/in die, wo/in der
4. was, worüber, wofür, was
5. der, über den, dem *(‚vertrauen' + Dativ!)*, der

Übung 27

1.	in der	7.	was
2.	was	8.	dessen
3.	deren	9.	was
4.	was	10.	auf die
5.	die	11.	woher
6.	wo	12.	deren

Übung 28

1.	Es	7.	Es
2.	–	8.	Es
3.	–	9.	es
4.	Es	10.	es
5.	es	11.	es
6.	–	12.	Es

Übung 29
1. Es ist notwendig, dass wir morgen früh aufstehen.
2. Sagen Sie mir, wie es passiert ist.
3. Hast du gehört, ob es geklingelt hat?
4. Es ist schon spät.
5. Dem Kranken geht es zum Glück wieder gut.
6. Er hat es leider immer eilig.
7. Rauchen ist hier verboten./Hier ist Rauchen verboten.
8. Mir gefällt es nicht, wenn du so viel fernsiehst.

3.1 Präpositionen

Wenn bei einem Beispiel mehrere Präpositionen möglich sind, ist die an erster Stelle genannte Lösung meist die gebräuchlichste.

Übung 1

1. zur/in die – aus der
2. ins – aus dem
3. zum – vom
4. ins – aus dem
5. zur/auf die/in die – aus der
6. in den/zum – aus dem
7. an den – vom
8. auf die – von den
9. in die – aus der
10. in die – aus der

Übung 2

1. Sie war in der Bäckerei.
2. Sie war im Büro.
3. Sie war am Kirchplatz.
4. Sie war im Fichtelgebirge.
5. Sie war in/auf der Bank.
6. Sie war im Supermarkt.
7. Sie war am See.
8. Sie war auf den Kanarischen Inseln.
9. Sie war in der Blumenstraße.
10. Sie war in der Oper.

Übung 3

1. ins, an den/einen
2. Im, am
3. In der/Auf der
4. auf die, ins
5. in den, im, im, in der

Übung 4

1. in die
2. nach
3. in die
4. nach
5. nach
6. in die
7. nach
8. in die

Übung 5

1. aus dem
2. Von
3. Vom
4. aus dem

Übung 6

1. zur/in die Metzgerei
2. ins Kino
3. zur/in die Apotheke
4. ins/zum Reisebüro
5. zum Flughafen
6. ins Restaurant
7. in die Buchhandlung
8. zur/auf die Bank

Übung 7

1. Er war in der Metzgerei.
2. Er war im Kino.
3. Er war in der Apotheke.
4. Er war im Reisebüro.
5. Er war am Flughafen.
6. Er war im Restaurant.
7. Er war in der Buchhandlung.
8. Er war in der/auf der Bank.

Übung 8
1. bei
2. Zur
3. bei
4. zum

Übung 9
1. zu, in die, in, in der, an, in den
2. auf dem, im, im, im, an der, bei, in der, in, am, im, am

Übung 10
1. Tragen Sie bitte das Bier in den Keller.
2. Er hängt den Mantel an die Garderobe.
3. Die Weingläser stehen im Schrank.
4. Der Atlas liegt auf der Kommode.
5. Warum hängst du die Lampe über den Fernseher?
6. Er legt immer die Zeitung unter das Sofa.
7. Dein Fahrrad steht vor der Haustür.
8. Er räumt nie das Geschirr in die Spülmaschine.

Übung 11
1. … mein Sweatshirt? – Ich habe es auf dein Bett gelegt. – Es liegt aber nicht mehr auf dem Bett! – …, wo es ist.
2. … meine Jacke? – Ich habe sie an die Garderobe gehängt. – Sie hängt aber nicht mehr an der Garderobe! – …, wo sie ist.
3. … mein Fußball? – Ich habe ihn in den Keller gelegt. – Er ist /liegt aber nicht mehr im Keller! – …, wo er ist.
4. … meine Schere? – Ich habe sie in die Schublade gelegt. – Sie liegt aber nicht mehr in der Schublade! – …, wo sie ist.
5. … meine Schlüssel? – Ich habe sie ans Schlüsselbrett gehängt. – Sie hängen aber nicht mehr am Schlüsselbrett! – …, wo sie sind.
6. … meine Schuhe? – Ich habe sie unter die Bank gestellt. – Sie stehen aber nicht mehr unter der Bank! – …, wo sie sind.
7. … meine Tasche? – Ich habe sie zwischen das Regal und den Schrank gestellt! – Sie ist/steht aber nicht mehr zwischen dem Regal und dem Schrank! – …, wo sie ist.
8. … meine Taschenlampe? – Ich habe sie neben das Lexikon gelegt. – Sie liegt aber nicht mehr neben dem Lexikon! – …, wo sie ist.

Übung 12
freie Übung

Übung 13
freie Übung

Übung 14
1. Auf diesem
2. Auf dem / Im
3. Im
4. Um den
5. Am
6. In der, neben der/hinter der/von der, Neben dem/Hinter dem
7. Außerhalb/Innerhalb
8. Um den … herum
9. Auf dieser, gegen
10. hinter dem/neben dem, Auf dem

Übung 15
1. In einem Hotel auf Kreta.
2. In einer Pension in Berlin.
3. Bei Freunden in Japan.
4. Auf einem Schiff im Mittelmeer.
5. In einer Stadt am Rhein.
6. Auf einer Insel im Indischen Ozean.
7. In einem Bungalow an der Südküste von Spanien.
8. In einem Haus in den Alpen.

Übung 16
1. zu
2. in der/auf der
3. in, am
4. in den/auf den
5. am
6. nach
7. in
8. in den, auf
9. In
10. bei
11. Ans, in die
12. zu, um das, auf die

Übung 17
in der, im, In, Im, neben, aus, im, gegenüber, zu, in
um die, am, im, entlang nach, an die, hinter
nach, über, zwischen, nach
an der, in die

Übung 18
1. seit
2. vor, in
3. Seit, seit
4. –
5. in
6. –, vor
7. Seit, im
8. seit, in

Übung 19
1. in
2. an
3. im
4. im
5. am
6. in der
7. am
8. am

Übung 20
1. nach
2. In
3. In
4. Nach
5. nach
6. nach

Übung 21
1. um
2. gegen
3. um
4. gegen
5. gegen
6. um

Übung 22
2. gegen
3. Um, vor, nach, seit
4. in, um/gegen
5. zwischen, Bis

Übung 23
1. Seit
2. In
3. Zwischen
4. Beim
5. Von nächster Woche an
6. Zwei Wochen lang.

Übung 24
1. am, Am, seit, am, nach, Am
2. in, Von, bis, Am, am
3. in, am, bis, um, seit
4. bis, gegen

Übung 25

1. Bei
2. in/innerhalb von
3. von, bis
4. vor, bis
5. –
6. –
7. vor
8. während
9. bis
10. über
11. Seit
12. nach

Übung 26

1. ohne
2. aus
3. nach
4. auf
5. mit
6. in
7. nach
8. zum
9. mit
10. Ohne
11. auf
12. mit
13. Im
14. Zum

Übung 27

1. Wegen
2. Aus
3. Bei
4. wegen
5. vor
6. aus
7. Wegen
8. Bei
9. vor
10. Wegen

3.2 Adverbien

Übung 1

1. rauf
2. rein, dorthin
3. raus
4. her
5. rüber
6. rauf, runter
7. raus, rein
8. her
9. (hier)her
10. rauf

Übung 2

1. hinein (rein)
2. nirgendwo/nirgends
3. da/dort
4. rechts
5. von hinten
6. nach drinnen
7. irgendwohin
8. hinauf (rauf)
9. aufwärts
10. vorwärts

Übung 3

1. nach oben
2. überallhin
3. hinaus
4. von … oben
5. unten
6. nach vorn
7. fort
8. hierher

Übung 4

1. sofort/gleich
2. jetzt/nun/gleich
3. vorhin
4. früher/damals
5. vorher, nachher
6. Bisher
7. später/nachher
8. gerade

Übung 5

freie Übung

Übung 6

1. sehr
2. wenigstens
3. genauso
4. umsonst
5. bestimmt
6. kaum
7. irgendwie
8. fast, sehr, höchstens
9. fast
10. ziemlich

Übung 7

1. Trotzdem/Dennoch
2. Deshalb/Deswegen/Daher/Darum
3. also
4. deshalb/deswegen/daher/darum
5. also/deshalb/deswegen/daher/darum
6. Trotzdem/Dennoch

4.2 Verb an zweiter Position

Übung 1

1. Gestern bin ich um 8 Uhr aufgestanden.
2. Wir würden gern eine neue Wohnung mieten.
3. Er kommt immer zu spät.
4. Sie wurde gestern noch einmal operiert.
5. Morgen früh fahre ich wieder weg.
6. Dieses Jahr möchte unser Sohn nicht mit uns in Urlaub fahren.
7. Wir wären gern noch ein bisschen länger geblieben.
8. Nächste Woche besuche ich dich sicher.

Übung 2

1. Die Wälder wurden in den letzten Jahren durch sauren Regen sehr geschädigt./In den letzten Jahren wurden die Wälder durch sauren Regen sehr geschädigt./Durch sauren Regen wurden die Wälder in den letzten Jahren sehr geschädigt.
2. Er schenkte ihr einen großen Blumenstrauß zum Geburtstag./ Zum Geburtstag schenkte er ihr einen großen Blumenstrauß.
3. Sie gab ihm zum Abschied einen Kuss./Zum Abschied gab sie ihm einen Kuss.
4. Wir haben unsere Wohnung gekündigt.
5. Ich mache ab morgen eine Diät./ Ab morgen mache ich eine Diät.
6. Er hat den ganzen Morgen Zeitung gelesen./Den ganzen Morgen hat er Zeitung gelesen.
7. Das Hotel hat uns sehr gut gefallen.
8. Die Geschäfte schließen in Deutschland um 20.00 Uhr./In Deutschland schließen die Geschäfte um 20.00 Uhr./Um 20.00 Uhr schließen in Deutschland die Geschäfte.

Übung 3

1. Gestern hat er uns diese Geschichte doch ganz anders erzählt.
2. Zufällig habe ich heute meinen Lehrer auf der Straße getroffen.
3. In Paris würde ich sehr gern mal arbeiten.
4. Seit drei Monaten habe ich ihn leider nicht mehr gesehen.
5. Zum Geburtstag hat er mir einen sehr schönen Ring geschenkt.
6. In der Nacht hat es mindestens vier Stunden lang geregnet.
7. Leider hat sie mir mein Buch noch nicht zurückgegeben.
8. Zum Abschied haben wir für ihn eine Party organisiert.

Übung 4

1. Ja, er hat es uns auch empfohlen.
2. Ja, ich habe sie ihnen schon zugeschickt.
3. Ja, er hat ihn ihnen weggenommen.

4. Ja, ich habe ihn ihnen schon angeboten.
5. Ja, er hat es ihnen schon vorgestellt.
6. Ja, ich habe ihn ihm schon gebracht.
7. Ja, ich habe es ihm schon gezeigt.
8. Ja, ich habe ihn ihnen schon erklärt.

Übung 5

1. Wir möchten Sie gern am Samstagabend mit ihrer Frau zum Essen einladen.
2. Wir gehen heute Nachmittag mit den Kindern zum Schwimmen.
3. Wir waren letzten Sommer mit dem Wohnmobil in den USA in Urlaub.
4. Ich würde gern abends mit dir am Fluss spazieren gehen.
5. Sie geht jeden Abend mit ihrem neuen Freund in dieselbe Disco zum Tanzen.
6. Ich fahre nächsten Sonntag wegen der Hochzeit meines Bruders nach Berlin.
7. Ich räume heute Abend ganz bestimmt die Küche auf.
8. Er hat sich letzte Woche beim Skifahren in der Schweiz erkältet.

Übung 6

1. Darüber möchten wir lieber nicht mehr sprechen.
2. Mit ihm will ich nichts mehr zu tun haben.
3. Mir hat natürlich wieder keiner was gesagt!
4. Davon weiß ich leider nichts.
5. Auf mich kannst du dich ganz bestimmt verlassen.
6. Das hat mir niemand gesagt.
7. Glücklicherweise ist ihm bei dem Unfall nichts passiert.
8. Dorthin möchte ich auch gern einmal fahren.

Übung 7

1. Ich fahre heute mit dem Zug nach Hause.
2. Ich habe mich beim Chef schon entschuldigt.
3. Er musste gestern vor dem Theater lange auf mich warten.
4. Ich kann dich gern nach Hause fahren.
5. Er hat ihr das Buch schon gebracht.
6. Ich habe mir wegen der Kälte einen warmen Anorak gekauft.
7. Sie hat mir nichts gesagt.
8. Wir sind am Sonntag zum Wandern in die Berge gefahren.

Übung 8

1. Das ist nicht sehr teuer.
2. Seine Bilder haben mir nicht gut gefallen.
3. Ihre Mutter wird nicht operiert.
4. Er hat sich nicht an mich erinnert.
5. Ich habe das nicht gewusst.
6. Ich kann nicht Tennis spielen.
7. Ich bleibe nicht hier.
8. Du sollst das nicht machen.

Übung 9

1.	keine	6.	nicht
2.	nicht	7.	keinen, nicht
3.	keinen	8.	keine
4.	kein	9.	nicht
5.	keine	10.	keinen

Übung 10

1. Sie sind nicht immer pünktlich.
2. Ich kenne sie nicht.
3. Wir gehen nicht heute ins Konzert, sondern morgen.
4. Nicht alle lieben diese Sängerin.
5. Er kann nicht Ski fahren.
6. Ich gehe nicht mit jedem aus.
7. Ich weiß es nicht.
8. Das versteht nicht jeder.

Übung 11

1. denn
2. aber, denn
3. sowohl, als auch
4. sondern
5. zwar, aber
6. Entweder, und, oder
7. Weder noch
8. oder, und

Übung 12

freie Übung

Übung 13

1. Früher lebten wir am Land in Oberbayern, jetzt sind wir nach Berlin umgezogen.
2. Meine Kindheit habe ich in Bayern verbracht. Deshalb liebe ich die Berge.
3. Das Leben in einer Großstadt wie Berlin hat für mich eine große Umstellung bedeutet. Trotzdem habe ich mich schnell daran gewöhnt.
4. Hier verwenden die Leute zum Beispiel das Wort „Semmel" nicht. Sie sagen „Schrippen".
5. Neulich hat mir jemand gesagt, als ich ihn mit „Grüß Gott" begrüßt habe: „Du kommst wohl aus Bayern!", denn hier sagt man „Guten Tag".
6. Also sage ich jetzt auch immer „Guten Tag", wenn ich jemanden grüße.

4.4 Verb am Satzende

Übung 1

1. c
2. g
3. e
4. b
5. f
6. a
7. d

Übung 2

1. Als ich so alt war wie du, hatte ich noch kein Fahrrad.
2. Bevor meine Eltern kommen, muss ich noch schnell die Wohnung aufräumen.
3. Während ich das Bad putze, könntest du doch schon mit dem Geschirrspülen anfangen.
4. Seitdem sie angerufen haben, bist du schrecklich nervös.
5. Nachdem sie angerufen hatten, habe ich mir erst einmal ein Glas Wein geholt.
6. Bis ihr Anruf am Samstagabend kam, habe ich nie geglaubt, dass sie mich wirklich besuchen wollen.
7. Als ich in London gelebt habe, haben sie mich nie besucht.
8. Wenn wir in Paris waren, haben wir immer im selben Hotel gewohnt.

Übung 3

1. Als
2. Wenn, wenn
3. als
4. als
5. Wenn, wenn
6. als

Übung 4

1. Als ich ein Kind war, wollte ich Lokomotivführer werden.
2. Als ich noch kein Auto hatte, ging ich viel zu Fuß.
3. Immer/Jedes Mal wenn ich krank war, las mir Mutter viele Bücher vor./Als ich krank war, las mir Mutter viele Bücher vor.
4. Immer/Jedes Mal wenn ich im Krankenhaus lag, spielte ich viel mit den anderen Kindern./Als ich im Krankenhaus lag, spielte ich viel mit den anderen Kindern.
5. Immer/Jedes Mal wenn Großmutter zu Besuch kam, brachte sie mir Schokolade mit./Als Großmutter zu Besuch kam, brachte sie mir Schokolade mit.
6. Als ich zur Schule ging, wollte ich nie Hausaufgaben machen.
7. Immer/Jedes Mal wenn wir in Urlaub waren, spielte Vater viel mit mir./Als wir in Urlaub waren, spielte Vater viel mit mir.
8. Immer/Jedes Mal wenn ich in Italien war, aß ich viel Eis./Als ich in Italien war, aß ich viel Eis.

Übung 5

freie Übung

Übung 6

freie Übung

Übung 7

1. Während ich die Koffer packe, könntest du schon auf der Bank Geld wechseln.
2. Während ich tanke, könntest du schon die Autofenster waschen.
3. Während ich das Reiseproviant vorbereite, könntest du schon die Küche aufräumen.
4. Während ich ein Hotel suche, könntest du auf das Gepäck aufpassen.
5. Während ich dusche, könntest du schon die Koffer ausräumen.
6. Während ich einen Parkplatz suche, könntest du schon ins Restaurant gehen.

Übung 8

1. Während der Vater fernsieht, spielen die Kinder.
2. Während die Frau im Sessel sitzt und Zeitung liest, spült der Mann das Geschirr.
3. Während die Frau einen Brief schreibt, liest der Mann ein Buch.
4. Während der Mann isst, trinkt die Frau nur ein Glas Wasser.

Übung 9

1. Bis ich gut Deutsch kann, muss ich noch viel lernen.
2. Seitdem ich in Deutschland lebe, besuche ich eine Sprachschule.
3. Bis ich mit der Arbeit beginne, muss ich noch Deutsch lernen.
4. Seitdem wir einen neuen Lehrer haben, verstehe ich gar nichts mehr.
5. Seitdem ich mit diesem Buch lerne, verstehe ich die Grammatik besser.
6. Bis ich gut Deutsch kann, werde ich verrückt.
7. Seitdem ich eine neue Wohnung habe, bin ich glücklicher.
8. Seitdem ich sie kenne, ist das Leben viel schöner.

Übung 10

freie Übung

Übung 11

1. nachdem
2. als
3. nachdem
4. als
5. nachdem
6. Als

Übung 12

freie Übung

Übung 13

1. Am glücklichsten war ich, als ich noch ein Kind war.
2. Ja also, nachdem ich das Abitur gemacht hatte, musste ich zum Militär.
3. Als ich 26 Jahre alt war.
4. Ja wissen Sie, bevor ich mit dem Musikstudium begann, wollte ich Arzt werden.
5. Seit ich zur Schule ging.
6. Nachdem ich aus den USA zurückgekehrt war, besuchte ich einen alten Schulfreund. Sie ist seine jüngere Schwester.
7. Oh ja, jedes Mal wenn ich auf die Bühne ging, war ich schrecklich nervös.
8. Nachdem ich den zweiten Herzinfarkt hatte.

Übung 14
freie Übung

Übung 15
freie Übung

Übung 16
Während, nachdem, Als, Sobald, bevor, wenn, bis, Seitdem, Als

Übung 17
1. Ich gehe jetzt nach Hause, weil ich müde bin.
2. Der Film hat mir nicht gefallen, weil er so brutal war.
3. In dieses Restaurant gehe ich nicht mehr, weil es zu teuer ist.
4. Nein danke, ich trinke keinen Wein mehr, weil ich noch Auto fahren muss.
5. Ich gehe jetzt ins Bett, weil ich morgen früh aufstehen muss.
6. Wir essen kein Fleisch, weil es uns nicht schmeckt.

Übung 18
1. Frau Bauer ist unglücklich, weil ihre Katze weggelaufen ist.
2. Toni freut sich, weil er die Prüfung bestanden hat.
3. Sie kauft im Supermarkt ein, weil dort alles am billigsten ist.
4. Anna geht ins Bett, weil sie müde ist.
5. Ich bin am Wochenende nicht mitgekommen, weil ich krank war.
6. Wir nehmen zum Kochen nur Olivenöl, weil es am besten ist.

Übung 19
freie Übung

Übung 20
freie Übung

Übung 21
freie Übung

Übung 22
1. Wenn Sie jetzt spazieren gehen, sollten Sie einen Regenschirm mitnehmen.
2. Wenn Hans sich schon wieder einen Ferrari kauft, hat er aber sehr viel Geld.
3. Wenn ihr schon wieder streitet, geht ihr sofort ins Bett.
4. Wenn du noch Geld brauchst, ruf mich einfach an.
5. Wenn Sie noch etwas Zeit haben, schreiben Sie bitte noch schnell diesen Brief.
6. Wenn Sie immer noch Schmerzen haben, nehmen Sie eine Tablette mehr pro Tag.

Übung 23
1. Ja gern, wenn ich mit der Hausaufgabe fertig bin.
2. Ja, wenn wir genug Geld haben./ Ja, wenn ich genug Geld habe.
3. Ja, wenn es nicht so fett ist.
4. Ja, wenn ich keine andere Arbeit finde.
5. Ja, wenn du nicht zu spät nach Hause kommst.
6. Ja, wenn wir noch Karten bekommen.
7. Ja, besonders wenn ich in der Badewanne liege.

Übung 24
freie Übung

Übung 25
freie Übung

Übung 26

1. d	4. a
2. f	5. c
3. e	6. b

Übung 27
1. Obwohl es schon dunkel ist, geht Frau Mutig allein in den Wald.
2. Obwohl sein altes Fahrrad noch in Ordnung ist, kauft er sich ein neues.
3. Obwohl sie krank ist, geht sie nicht zum Arzt.
4. Obwohl es so gesund ist, isst sie nie Obst.
5. Obwohl sie fünf Kinder haben, haben sie nur eine kleine Wohnung.
6. Obwohl er lieber ins Kino gehen würde, geht er mit seiner Frau ins Theater.

Übung 28
freie Übung

Übung 29
freie Übung

Übung 30
1. Ich lerne Deutsch, um in Deutschland studieren zu können.
2. … um mein Auto zu reparieren.
3. … um damit zu spielen.
4. … um meine Freundin zu besuchen.
5. … um dich zu ärgern.
6. … um die Grammatik zu üben.

Übung 31
1. Er spart sein Taschengeld, um sich ein Videospiel zu kaufen.
2. Die Firma vergrößert ihren Werbeetat, um den Verkauf ihrer Produkte zu erhöhen.
3. Die Banken erhöhen die Zinsen, damit die Bürger mehr sparen.
4. Die Regierung beschließt, die Staatsschulden zu verringern, um die Inflation zu bekämpfen.
5. Die Eltern bauen ihr Haus um, damit ihr Sohn darin eine eigene Wohnung hat.
6. Er geht ganz leise ins Schlafzimmer, damit seine Frau nicht aufwacht.
7. Ich habe in mein Auto einen Katalysator einbauen lassen, um mit bleifreiem Benzin fahren zu können.
8. Er lernt eine Fremdsprache, um eine bessere Arbeit zu finden.

Übung 32
freie Übung

Übung 33
freie Übung

Übung 34
1. Die Kinder waren so aufgeregt, dass sie gar nicht mehr ruhig sitzen konnten.
2. Die Kinder haben gebastelt, so dass sie für jeden in der Familie ein kleines Geschenk hatten.
3. Die Kinder haben ihrer Mutter beim Backen geholfen, so dass sie schon die Plätzchen probieren konnten.

4. Der Vater hatte vorher so viel gearbeitet, dass er nach Weihnachten ein paar Tage freinehmen konnte. / Der Vater hatte vorher viel gearbeitet, so dass er nach Weihnachten ein paar Tage freinehmen konnte.
5. Die Großmutter kam zu Besuch, so dass sie die Feiertage nicht allein verbringen musste.
6. Der Weihnachtsbaum war so groß, dass sie zum Schmücken eine Leiter brauchten.

Übung 35

1. Er fuhr weg, ohne sich zu verabschieden.
2. Er kam später, ohne vorher anzurufen.
3. Er tat jemandem weh, ohne sich zu entschuldigen.
4. Er hörte laute Musik, ohne an die Nachbarn zu denken.
5. Er beleidigte jemanden, ohne es zu merken.
6. Er nahm mein Fahrrad, ohne mich vorher zu fragen.
7. Er ging vorbei, ohne zu grüßen.
8. Er ging aus dem Haus, ohne die Schlüssel mitzunehmen.

Übung 36

1. Das Ergebnis der Verhandlung war besser, als wir erwartet hatten.
2. Am Oktoberfest wurde so viel getrunken wie im vergangenen Jahr.
3. Dieser Computer ist nicht so gut, wie im Allgemeinen angenommen wird.
4. Er kocht besser, als ich gedacht habe.
5. Wir mussten für die Reise weniger zahlen, als im Prospekt stand.
6. Sie schwimmt schneller, als ihre Konkurrenten befürchtet haben.

Übung 37
freie Übung

Übung 38

1. Je länger ich in England lebe, desto/umso besser spreche ich Englisch.
2. Je mehr Sport ich mache, eine desto/umso bessere Figur bekomme ich.
3. Je weniger ich esse, desto/umso schlechter bin ich gelaunt.
4. Je berühmter ein Künstler wird, desto/umso mehr verdient er.
5. Je netter ein Chef ist, desto/umso lieber arbeite ich.
6. Je älter ich werde, desto/umso toleranter werde ich.
7. Je stärker der Kaffee ist, desto/umso schlechter schlafe ich.
8. Je schöner das Wetter ist, desto/umso häufiger gehe ich spazieren.

Übung 39
freie Übung

Übung 40

1. Kannst du mir bitte ein bisschen helfen, anstatt den ganzen Tag zum Fenster hinauszuschauen?
2. … anstatt mit dem Hund zu spielen?
3. … anstatt so lange zu telefonieren?
4. … anstatt die schöne Frau zu beobachten?
5. … anstatt Musik zu hören?
6. … anstatt eine halbe Stunde zu duschen?

Übung 41
freie Übung

Übung 42

1. Als
2. Obwohl, da/weil
3. Bevor, wie
4. Während
5. Nachdem, so dass
6. als, dass
7. so dass
8. da/weil
9. Als
10. Nachdem
11. als
12. ohne

Übung 43

freie Übung

Übung 44

1. als
2. um
3. nachdem/sobald
4. ohne
5. wenn
6. damit
7. weil
8. obwohl
9. während/als/(immer) wenn
10. wenn

Übung 45

freie Übung

Übung 46

freie Übung

Übung 47

1. WEIL
2. WENN
3. WAEHREND
4. OBWOHL
5. BIS
6. NACHDEM
7. OHNE

Lösungswort: ENDLICH

Anotações

Anotações

Anotações

Impressão e Acabamento
Prol
EDITORA GRÁFICA